东北振兴

长春经济圈
城乡深度融合发展
机制问题研究

刘国新　王春华　谷宛桐 ◎ 著

中国科学技术出版社
·北　京·

图书在版编目（CIP）数据

东北振兴：长春经济圈城乡深度融合发展机制问题研究 / 刘国新，王春华，谷宛桐著 . -- 北京：中国科学技术出版社，2025. 8. -- ISBN 978-7-5236-1468-6

Ⅰ . F127.341

中国国家版本馆 CIP 数据核字第 2025QB7028 号

策划编辑	李清云　孙文卓
责任编辑	杜凡如
封面设计	创研设
版式设计	愚人码字
责任校对	焦　宁
责任印制	李晓霖

出　　版	中国科学技术出版社
发　　行	中国科学技术出版社有限公司
地　　址	北京市海淀区中关村南大街 16 号
邮　　编	100081
发行电话	010-62173865
传　　真	010-62173081
网　　址	http://www.cspbooks.com.cn

开　　本	880mm × 1230mm　1/32
字　　数	220 千字
印　　张	10.625
版　　次	2025 年 8 月第 1 版
印　　次	2025 年 8 月第 1 次印刷
印　　刷	大厂回族自治县彩虹印刷有限公司
书　　号	ISBN 978-7-5236-1468-6
定　　价	69.00 元

前言

从历史上看，一个国家或者地区城乡融合的质量和速度，要受经济社会发展水平和制度供给有效性双重因素的影响和制约。一个国家或地区的经济社会发展水平越高，生产和生活等需求要素流动越频繁，越有利于城乡间的互动与交流。城市的生产和生活方式越趋向于向乡村扩散，乡村的生产和生活方式越会向城市看齐，这有利于加快城乡融合的速度和提高城乡融合水平。同时，制度创新越及时、越有效，越有利于城乡间双向流动，这使经济社会同步发展更加活跃，城乡间流动人口的机会成本也更低。反之，如果一个国家或地区经济社会发展出现长期低迷甚至停滞不前，原有制度越僵化，制度惯性越强，创新越滞后，本对乡村具有一定吸引力的城市会丧失吸引力，城乡间的制度壁垒也会更加难以逾越。因此要想真正地实现城乡融合：一是必须深知经济和社会发展的潜力和后劲，增强经济社会发展的内生动力；二是必须前瞻性地对原有制度进行创新，进行制度安排和政策布局。唯有如此，才能以最大的决心、最佳的制度，取得最优的城乡融合效果。

2019 年 4 月 15 日，中共中央、国务院印发了《关于建立健全城乡融合发展体制机制和政策体系的意见》，对我国城乡融合发展做出阶段性目标指示："到 2022 年，城乡融合发展体制机制初步建立。”“到2035年，城乡融合发展体制机制更加完善。”“到本世纪中叶，城乡融合发展体制机制成熟定型。城乡全面融合，乡村全面振兴，全体人民共同富裕基本实现。”在此背景下，吉林省第十三届人民代表大会第二次会议上确立了进一步深化城乡关系，力促实现城乡深度融合发展的长春经济圈发展战略。一般来讲，城乡融合是在城乡一体化基础上城乡关系的进一步发展，是更加深入、更加深层次的一体化，是城乡关系由城乡对立到城乡一体化，再到城乡融合的新的发展阶段，它要比城乡一体化更具有发展优势，也更加符合我国当前城乡关系的发展需求和人民群众的期待。

笔者正是基于上述理性思考和对吉林省发展与振兴的强烈责任感，进行相关内容的研究，确定了研究的逻辑结构和内容安排。本研究共分为六章。

第一章和第二章主要阐述长春经济圈城乡融合发展的现实基础和发展现状，并对存在的问题进行实践总结和理论分析，从而为相关问题的解决和实现新时代创新发展提供了初步分析与理论支撑。

第三章和第四章属于考察、借鉴内容。一是厘清马克思、恩格斯的城乡发展思想，对国内外专家和学者相关的理论思想、研究成果及文献进行系统梳理、分析归纳和总结，为内生动力的再构和制度创新提供理论参考。二是从实践角度选取样本，分析总结我国部分地区在城乡融合发展中取得的成功经验和做法；对国外样本国家取得的城乡协调发展的典型共性成果进行深入分析和研究总结，提出长春经济圈城乡深度融合发展的主要任务。

第五章和第六章属于解决问题部分。主要是对长春经济圈城乡融合发展内生动力的再构，以及相关的制度创新和机制调整进行创新性思考和探讨，明晰长春经济圈新时代实现跨越式发展的战略选择。

当然，长春经济圈城乡如何融合发展是一个涉及经济学、政治学、社会学、人口学、管理学以及国家战略和政府决策等多个交叉学科的综合性、系统性工程，这就决定了影响长春经济圈城乡深度融合发展的因素必然很多，使得该问题的研究更具复杂性。加之笔者所在研究团队能力水平有限，本书或多或少存在问题与不足，敬请对此有深入研究的专家学者们不吝赐教，多提宝贵意见和建议，课题组全体成员在此表示衷心感谢！

本书是吉林省社会科学基金项目“长春经济圈城乡深度融合发展机制问题研究”结项成果，获吉林师范大学2024年度学术著作出版基金资助出版。

刘国新

2025年6月

目录

第一章　长春经济圈概述

一、长春经济圈城乡发展概况

经济圈，一般又称为都市圈或大城市群、大都会区等，是20 世纪 90 年代后开始出现的中文地理学、经济学用语。

长春经济圈是以吉林省中部的省会城市长春市为中心，有效连接周边重要节点城市，如吉林市、四平市、辽源市、松原市、公主岭市、梅河口市等，共同构成的区域经济发展圈层。长春经济圈的建立能够充分发挥中心城市和相关城市群的辐射联动作用，促进城乡深度融合发展，形成循环流动的经济发展趋势。长春经济圈面积 91 481.72 平方千米，截至 2020 年年底区域生产总值为 10 332 亿元，总人口 1917.42 万人。从东北地区辐射范围上看，长春经济圈与哈尔滨都市圈、沈阳经济区以及蒙东地区共同构成东北区域合作环线；从东北亚地区辐射范围上看，其与俄罗斯、日本、韩国、蒙古等国家构成东北亚国际合作环线。截至2021 年，长春经济圈常住人口占吉林省常住人口的 77%，地区生产总值占吉林省的 81.5%，固定资产投资占吉林省的 79%，各项主要经济指标均占据吉林省龙头地位。

（一）城乡人口特征及变动情况

据吉林省统计局数据显示，长春经济圈中各重要节点城市人口存在特征性变化。

1. 人口数量变化

据 2020 年第七次全国人口普查结果显示（表 1.1），长春经济圈所属的 9 个市（州）中，有 1 个地区人口超过 500 万人，有 2 个地区人口在 200 万人至 500 万人，有 4 个地区人口在 100 万人至 200 万人，有两个地区人口少于 100 万人。将吉林省第七次全国人口普查结果同 2010 年第六次全国人口普查结果对比可发现，长春经济圈内相关城市群中，仅长春市常住人口有所增加，10年间净增加 299 531 人，其他地区常住人口均有不同程度减少。随着城镇化建设的不断深入，近些年城乡人口也发生了波动变化（表 1.2）。可见，长春经济圈城镇化率逐年提高，农村人口日渐向城镇转移流动，但人口净流出和生育率的下降，削弱了城镇化进程的支撑力，从而导致人口城镇化后劲不足。

表 1.1　第七次全国人口普查吉林省各市（州）常住人口占比（单位：%）

地区	人口数（人）	比重	
		2020 年	2010 年
全省	24 073 453	100.00	100.00
长春市	9 066 906	37.66	31.94
吉林市	3 623 713	15.05	16.08
四平市	1 814 733	7.54	8.35
辽源市	996 903	4.14	4.28
通化市	1 302 778	5.41	6.23
白山市	951 866	3.95	4.72

续表

地区	人口数（人）	比重	
		2020 年	2010 年
松原市	2 252 994	9.36	10.49
白城市	1 551 378	6.44	7.40
延边朝鲜族自治州	1 941 700	8.07	8.27
长白山管委会	61 146	0.25	—
梅河口市	509 336	2.12	2.24

数据来源：吉林省统计局。

表 1.2　2000—2021 年长春经济圈城市群人口城镇化水平（单位：%）

地域	2000	2010	2021
吉林省	49.7	53.4	62.6
长春市	50	55	67
吉林市	55	56	63
四平市	36	42	42
辽源市	50	51	58
松原市	32	39	47

数据来源：红黑人口库。

2. 年龄结构变化

据吉林省第七次全国人口普查公报（第三号）所示，在 10 个市（州）中有 4 个地区 15~59 岁的人口占比在 65% 以上，有 6 个地区的人口占比为 60%~65%。全省各市（州）65 岁以上老年人口的占比均在 14% 以上，其中老年人口占比最低的是长春市，达到14.15%（表1.3）。联合国一般认为60岁以上人口占比达到或超过10%，或者65岁及以上人口占比达到或超过7%以上的国家（地区）就已进入老龄社会。纵观吉林省近15年65岁以上年龄阶段的人口比重（表1.4），其比例已经严重超过了国际标准，而且呈现出逐步高于全国水平的趋势。与第六次全国人口普查（2010年）的数据相比，长春经济圈内0~14岁人口的占比下降了0.28%，15~59岁人口的占比下降了9.57%，60~64岁人口的占比则上升了9.85%，65岁及以上人口的占比上升了7.23%。由此可见，吉林省已经进入显著老龄化阶段。近些年东北地区经济发展水平相对落后于长江三角洲、珠江三角洲一带，导致人才流失严重，与此同时农村人口中青壮年劳动力也不断向城市与外省转移，老龄人口留守农村，这些都加剧了该地区城乡老龄化水平差异，也造成了城乡难以融合发展的难题。根据第七次人口普查公报数据，长春经济圈人户分离人口比重较高。尽管人口流动是城乡融合发展的必然结果，但农村流转出去的大都是青壮年劳动力、高素质劳动力，这导致流失人力资源难以得到有效补给。农村经济有很大程度上依赖“乡村能人”的带动，但是目前并未形成有效的回乡创业的热潮，甚至农村干部队伍也面临着极为严重的年龄断层的问题。

表1.3 吉林省各地区人口年龄构成（单位：%）

地区	占总人口比重			
	0~14岁	15~59岁	60~64岁	65岁及以上人口
全省	11.71	65.23	23.05	15.61

续表

地区	占总人口比重			
	0~14 岁	15~59 岁	60~64 岁	65 岁及以上人口
长春市	12.14	67.01	20.85	14.15
吉林市	10.93	63.81	25.25	17.13
四平市	11.83	63.68	24.48	16.88
辽源市	10.71	63.89	25.41	17.14
白山市	10.97	63.70	25.33	17.62
松原市	13.19	65.31	21.50	14.31
白城市	11.06	65.34	23.59	15.83
延边朝鲜族自治州	10.96	64.10	24.93	16.57
长白山管委会	11.76	67.61	20.63	14.14
梅河口市	11.86	64.06	24.08	16.02

数据来源：吉林省统计局。

表 1.4　2005—2020 年全国和吉林省各年龄人口占比（单位：%）

年份	全国			吉林省		
	0~14 岁	15~64 岁	65 岁及以上	0~14 岁	15~64 岁	65 岁及以上
2005	19.6	71.4	9	14.5	77.8	7.7
2006	18.5	74.8	9.2	13.1	78.6	8.4
2007	17.9	72.8	9.4	13.1	78.1	8.8
2008	17.3	73.1	9.5	12.2	78.6	9.2
2009	16.9	73.4	9.7	12.2	78.9	8.9
2010	16.6	74.5	8.9	12	79.6	8.4
2011	16.5	74.4	9.1	12.7	78.6	8.7

续表

年份	全国			吉林省		
	0~14 岁	15~64 岁	65 岁及以上	0~14 岁	15~64 岁	65 岁及以上
2012	16.5	74.1	9.4	12.2	80	9.3
2013	16.4	73.9	9.7	11.8	78.6	9.6
2014	16.5	73.4	10.1	12.2	77.6	10.2
2015	16.5	73	10.5	12	77.1	10.9
2016	16.7	72.5	10.8	12.7	76.5	10.8
2017	16.8	71.8	11.4	12.4	75.4	12.2
2018	16.9	71.2	11.9	12.3	75.3	12.4
2019	16.8	70.6	12.6	11.7	75	13.3
2020	18	68.5	13.5	11.7	72.7	15.6

数据来源：中国统计年鉴 2005—2020。

3. 受教育程度变化

据第七次全国人口普查公报结果显示，在吉林省常住人口中，拥有大专及大专以上文化程度的人口约为 403 万人；拥有高中（含中专）文化程度的人口约为 411 万人；拥有初中文化程度的人口约为 920 万人；拥有小学文化程度的人口则约为 537 万人。与 2010 年第六次全国人口普查的结果数据相比，每 10 万人中拥有大学文化程度的人口由 9890 人上升为 16 738 人；拥有高中文化程度的人口小幅增长，由 16 866 人上升为 17 080 人；而拥有初中文化程度的人口则出现了下降，由 42 069 人下降为 38 234 人；拥有小学文化程度的人口也由 24 059 人下降为 22 318 人。其中，吉林省常住人口中，15 岁及以上人口的平均受教育年限与 2010 年第六次全国人口普查数据相比，由 9.49 年增加到了 10.17 年。在全省 9 个市（州）中，有 4 个地区的平均受教育年限在 10 年以上，其余 5 个地区的平均受教育年限在 9 年至 10 年之间。根据表 1.5、表 1.6 和图 1.1 所示和以上分析，长春经济圈城市群人口受教育程度正在稳步提升，人口红利也正逐步转向人才红利。这些优势可以提高生产效率，推动高精尖科技创新，扭转劳动力减少的转型困局。然而，这一时期的教育结构仍呈现出地区差异。中心城市（长春市）教育资源丰富，普遍受教育程度和人口学识水平更高，而其他联动城市教育则相对落后，结构性失业和技术人才缺口制约着经济圈城乡融合一体化发展战略的实施与推进。

表 1.5　吉林省各市（州）各类受教育程度人数（单位：人 /10 万人）

地区	大学（大专及以上）	高中（含中专）	初中	小学
全省	16 738	17 080	38 234	22 318
长春市	22 217	16 042	35 749	20 418
吉林市	15 822	18 923	37 390	22 314
四平市	12 342	15 822	41 350	24 926
辽源市	10 782	14 358	45 183	24 477
白山市	15 389	21 181	37 237	18 932
松原市	10 126	13 201	40 403	30 538
白城市	11 125	15 687	42 022	25 850
延边朝鲜族自治州	16 219	23 704	39 241	15 331
长白山管委会	17 620	19 926	37 041	17 265

续表

地区	大学（大专及以上）	高中（含中专）	初中	小学
梅河口市	12 077	18 903	41 059	22 596

数据来源：吉林省统计局。

表 1.6　吉林省各地区 15 岁及以上人口平均受教育年限（单位：年）

地区	平均受教育年限
全省	10.17
长春市	10.69
吉林市	10.12
四平市	9.65
辽源市	9.52
通化市	9.82
白山市	10.13
松原市	9.24
白城市	9.54
延边朝鲜族自治州	10.59
长白山管委会	10.38
梅河口市	9.91

数据来源：吉林省统计局。

综上所述，从长春经济圈城乡人口特征及变动情况分析，人口数量保持稳步增长，经济圈内乡村人口大量向长春市、吉林市等中心城市聚集，城镇化水平日渐提高，逐步形成了中部城乡融合发展的网络结构。

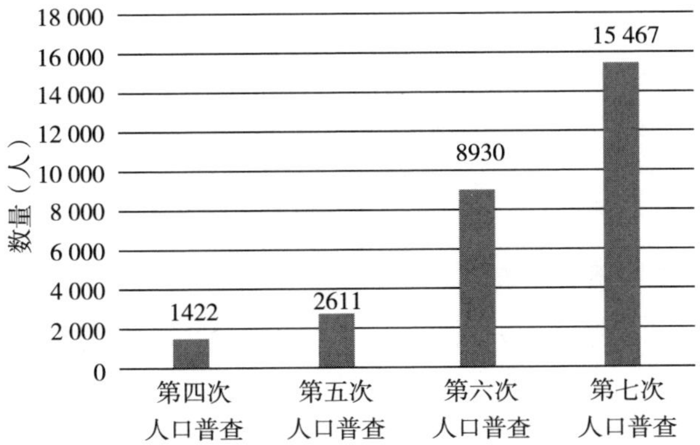

图 1.1　吉林省历次人口普查每 10 万人中具有大学文化程度的数量

（二）城乡经济及社会发展情况

长春经济圈地处东北黑、吉、辽三省的中部区域，地势较为平坦，水资源丰富，土地肥沃，在粮食生产方面拥有得天独厚的优势，使得吉林省在粮食生产中始终位于全国前列。此外，吉林省还有丰富的矿产资源、森林资源和旅游资源。然而，由于省内不同区域地理环境存在较大差异，因此地区经济发展也呈现出显著差别。吉林省优越的条件主要集中在长春市和吉林市，农业部门和工业部门多分布在省中部地区，西部地区主要由山地和草原构成，农业资源和矿产资源相对贫乏。虽然松原市因石油资源丰富，成为西部地区发展较好的城市，但其并没有带动其周边地市经济的发展。东部地区如白山市、延边朝鲜族自治州、通化市等地近几年依托长白山特有的自然资源和山地丰富的医药资源，大力发展特色旅游业和医药化工产业，也形成了新的经济增长点，但这些地区在历史上则长期属于经济落后地区。由以上分析可知，长春经济圈各地市经济的发展在不同程度上受制于自然资源禀赋和所处的地理位置，因此最终形成中部发展良好而其余地区普遍落后的畸形发展态势。

1. 城乡经济融合发展现状

第一，长春经济圈总体经济增长趋势虽有波动但仍保持持续增长。2020 年吉林省人均地区生产总值为 50 800 元，相当于全国平均水平的 70.6%。从 2001—2020 年吉林省与全国人均国内生产总值增长率趋势看，吉林省人均国内生产总值增长率的变动趋势大致可以分成三个阶段。2001—2006 年，吉林省的人均国内生产总值增长率低于全国平均水平。2007—2012 年，吉林省人均国内生产总值增长率超过全国平均水平。尽管同期全国人均国内生产总值增长率也处于高位，但是吉林省每年的增长率都在 12% 以上，其中，2007 年的增长率达到了 26.15%。2013—2019 年，吉林省的经济增长速度开始放缓，人均国内生产总值增长率明显低于全国同期平均水平，2015 年仅增长 0.48%。2020 年，吉林省人均国内生产总值增长率再次显著提升。根据 2017 年国民经济和社会发展统计公报，吉林省各市产业结构情况如表 1.7 所示，可以看出，吉林市第三产业已成为主导产业。就一般的经济发展与产业结构演进规律来看，经济发达地区通常以第三产业为主导，呈现出由第一产业、第二产业向第三产业转变的趋势，而其他经济相对滞后的地区的产业结构则基本并未发生转变。同时，吉林省各地区在产业结构的配置和选择方面也存在着一定的差异，这种差异则可能加剧省内各地区发展水平的分化。

表 1.7　2017 年吉林省九地市产业结构比较

城市	第一产业（亿元）	第二产业（亿元）	第三产业（亿元）	第三产业占比（%）	GDP 总值（亿元）
吉林市	229	824	1249	54.24	2303
通化市	81	387	442	48.57	910
延边朝鲜族自治州	69	425	434	46.73	928
长春市	315	3175	3040	46.55	6530
松原市	280	715	730	42.26	1728
白山市	60	355	290	41.08	705
白城市	109	317	282	39.80	709
四平市	285	502	443	36.02	1230
辽源市	56	442	273	35.41	772

数据来源：2017 年国民经济和社会发展统计公报。

同理分析 2020 年长春经济圈各市生产总值及第三产业占比情况（表 1.8），可以看出，2020 年长春经济圈第三产业发展迅速，促进了经济圈加快融合发展。吉林省第十二次党代会提出，要全面实施“三个五”“一主六双”等高质量发展战略，加快培育新动能。在这些战略的推动下，2021 年全省生产总值增长了 6.6%，地方财政收入实现了 5.4% 的增长。其中，红旗汽车销量增长了约 63 倍，一汽集团国内市场占有率提升了 3.5%，营业收入也相应增长了 62%。

表 1.8　2020 年长春经济圈城市群各市生产总值

城市	第一产业（万元）	第二产业（万元）	第三产业（万元）	第三产业占比（%）
长春市	3195	395 926	703 312	63.8
吉林市	9982	101 550	226 751	67.0
四平市	756	21 885	117 904	83.9
辽源市	191	23 359	54 411	69.8
松原市	2933	55 911	135 222	69.7

数据来源：根据吉林省和长春经济圈各市年度统计年鉴整理。

第二，长春经济圈城乡收入与消费差距正在逐步缩小。2013—2019 年吉林省人均收入城乡比和人均消费城乡比始终远低于全国平均水平（表 1.9），但从年度趋势来看，吉林省的城乡人均收入差距与消费支出差距的绝对数值基本上呈逐步下降趋势，这说明城乡差距在逐步缩小。进一步对比长春经济圈城镇与农村居民可支配收入（表 1.10），可以发现，2018 年到 2021 年长春市城镇居民的可支配收入从 22 261 元上升到了 43 281 元，年均上涨 18.1%；农村居民的可支配收入从 14 231 元上升到了 18 473 元，年均上涨 9.9%，这说明由于城乡深度融合一体化发展政策的落地生根，以长春市为首的城镇居民人均可支配收入正在稳步增长，农村居民人均可支配收入虽然也在稳步增长但仍落后于城镇居民 8 个百分点左右，城乡差距问题仍然存在。

表 1.9　2013—2019 年吉林省与全国人均收入消费城乡比（单位：%）

年份	人均收入城乡比		人均消费城乡比	
	吉林省	全国平均	吉林省	全国平均
2013	2.18	2.81	2.12	2.47
2014	2.15	2.75	2.11	2.38
2015	2.20	2.73	2.05	2.32
2016	2.19	2.72	2.01	2.28
2017	2.19	2.71	1.95	2.23
2018	2.19	2.69	2.07	2.15
2019	2.16	2.64	2.04	2.11

数据来源：根据吉林省和长春经济圈各市年度统计年鉴整理。

表 1.10　2018—2021 年长春经济圈主要城市城乡居民人均可支配收入

（单位：元）

地区	2018 年		2019 年		2020 年		2021 年	
	城镇	农村	城镇	农村	城镇	农村	城镇	农村
长春市	22 261	14 231	35 368	15 455	40 001	16 642	43 281	18 473
吉林市	28 542	13 896	30 140	14 883	31 027	16 030	33 479	17 777
四平市	—	—	26 514	13 643	28 290	14 803	31 390	17 676
辽源市	26 328	13 346	28 224	14 467	29 192	15 550	31 294	17 027
松原市	26 713	11 681	28 423	12 802	29 544	13 769	31 819	15 408

数据来源：红黑人口库。

第三，长春经济圈经济下行的压力持续增大。长春经济圈在面临重大机遇的同时，也面临着重重挑战。

一是经济发展结构性问题依然突出，经济圈工业发展呈现出

“一家独大”的局面。一汽集团对全省经济产值影响至深，经济结构调整步履维艰。

二是区域经济发展布局稳定性不足。长春市的经济发展对全省经济发展至关重要，一旦长春市经济增速下滑，则必将导致整个经济圈经济发展动能大为减弱，城乡深度融合发展面临后劲不足的困境。

三是城镇化经济空间聚集与人口实际聚集趋势相悖（图 1.2）。吉林省 2012—2019 年建成区面积增长率一直远高于人口增长率，这说明城镇化建设的空间聚集速度明显快于人口聚集速度，反映出长春经济圈的经济发展过于依赖固定资产投资的拉动，而非以人口与产业为核心的内生增长，这也导致城乡高质量融合发展的效果未能充分显现，造成资源错配。

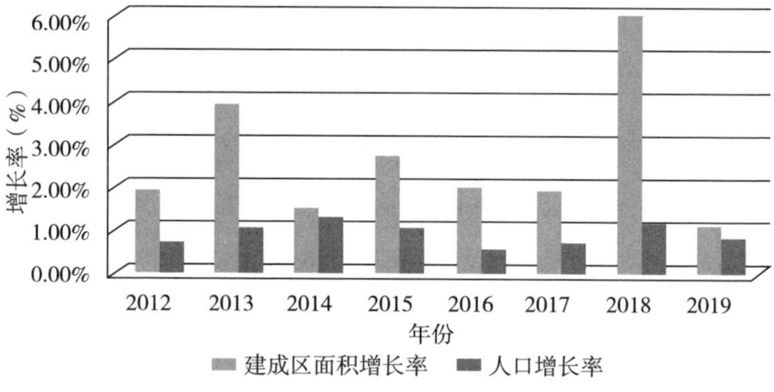

图 1.2　吉林省 2012—2019 年建成区面积增长率与人口增长率比较

与此同时，2021 年银保监会发布了《银行保险机构进一步做好地方政府隐性债务风险防范化解工作的指导意见》，对于地方政府投融资业务进行了进一步规范，城市投融资政策开始收紧。长期来看，这必将对长春经济圈建设的融资带来较大压力。

四是长春经济圈各县域经济发展面临困境。一方面，县域小城镇人口流失现象较为严重，人口大量转移，导致产业发展动能不足；另一方面，县域小城镇产业结构单一，资源型产业占较大比重，加工制造业创新能力不足，虽然部分县域服务业等第三产业发展较快，但多数尚未形成新的经济增长极。

2. 城乡社会融合发展现状

第一，2020 年，脱贫攻坚战略的精准实施极大促进了长春经济圈城乡社会融合发展。长春经济圈通过实施“五级书记”抓扶贫政策，在强化基层主体责任落实的同时，重点通过产业扶贫等方式激发内生动力实施脱贫攻坚，实现精准扶贫。社会各界都积极参与到扶贫工作，为长春经济圈城乡社会深度融合发展注入了持续动力。

第二，产业扶贫进一步拓展了城乡社会深度融合的深度和广度。在脱贫攻坚战略实施过程中，政府部门有针对性地将城市要素资源注入帮扶对象。如驻村工作队以自身为沟通平台，对接农业农村经济发展中的各类紧缺和急需人才，按照产业项目需求，通过精准对接扶贫产业项目，创造了更多就业岗位，促进了农村贫困人口的增产增收。地方政府和相关部门利用龙头企业，推动相关农产品的深加工和电商企业的快速发展，利用康旅、文旅、商旅、农旅等多种乡村旅游新形式，促进城乡产业融合发展。在产业扶贫过程中，相关机构充分激发了城乡间市场有效供需的联动效应，促进了农村二、三产业与市场相适应，实现了按需生产和按需供应。政府部门通过税收优惠和财政资金扶持政策，利用线上线下等多种方式，运用现代数学化营销平台，极大地拓宽了农产品及其加工品的销售渠道和营销网络，将科技元素、创新思维、市场信息等即时引入帮扶农村发展，促进乡村振兴。

第三，农业农村现代化尚未实现，长春经济圈城乡高质量融合发展动力尚显不足（表 1.11）。长春经济圈在农业发展上具有气候、资源等方面的先天优势，不仅拥有肥沃的黑土地，而且居于世界玉米黄金生产带与水稻黄金生产带的交汇区。优越且独特的自然资源环境，使得长春经济圈第一产业占比相对较高。但即使如此，长春经济圈的农业农村经济就其总体而言其发展效益也尚未跻身全国前列。虽然近几年经济圈农民收入增速高于城镇居民的收入增长水平，但截至 2020 年，长春经济圈农村居民人均可支配收入仍低于全国平均水平，这说明，长春经济圈独特的农业发展优势并没有为优质农产品带来高附加值，并实现可观的市场经济效益，这也反映出，在农业农村经济发展中，长春经济圈仍更侧重于农产品的生产而不注重加工，导致农产品商品转化率低、加工类产品的技术含量尚不高、产业链延长不足。总体上看，长春经济圈农产品加工业在农业总产值中所占比重远远低于经济发达省份，产业发展缺少优质现代化大规模龙头企业的带动。虽然长春经济圈的农产品品质优良，但是却缺少类似于像“富春苹果”“老干妈辣酱”等这种市场知名度高、辐射面积广、品牌价值高的农产品公共品牌。可见，长春经济圈农业产业发展效能还未充分释放，其导致农村经济活力不强、效益水平不高，对城乡社会高质量融合发展的推动力还显不足。

表 1.11 长春经济圈各市县农业现代化水平

市、县	机耕面积（千公顷）	机播面积（千公顷）	农村用电量（千瓦时）	有效灌溉面积（千公顷）	配套机电井（规模以上机电井）（眼）	化肥施用量（实物量）（吨）	其中	
							氮肥（吨）	磷肥（吨）
全省	4692.2	5599.4	5 655 962	1934.11	204 287	4 078 917	1 198 876	355 253
长春市（全市）	1190.3	1517.2	1 430 063	284.69	36 510	1 218 837	313 496	96 739
长春市区	251.4	293.9	636 505	90.04	10 782	243 951	57 148	12 931
公主岭市（全市）	259.3	317.1	239 568	31.89	5349	250 136	37 750	5986
吉林市（全市）	663.8	622.9	572 825	161.70	9541	549 143	178 777	47 154
吉林市区	101.8	83.8	176 946	39.39	4186	99 763	42 816	9051
四平市（全市）	320.4	549.6	461 872	166.55	15 089	435 447	35 860	3931
四平市区	26.3	26.6	146 213	19.30	523	18 487	2737	510
辽源市（全市）	235.4	235.0	170 289	22.88	5592	170 748	29 710	8809
辽源市区	10.1	10.3	12 175	0.32	150	8235	2263	391
松原市（全市）	989.3	1275.6	690 650	559.94	65 929	727 501	288 235	105 084

续表

市、县	机耕面积（千公顷）	机播面积（千公顷）	农村用电量（千瓦时）	有效灌溉面积（千公顷）	配套机电井（规模以上机电井）（眼）	化肥施用量（实物量）（吨）	其中	
							氮肥（吨）	磷肥（吨）
松原市区	79.1	88.3	81 539	39.02	4875	47 417	15 523	6408
梅河口市	97.3	96.8	96 045	32.95	1047	101 604	26 000	10 699

数据来源：吉林省 2021 年年鉴。

（三）城乡基础设施建设基本情况

加快长春经济圈全方位城乡融合深度发展，相关政府部门需要切实夯实基础设施建设的“底座”，只有如此才能真正有效承托高质量发展的“硬件”需求。2020 年 4 月，吉林省出台了《吉林省新基建“761”工程实施方案》，要求加快推进 5G 基础设施、特高压、城际高速铁路和城际轨道交通、新能源汽车充电桩、大数据中心、人工智能和工业互联网等七大新型基础设施建设力度，全面提升智能信息网、路网、水网、电网、油气网、市政基础设施网等六网建设水平。随着“一主六双”高质量发展战略的持续推进，长春经济圈的新基建步伐不断加快，设施日益完善，展现出了勃勃的发展活力。其中六网建设情况如下。

1. 市政基础设施网

要深化城乡融合发展，长春经济圈就必须构建完备的市政基础设施网，补齐补足供水、排水、供电、道路、供气、供热、生活垃圾分类和邮政快递等基础设施短板。唯有如此，才能为城乡融合、乡村振兴谋新篇、布新局。2020 年长春经济圈市政基础设施建设数据显示（表 1.12），长春经济圈的各个城市中，长春市的各项基础设施最为完善。近年来，长春经济圈将改善农村人居环境作为乡村振兴的主要抓手和重要任务之一。立足于长春经济圈现实情况，结合中央印发的《农村人居环境整治三年行动方案》和《农村人居环境整治村庄清洁行动方案》以及《农村人居环境整治提升五年行动方案（2021—2025 年）》等文件精神，吉林省颁布了许多关于农村人居环境建设的指导性方案，为长春经济圈农村人居环境基础设施的改善提供了政策依据，助力实现生态文明建设与美好生活共享（表 1.13）。

表 1.12　长春经济圈市政基础设施建设情况（2020 年）

城市	年末实有道路长度（千米）	年末实有道路面积（万平方米）	城市桥梁（座）	城市排水管道长度（千米）	城市污水日处理能力（万立方米）	城市道路照明灯（盏）
全省	10 952.30	19 116.00	966	13 551.91	444.95	548 217
长春市（全市）	4355.99	8482.30	356	6461.68	191.25	201 023
长春市区	4010.10	7947.02	348	6123.77	182.25	189 625
吉林市（全市）	2716.70	3715.95	179	1659.45	85.50	118 914
吉林市区	2146.88	2959.00	98	1124.31	73.50	48 015

续表

城市	年末实有道路长度（千米）	年末实有道路面积（万平方米）	城市桥梁（座）	城市排水管道长度（千米）	城市污水日处理能力（万立方米）	城市道路照明灯（盏）
四平市（全市）	542.09	822.14	23	516.03	20.50	33 782
四平市区	449.03	716.00	20	377.00	18.00	31 000
辽源市（全市）	189.50	456.98	83	365.00	16.00	10 115
辽源市区	189.50	456.98	83	365.00	16.00	10 115
松原市（全市）	418.62	933.77	22	664.26	28.00	29 271
松原市区	324.40	750.67	14	554.22	25.00	25 644
公主岭市	229.21	391.73	33	401.50	11.50	13 983
梅河口市	235.76	592.16	28	243.29	5.00	7322

数据来源：根据吉林省和长春经济圈各市年度统计年鉴整理。

表 1.13　长春经济圈农村人居环境建设相关政策表

颁布时间	文件名称	主要内容
2014 年 9 月	《中共吉林省委吉林省人民政府关于改善农村人居环境的实施意见》	抓好农村环境清洁、基础设施建设、农村人畜分离、垃圾污水处理、公共服务配套、生态环境改善“六大工程”建设，重点完成 30 项整治建设任务，争取全省农村早日实现基础设施完善、公共服务配套、环卫队伍整齐、管理规范长效、环境清洁生态的目标

续表

颁布时间	文件名称	主要内容
2015 年 3 月	《吉林省 2015 年改善农村人居环境实施方案》	从治理冬春垃圾入手，在高标准推动 421 个重点村的辐射带动下，以保障性基础设施建设为基础，以农村生活垃圾治理为重点，以“宜居宜业”建设为导向，推动新农村建设由“单项突进”向“综合发展”迈进，由“物的新农村”向“人的新农村”迈进
2017 年 5 月	《吉林省改善农村人居环境四年行动计划（2017—2020 年）》	围绕住建部提出的建设保障基本生活条件、村庄环境整治、美丽宜居村庄三种类型，分层次有步骤推进农村人居环境改善工作。到 2020 年，全省农村居民住房、饮水和出行等基本生活条件明显改善，人居环境基本实现干净、整洁，建成一批各具特色的美丽宜居村庄
2018 年 5 月	《吉林省农村人居环境整治三年行动方案》	改善农村卫生环境，推进生活垃圾治理；大力实施厕所改造，开展厕所粪污治理；改善农村水环境，梯次推进污水治理；改善村容村貌，创建美丽宜居村庄；科学编制村庄规划，加强规划实施管理；落实建设管护责任，建立长效管护机制
2019 年 4 月	《吉林省农业农村污染治理攻坚战行动方案》	加强农村饮用水水源保护，加快推进农村生活垃圾污水治理，大力开展养殖业污染治理，有效防控种植业污染，提升农业农村环境监管能力等

资料来源：根据吉林省人民政府等官方网站公开信息整理。

2. 智能信息网

近年来，随着吉林省政府“数字吉林”建设的推进和 5G 技术的快速发展，长春经济圈人工智能产业不断向光电信息产业渗透，获得了较好的成果。在光学领域，长光卫星公司、三大通信运营商等大企业对于数据及数据处理的需求，推动了光学制造的效率与精度的提升，促进了光通信、光子芯片技术的研发，加快了实体经济的产业发展。在遥感领域，长光卫星公司“吉林一号”星座的组网能力逐步提高，极大缩短了卫星重访时间，拓展了遥感数据的综合应用，可以为多方提供遥感数据服务。目前长春市遥感卫星及应用航天信息产业园已建成，遥感技术产业正蓬勃发展。在智能医疗领域，一项基于人工智能的医学影像分析系统和智能数字化病理分析的战略合作由亚泰集团、中国科学院医工所和吉大一院等单位持续推进。在其他通信领域，长春光机研发出最高分辨率像素达 1.5 亿的 CMOS 图像传感器，长春理工大学与华为公司达成协议，在光学摄像头领域进行深度合作。在车联网领域，早在 2003 年一汽集团就与国防科技大学联合研制出了中国首辆无人驾驶红旗轿车，并在 2011 年完成无人驾驶测试，这标志着一汽已具备自主研制无人驾驶系统和高质量、高分辨率的相机传感器的能力。一汽启明与博立电子、黑芝麻智能科技合作开展了汽车自动驾驶技术的研究，极大推进了光学传感器的发展，为长春经济圈智能光子芯片产业带来了巨大的经济效益。在机器人与制造业方面，全自动焊接、智能化物流配送、无人化智慧管理等应用已在一汽红旗新能源工厂、解放 J7 智能工厂落地投产，直观展现了长春经济圈在加快 5G 网络、物联网、大数据、人工智能等新基建在“智能信息网”建设方面的成效，也让圈内城乡居民感受到了大数据时代所带来的方便与快捷。在城乡深度融合一体化发展中，智能信息网为人民衣食住行的基础设施建设贡献着不可估量的力量。

3. 路网

完善的交通道路运输体系是国民经济发展的命脉。长春经济圈综合交通网的构建，极大地推动了吉林省西部湿地地区旅游、东部地区医药健康等产业的发展，有效支撑其与环渤海、京津冀、长三角等地区的联动对接，助力长春经济圈加快融入国内国际双循环发展战略。一方面，长春经济圈不断加快推进以高速公路为重点的基础设施建设，完成了对长吉和长余等高速公路的改、扩、建，新建了集安—通化、东丰—双辽和龙井—大蒲柴河等高速公路，以及珲春—长岭子和图们、圈河等一级公路、一级口岸桥项目。同时，长春—白城快铁、敦化—白河高铁、长春龙嘉国际机场二期等建设项目均已完成并投入运营。另一方面，长春经济圈公共交通基础设施建设对经济发展的促进作用明显增强。2018 年，长春经济圈完成交通基础设施建设总投资约 259.4 亿元，同比增长了 19.7 亿元，通过建设和投资成功打造并形成了“五纵四射三横”的高速公路网络和蝴蝶型铁路网格化布局，铁路网密度在全国处于前列，具有良好的发展基础；长春龙嘉机场“一主多辅”机场发展格局也基本形成。道路网建设密度稳步提升，到 2017 年年底长春经济圈道路建设的完好率达到了 95%以上，公共交通基础设施建设不断改善，长春经济圈公路网日益完善，各等级公路快速发展，吉林省省内道路“通乡率”和“通村率”达到 100%，为长春经济圈实现城乡深度融合发展提供了强有力的支撑。客观上看，虽然长春经济圈已基本形成了以铁路和公路运输为主体，以航空、水运、管道运输为辅的综合性公共交通基础设施网络体系，但其运输能力还存在一定的不足，特别是空运领域。无论是空运水平、空运规模、空运承载力，还是与国际国内航线的链接能力，长春经济圈都与国内其他城市有差距。

4. 水网

吉林省作为国家重工业大省和优质高品粮生产基地，水资源安全程度直接影响着长春经济圈的地区经济和社会发展，水网建设的重要性不言而喻。水资源承载力状态也是长春经济圈社会基础设施稳定发展的重要参考。2005 年，吉林省除通化市和延边朝鲜族自治州的承载力处于良好状态外，其他各地市州均处于水资源过量承载的高压状态。其中，最严重的吉林市评价值仅为 0.348，处于严重超载状态。2011—2015 年吉林省水资源承载力有所提升，其中最主要原因是随着经济发展基础的改善，农业稳步增强，政府部门加大了节水灌溉设备的投资和使用，使得农业用水充分利用率有了较大提升。

同时，相关部门也加大了水利工程的投资和建设力度，更加严格地落实水资源管理制度，多方共同努力才使得各地市州水资源综合承载力显著提高。例如，2011 年相关部门制定了各地市州水资源管理的“三条红线”等评估体系，全面贯彻落实严格的水资源管理制度。2013 年，政府继续加大对重点水利项目、重点水利工程的建设力度，累计完成投资 82.23 亿元，水资源安全由此得到了切实保障，地区用水紧张状态得以有效缓解。到 2016—2019

年时，经济圈的水资源承载力评价则达到了历史最大值，处于承载力盈余状态。究其原因，一是随着城镇化水平的显著提高，居民的生活用水更为集中；二是工业化水平的提高、产业结构的改善，工业重复用水率的提高以及第三产业用水率已大幅度提升。2021 年 12 月 16 日，吉林省中部城市“引松供水工程”全线贯通并已初步具备投入使用条件，当时预计每年可以从松花江流域的丰满水库向中部地区引水 8.98 亿立方米，实现退还农业用水 1.48 亿立方米，同时补偿河道内生态环境用水 1.4 亿立方米，减少超采地下水 2.83 亿立方米，新增灌溉面积 48.2 万亩，有效满足全省中部 3 个地区、8 个县（市、区），26 个乡镇共 1060 万人的生产和生活供水。长春经济圈坚持“节水优先，空间均衡，系统治理，两手发力”，坚持全面构筑科学的水资源开发、利用、治理、配置、节约和保护体系，大力发展资源水利、效益水利和生态水利，使得长春经济圈水资源承载力呈现出整体向好的态势。

5. 电网

截至 2022 年 5 月末，吉林省已建成风光发电项目装机 1232.42 万千瓦，其中风电 867.15 万千瓦、太阳能发电 365.27 万千瓦。自 2021 年 6 月以来，国家电网吉林省分公司陆续完成了对涉及全省 9 个市（州）共 42 个县的 17 座 66 千伏变电站、3547 千米线路与 1793 台配电变台的新建、改造和扩建工程，持续推进乡村振兴中的农网改造升级工程。同时，吉林省立足于吉林电网实际，结合国家电网公司“数字新基建”的战略目标，围绕大数据中心、工业互联网和新技术的应用等，已初步完成了电网数据中心、能源智慧中心、统一物联管理平台、工业互联网相关服务平台等的建设任务，共涉及三大类 15 小类共 33 项重点工作（表 1.14），取得了多项电网数字新基建建设应用成果。在挖掘电力大数据价值方面，国网吉林省电力有限公司深入挖掘电力数据价值，自主研发企业信用评价大数据应用产品，并与中国邮政储蓄银行吉林省分行签署《企业信用评价大数据产品服务合同》，辅助金融机构合理授信，助力中小微企业更快捷地获取银行贷款，从而建立了银行信用精准判定的新通道。在工业互联网建设方面，吉林电网通过安装智能感知终端和监控摄像头等方式，建设了数字化应用管理平台，用于线损深度分析和应用、窃电分析监控、低压台区停电精准定位和台区物联智能感知等，实现了精准定位，为配电网的高效运行提供了有力支撑。在 5G 技术应用方面，国网吉林省电力有限公司与中国联通吉林省分公司合作，共同探索 5G 等新一代信息技术在能源互联网领域的研发和应用，实现了网络基础设施的融合建设和高效利用，加速推进了电网数字化转型升级。

表 1.14　国网吉林省电力有限公司数字新基建建设方案

任务分类	任务名称	具体内容
大数据中心建设	完善数据中心基础设施建设； 升级数据化基础平台； 加强数据资产管理； 推动数据增值变现； 建设吉林省能源大数据智慧中心； 多站融合数据中心站建设	完善信息机房基础设施改造； 公司业务系统云平台建设； 数据中台建设；业务中台建设； 电网 GIS 平台升级；数字身份服务试点建设；数据资产管理等

续表

任务分类	任务名称	具体内容
工业互联网建设	建立统一物联管理平台； 推进设备侧物联网建设； 推进客户侧物联网建设； 工业互联网相关系统建设； 楼宇智慧用能建设及推广； 能源清洁利用工业互联网平台	持续开展物联管理平台迭代升级；输变电智慧物联应用示范；智能电表非计量功能深化应用；源网荷储协同服务物联网建设；智慧车联网平台推广应用；新一代电力交易平台建设；安全生产管控平台建设等
新技术应用	加快推进5G技术应用落地； 强化人工智能关键技术应用； 推进区块链关键技术应用探索	电力杆塔资源租赁；人工智能技术在输电线路巡检中的应用；利用人工智能关键技术开展新能源云智能服务等

数据来源：根据吉林省和长春经济圈各市年度统计年鉴整理。

6. 油气网

2021年1月15日，长春经济圈容量最大的“吉林向阳”500千伏变电站4号主变扩建工程正式投入运营，标志着“吉林向阳”500千伏变电站成为有效解决东北地区新能源开发、输送，以及提高地区清洁能源生产能力和市场消纳潜力的重要通道。“旗E春城”新能源汽车项目的运行，再次开启了长春经济圈新能源汽车推广应用的新篇章。截至2020年年底，长春市已上线运营红旗新能源换电汽车2000辆，未来数年还将陆续投放红旗新能源汽车3.4万辆。在清洁能源领域，新基建发挥着越来越大的作用，大量“绿电”传输工程的陆续落地，不断增强着人们对于吉林省正逐步成为“生态强省”的信心。

2021年10月，“陆上风光三峡”工程全面启动，主体区域涵盖3个市，11个县（市、区），辖区面积约5.1万平方千米，是国家松辽新能源基地的核心区，计划到2025年，打造消纳、外送和制氢3个千万千瓦级新能源基地。以风能、太阳能、生物质能为代表的新能源开发是吉林省的固有优势之一，发展潜力较大。随着相关项目不断推进，吉林省新能源发电装机将不断增加，为新时代吉林振兴发展注入强大动能。

加快长春经济圈各领域的新型基础设施建设速度和提升建设质量，不仅是长春经济圈实现调结构、扩内需、稳投资、促增长的必然要求，也是着眼于科学推动长春经济圈经济高质量健康发展的重要举措，更将进一步助力长春经济圈持续释放经济增长潜力，增添发展动力，提升经济发展活力，增强企业竞争能力，从而为长春经济圈实现城乡深度融合发展提供坚实的支撑。

综上所述，目前公共资源配置与公共服务仍存在较为显著的失衡问题，这在一定程度上阻碍了城乡高质量融合发展。虽然长春经济圈农村居民人均可支配收入的增长速度有所提高，但是城乡间在居民收入、交通道路、网络通信等基础设施，自来水、煤气等公共服务，科技、教育、医疗、保险、金融、文化等公共产品方面仍然存在着不小的差距。同时，土地、资金等资源要素的单向流动，也不利于城乡高质量融合发展。

（四）城乡居民物质文化生活情况

城乡高质量融合发展，不仅体现在城乡间人口、空间、经济、社会、生态环境等物质层面的融合，还包括文化、教育、娱乐等精神层面的有机融合。

党的十九届四中全会提出要“坚持和完善繁荣发展社会主义先进文化的制度”“健全人民文化权益保障制度”“完善城乡公共文化服务体系，优化城乡文化资源配置”。为此，长春经济圈进一步加强了相关公共文化服务和保障体系的建设，不断丰富人民群众的精神文化生活，在此过程中传承中华优秀传统文化，弘扬社会主义核心价值观，同时增强文化自信，促进中国特色社会主义文化大繁荣、大发展，提高全民族文化素质。

第一，长春经济圈乡村物质文化生活日渐丰富，民众精神文化生活差异性逐渐缩小。长春经济圈不断加快公共文化服务体系建设，通过“农村文化大院”“农家书屋”“广播电视村村通”等六大建设工程，基本实现了文化服务全覆盖，实现了广播电视村村通与户户通。为满足村民文化活动的现实需求，解决村民文化活动场地短缺的问题，长春经济圈各政府积极在各村建立文化小广场，为农民开展多样的文化活动创造良好的基础条件。为更好地满足村民的需求，部分小广场还配备了排球场、体育健身器材和木质凉亭等休闲文化设施。在每年农闲时节，吉林省委宣传部经常联合吉林省联合农业农村厅、文化和旅游厅等部门适时举办农民文化艺术节等，为广大农民群众呈现精彩纷呈的文艺演出。

第二，在为广大农民群众提供丰富的视觉盛宴的同时，长春经济圈还积极推进送文化活动，使得城乡间精神文化生活的一致性逐步增强。送图书、送农业技术、送广场舞培训、组织诗歌比赛、组织文化培训基地等活动的推广，充分激活了广大农民群众在文化生活中的主体作用。受年龄、职业、性别等因素的影响，农民对文化生活方式的选择仍然呈现一定的差异性，这种差异主要表现在年龄越大，文化生活越单一。如55岁以上的老人很少选择读书看报、电脑游戏、学习培训等；70岁以上老人的文娱方式则更为单一，以看电视、听广播、逛公园为主。而“00后”的文化生活方式则更为多元，除了活跃于快闪、抖音、微视频等新媒体平台，还开始积极参与传统文化活动，如书法、剪纸、绣花等。由此可见，长春经济圈农村文化生活已呈现多元化特征，由“欣赏型”走向“参与型”。城乡间文化建设一致性不断增强，促进了长春经济圈城乡融合的深度发展。

第三，长春经济圈已经基本具备了城乡公共文化服务协同发展的先决条件，为城乡融合发展打下了良好的基础。一是长春经济圈城乡公共文化服务的基础设施更加完善。吉林省制定了建成公共文化服务体系建设的战略发展目标，为了实现这一伟大工程，政府部门不断加大对公共文化基础设施的建设和改造，现已基本形成了相对完整的公共文化服务体系，覆盖城乡的“省、市、县、乡、村”五级公共文化服务网络已经基本成形。完善的公共文化服务设施为长春经济圈公共文化服务的跨地域协同发展提供了坚实的物质基础。二是长春经济圈拥有国内相对雄厚的公共文化服务人才和高素质的志愿者队伍资源。针对基层人才队伍力量薄弱，专业知识亟待更新等问题，吉林省采取重心下移的策略，组织业务骨干“走下去”，深入各地区进行培训，为经济圈群众文化从业队伍业务水平的提高打牢了基础、夯实了根基。三是长春经济圈拥有发展公共文化服务充足的资金保障。公共文化服务协同发展的前提是资金保障，经济圈各级财政部门近年来通过设立专项资金等方式，加大了对公共文化服务建设的财政支持。据统计，2013 年吉林省文化事业费用占财政总支出的比重为 0.42%，高于全国平均水平。各县（市、区）基本落实了农村人均 0.5 元、城区人均 1 元的群众文化活动经费，公共文化场所实现免费使用，全天开放；文化信息资源共享工程、乡镇综合文化站等建设资金均有效投入，发挥了实效。虽然在目前的发展实践中，公共服务建设还存在着一定的资金缺口，但可以预见的是未来会有更大的资金投入。与此同时，长春经济圈各政府还进一步探索社会力量参与公共文化服务的机制与模式，积极构建“政府搭台、社会唱戏”的多元参与平台，极大提升了城乡居民的物质文化生活质量，促进了长春经济圈城乡深度融合的一体化发展。

二、长春经济圈城乡融合发展的必然性和迫切性

（一）从东北地区全域发展看

中华人民共和国成立以后，伴随着东北地区工业经济辉煌发

展，东北地区城市化也长期保持快速发展的态势。首先，随着国家确立重工业优先发展战略并建立计划经济体制，在“一五”期间，全国156项重点工程项目中，东北地区承担了约三分之一。国家在东北地区的固定资产投资总额达到123.39亿元，相当于全国同期投资总额的五分之一，辽宁省、黑龙江省、吉林省分别居全国第1位、第2位和第5位，自1949年到1978年，东北地区在全国国民经济中的总体地位始终处于前列。其次，东北地区承担指令性计划和财政上缴任务同全国其他省区相比占比较高。仅大庆市40年中就承担原油价格差总计4190亿元，累计上缴各类资金总额约6061亿元，是国家投资总额的87倍，出口创汇490亿美元。此外，东北地区工业产品所占比重优势明显。经过50多年的建设和发展，至21世纪初，东北地区钢产量已占全国的1/8，汽车产量已占全国的1/4，商品粮产量则占全国的1/3，造船业产值占全国的1/3，原油产量占全国的2/5，木材提供量占全国的1/2。最后，人口大规模的迁入一直保持到70年代末期，这让东北地区在收获工业化发展红利的同时，城市化进程显著加快。

虽然中华人民共和国成立以来，东北地区为国家做出了巨大贡献，但随着改革开放的不断深入，东北地区的发展较过去的辉煌相比，发展步伐明显慢了下来。东北地区曾以重工业发达、经济实力雄厚而闻名，但改革开放以后与南方省份，尤其是沿海地区如火如荼的发展相比，重工业云集的东北地区则明显发展滞后。自1978年以来，东北三省工业总产值在全国所占份额一路下跌，到 90 年代后期，已由原来的 16.5% 下降到 9.3%，工业总产值在全国的排序不断后移：辽宁省从全国第 2 位下降到全国第 5 位，黑龙江从全国第 7 位下降到全国第 14 位，吉林省从全国第 15 位下降到第 18 位。这一转变不仅伴随着东北三省工业经济效益下滑，工业生产步履维艰，还引发了大量工人下岗失业等一系列问题，这在当时被称作“东北现象”。无独有偶，曾经作为中国粮食市场稳压器、压舱石的东北地区农业也遭遇了相同的发展困境，原有传统优势农产品出现了大量积压，农民收入增长缓慢、农业经济发展滞后甚至陷入困境等问题也迅速暴露出来，这又被称作“新东北现象”。21 世纪初，党中央及时启动了振兴东北老工业基地的发展战略，该战略实施后的十年中东北地区经济发展有所加快，尤其是 2008—2012 年东北地区的经济增长速度甚至一度超过了东部地区。然而，自 2013 年起，东北地区的经济增速再次放缓，重新落后于东部地区，2016 年以后经济增速则出现了更为严重的下滑。据统计，2012—2019 年，东北地区经济总量占全国的比重从 8.7% 下降到了 5.1%，这表明实现东北全面振兴任重而道远。

改革开放以来东北地区发展滞后，其主要表现为：第一，传统工业的优势地位逐渐丧失，导致其对整个东北地区的贡献率日渐减小，以黑色金属冶炼、普通机械制造业等传统支柱行业衰退得最快。同时，新兴电子业、新兴机电业等增速较快行业在东北地区的数量相对较少，在一定程度上造成了东北地区产业演进缓慢。例如，1985—2000 年，黑龙江省采掘业的总产值占比由 27.2% 增长到了 43%，所占工业增加值的比重超过 66.67%，而同期的高新技术产业发展却微乎其微。到 2000 年，吉林省的高新技术产业仅有 150 亿元的产值，还不足粤苏沪深等省市相关产业的零头。1978—1997 年，国有工业年均下降 1.6 个百分点，远低于全国平均水平。第二，传统产业在东北地区经济占比虽经多年改革调整但仍居高不下，经济发展的结构性矛盾依然突出。例如，2001 年东北地区的国有及国有控股企业产值就占到工业总产值的 73.27%，高于全国的平均水平 28.84 个百分点。产品在结构上也呈现出“初级重、中级多、终级少”的特点，在工业产值中重工的比重过高而且又主要集中在煤炭、钢铁等严重产能过剩行业。1998—2001 年，成品钢材、化肥、农药、平板玻璃等 11 个品种主要工业品市场占有率都在下降。这种单一的生产结构使得东北地区经济的抗风险的能力极差，自我调整和回旋的余地非常有限。第三，资金投入不足与技术装备老化并存。自 20 世纪 80 年代以来，沈阳市、哈尔滨市、长春市所拥有的工业设备的平均使用年限均远高于东部沿海发达地区。第四，随着改革开放后中国经济发展的战略重点日益向东南沿海地区转移，东北地区各省市均出现了严重的资金、技术和人才“孔雀东南飞”的现象。1997 年辽宁、吉林、黑龙江财政赤字分别上升到了 112.4 亿元、84.9 亿元和 83 亿元。东北地区人口也由原来的人口净流入转变为人口净流出，而且呈逐年严重的趋势。1981—1985 年，黑龙江省、吉林省和辽宁省净流出人口分别为20.2万、10.3万和36.5万人。从经济社会发展总体水平看，东北地区经济发展起步较早，在中华人民共和国成立之后的很长一个历史时期内一直走在全国前列，但自20世纪90年代以来随着经济竞争力的逐步下降，东北地区已与东南沿海发达地区拉开了较大差距。

追踪东北地区发展问题的根源，主要体现在以下几个方面。一是因为东北地区是我国计划经济体制运行的典型代表，长期的计划经济体制运行使得东北地区的经济社会发展形成了制度惯性，留下了历史后遗症。二是因为东北地区国有经济比重偏大，在发展过程中面临着内生动力不足、创新发展活力不够、市场化程度较低、企业生产效率低下等问题的影响，缺乏独立性和自我发展能力，同时受到国家宏观经济政策、地理区位条件和国际环境等一些客观因素的制约，发展空间进一步受限。三是因为企业机制不够灵活，部分国有企业仍背负沉重的历史包袱。在农业劳动生产率逐渐提高，农村富余劳动力不断增多的同时，重组的老牌工业企业和资源枯竭型厂矿又析出大量的富余人员，这些都使东北地区的社会保障以及就业、再就业面临着诸多压力和难题，在一定程度上影响和制约着东北地区的发展。

党的十八大以来，党中央高度重视东北地区的发展形势和发展要求，国家领导人更是多次视察黑龙江省、吉林省和辽宁省，新一轮东北振兴正在全面铺开，并已取得了一定的成效，主要经济指标的下降速度也有所减缓，但是经济总量等指标仍低于全国平均水平。

吉林省 2018 年前三个季度实现地区生产总值（GDP）9957.68 亿元，与上年同期相比增长了 4 个百分点。黑龙江省 2018 年前三个季度实现地区生产总值 9859.5 亿元，与上年同期相比增长了 5.1 个百分点。辽宁省 2018 年前三个季度实现地区生产总值 18 012.4 亿元，与上年同期相比增长了 5.4 个百分点。从东北地区各省份 GDP 总量来看，辽宁省为 18 012.4 亿元，吉林省为 9957.68 亿元，黑龙江省为 9859.5 亿元，三省合计约 3.78 万亿元，占全国 2018 年 GDP 总量约 5.81%。2018 年前三个季度，辽宁省沈阳市实现地区生产总值 4423.8 亿元，与上年同期相比增长了 5.5 个百分点。黑龙江省哈尔滨市前三个季度的 GDP 总值为 4207.6 亿元，吉林省长春市则为 4654 亿元，同比增长 7.2%。尽管各地均实现正增长，但东北地区的经济实际增速均低于全国的平均水平，三省 GDP 总量排名相对也不高。其中，辽宁省排第 14 名，吉林省排第 24 名，黑龙江排第 25 名。三省省会城市全国 GDP 排名也均在 30 名以外，其中长春排在第 32 位、沈阳排在第 33 位、哈尔滨排在第 34 位。

2019 年前三季度，东北地区 GDP 总量最高的辽宁省达到了 19 148.5 亿元，排在全国省市第 14 位。在经济增速方面，2019 年前三季度辽宁省 GDP 增速为 5.7%，领跑东北地区。辽宁省沈阳市 2019 年前三季度 GDP 为 4721.7 亿元，排在东北地区省会城市第一名，而在全国所有城市中则排在第 31 位。黑龙江省 2019 年前三季度 GDP 为 10 292.2 亿元，排在全国各省市第 24 位，同比增长 4.3%。而黑龙江省 2019 年前三季度 GDP 最高的城市是哈尔滨，达到了 4490.9 亿元，同比增长 4.5%。哈尔滨市的 GDP 在东北地区省会城市中排名第三，在全国所有城市中则排在第 35 位。吉林省 2019 年前三季度 GDP 为 10 045 亿元，排在全国各省第 25 位。在 GDP 增速方面，吉林省 2019 年前三季度增速只有 1.8%。但是长春市 2019 年前三季度 GDP 达到 4657.2 亿元，在东北地区省会城市中仅次于沈阳，排在第二，在全国所有城市中排在第 32 位。东北地区 2019 年前三季度 GDP 之和为 39 485.7 亿元，约占全国前三季度 GDP 总量的 5.66%。与沿海地区省份相比，东北地区的经济发展速度仍偏慢，GDP 增速仍低于全国平均水平 6.2%。

2020 年我国经济走势呈现低开高走的态势。2020 年，辽宁省 GDP 总值为 25 115 亿元，排在全国第 16 位，相比去年下滑了一个位次。2020 年辽宁省 GDP 最高的是大连市，达到了 7030.4 亿元，其次是沈阳市，达到了 6571.6 亿元。2020 年辽宁省 GDP 的增速为 0.6%，低于全国平均增速。2020 年黑龙江地区 GDP 总值为 13 698.5 亿元，排在全国第 25 位，相比去年同样下降了一个位次。黑龙江省的 GDP 增速为 1%，同辽宁省一样均低于全国的平均增速。2020 年，吉林省 GDP 总值为 12 311.32 亿元，排在全国第 26 位，和去年持平，GDP 增速为 2.4%，略高于全国的平均增速，同时也是当年东北地区经济增速最高的省份。同年吉林省长春市 GDP 突破 6500 亿元，继续保持全省第一的地位。

2021 年辽宁省 GDP 总量虽然达到了 27 584 亿元，同 2020 年相比增加 2469.1 亿元，为东北地区最高，GDP 同比增长达到了 5.8%，但仍低于全国平均增速 2.3 个百分点，排名跌至全国第 17 位。2021 年黑龙江省 GDP 总量 14 879 亿元，同比增长了 6.1%，也低于全国平均增速 2 个百分点，排名跌至全国第 27 位。2021 年吉林省 GDP 总量 13 135 亿元，同比增长了 6.6%，低于全国平均增速 1.5 个百分点，排名全国第 28 位。

虽然说在东北地区，辽宁省的经济规模位居第一，但是从全国范围来看增速却依旧是垫底水平，而吉林省则是东三省的最后一名。

在我国全面建设社会主义现代化强国、贯彻新发展理念、构建新发展格局的新时代，面对经济全球化进程和世界百年未有之大变局的发展趋势，东北老工业基地仍处于“可以作为、应当作为、大有可为”的地位。

（二）从吉林省发展情况看

我国东部经济发达地区目前已初步实现了工业化，为了寻求进一步发展，长江三角洲、珠江三角洲、京津冀地区依托区域内特大城市，以效益最大化为原则，开始打破行政藩篱，通过组建区域发展联盟，进行区域整合，并通过产业分工、科技合作、城市联盟等方式，积极推进经济一体化建设。为了在日益激烈的经济竞争中赢得区域主动权，浙江省、江苏省、湖南省、湖北省、山东省和重庆市等省市相继提出了建立杭嘉湖、苏锡常、宁镇扬、武汉都市圈、大青岛都市圈、重庆主城都市圈等区域都市经济圈和城市经济发展带的设想。与吉林省毗邻的辽宁省和黑龙江省也提出了要发挥沈阳市、哈尔滨市等城市优势建设“大沈阳”和“大哈尔滨”城市群的设想。面对压力，吉林省必须及时调整经济发展战略。

吉林省南接辽宁省、北连黑龙江省，处于东北地区战略中心位置。从吉林省各城市区位条件、经济基础、文化优势和历史因素等方面看，长春市是吉林省经济的一枝独秀，长期以来在吉林省的经济发展中一直处于核心和龙头位置，吉林省的振兴必须以长春经济圈为核心辐射源，加快理念创新，只有这样才能实现跨越式发展。

具体来说，吉林省中部地区的城市中，长春市、吉林市、四平市、辽源市、松原市、公主岭市、梅河口市等城市地理位置优越，互补性强，具有合作发展的良好条件和雄厚基础。加快构建以它们为中心的吉林省中部经济发展群建设，不仅是克服目前各城市间在发展过程中城市规划互不衔接，基础设施重复建设，资源优势不能充分共享，对外引资及税收政策方面恶性竞争等方面弊端的需要，更是打破经济发展条块分割格局，破除地方保护主义，进一步解放生产力的现实需要。加快长春经济圈建设，形成新的经济增长极，是形势所逼，也是吉林省经济发展在东北地区振兴中率先实现新突破的必然要求。

目前，长吉经济带已明显隆起，而其他城市经济的发展仍处于低谷。可以说吉林省经济的发展重点在于中部地区的发展，而长春和吉林是中部地区的核心。两市经济发达，是吉林省的重要工业城市，距离相近，相距仅 75 千米，交通便利，基础设施完善，集中了全省最重要的支柱产业——汽车与化工。在两市的经济辐射和交通走廊的作用下，已形成了一个经济崛起地带，成为吉林省经济发展的重心所在，构成了中部地区经济发展的脊梁。它的发展将带动中部其他城市发展，进而带动全省经济的发展。除此之外，长春区域生态环境建设完善，非常宜居。吉林省生态省建设中一项很重要的内容是加快长吉生态经济带建设，提高长春、吉林两市及中间交通走廊地带的生态环境承载力和经济、人口集聚程度，构筑以长吉生态经济带为中心的吉林省中部生态城市圈，努力减轻东、西部生态脆弱带环境过载压力，发展特大型生态示范城市，辐射带动全省经济发展。

当然，相关部门应该在加快长春、吉林两个城市发展的同时，进一步从产业结构互补和主导产业耦合上入手，进一步推进四平市、辽源市、松原市、公主岭市、梅河口市等经济圈内各城市的社会劳动分工深化，以及基础设施共建共享、生产要素流动、产业结构调整与优化配置等空间融合进程。通过整体性的结构调整和完善，理顺经济关系及比例关系，减少结构性摩擦，化解制约经济持续增长的各种因素，促进中部地区形成范围更大、经济整合和聚集能力更强的经济发展群，提升长春经济圈的经济综合实力和产业经济竞争力。这一进程，对提高未来吉林省在国内、国际经济体系中的分工地位，确保吉林省经济持续快速健康发展是至关重要的。在黑龙江省的“大哈尔滨”计划中，长春、松原两市的部分地区被确定为哈尔滨的经济辐射发展区。加快以长春市、吉林市、四平市、辽源市、松原市、公主岭市、梅河口市为重点的中部城市经济群发展，是确保吉林省经济优势和竞争力的一个基础性要求，否则，吉林省就可能会在新一轮国际产业分工和合作、产业梯度转移中失去先机，而这也势必会动摇吉林省在我国经济发展中的地位，甚至有可能衍生出新的区域恶性经济竞争，导致资源浪费等问题，从而失去既有的产业和区域发展优势，最终被边缘化。加快以长春经济圈为核心的吉林省中部五城地区的经济建设和发展对吉林省经济发展意义重大。

首先，从吉林省城乡跨越式发展情况看，吉林省确实需要一个综合服务和经济发展功能强大的核心经济圈。长春市、吉林市已经形成了一定的经济辐射和带动能力。长春市近几年依托良好的制造业基础、丰富的工农业资源和雄厚的科教实力，在汽车制造、农产品深加工业、高新技术产业方面取得了长足的发展。目前的经济规模已经比肩沈阳市和哈尔滨市，城市综合竞争力全国排名在第 12 位左右。吉林市这几年发展势头良好，经济总量迅速提高，拥有一批在国内同行业中领先发展的大型企业，目前正依托北方工业加工中心、长白山产品集散中心、特色旅游文化中心建设，向现代化大城市方向发展。以长春市、吉林市两个城市为核心的长春经济圈的快速发展必将带动吉林省中部地区的迅速崛起。2023 年吉林省地区生产总值实现了 6.3% 的增长，高于全国地区生产总值平均增长水平 1.1 个百分点。2024 年第一个季度，吉林省地区生产总值再实现 6.5% 增长，依然高于全国地区生产总值平均增长水平 1.2 个百分点，增速排名位居全国第一，继续保持领跑状态。多项经济发展指标增速位居全国前列，长春经济圈始终保持着稳中有进、稳中向好的良好发展态势。可以说，长春经济圈引领吉林省在东北振兴中率先实现新突破已指日可待。

其次，从长春经济圈城乡融合发展的现实条件看，中部长春市、吉林市、四平市、辽源市、松原市、公主岭市、梅河口市地区地处松辽平原的腹地，交通条件便利，制造业体系完整，重要部门间产业关联性紧密，产业间配套性较强，技术力量雄厚，产业布局构成呈现出较强的整体性特征。现在该区域已经发展成为我国石化、汽车、电子及通信设备制造业、农产品加工和高新技术等产业发展的重要基地和集约化程度高的产业集聚走廊。该区域同时也是联结辽宁省、黑龙江省两省的中枢和纽带，其经济发达的程度、交通运输的通畅程度直接影响着整个东北地区经济振兴的深度和广度、经济发展水平的高低和对外开放程度。可以说，长春经济圈在支柱产业的扩张空间、市场需求、技术实力、人才供给以及企业稳定性等方面，具备全国范围内较强的长期发展竞争力。

最后，从长春经济圈发展规模看，长春市、吉林市、四平市、辽源市、松原市、公主岭市、梅河口市等城市面积共 91

481.72 平方千米，一二三产业增加值均占全省产业发展增加值的80%以上，长春经济圈内这种经济高度密集的程度在全国也是少见的。在基础设施方面，各市间交通连接紧密，已基本实现了网络化和一体化，3 小时经济圈已基本形成，经济圈各城市之间交往日益紧密。

（三）从长春地区城乡发展实际看

长春地区城乡融合形成发展的过程，可以划分为日伪统治时期、工业化建设时期、行政拉动 + 城市化发展时期、工业企业外迁时期、资本集聚和开发区建设时期、旧城改造和新城建设时期六个时期。

1. 日伪统治时期：初步奠定了长春地区城乡融合的基本格局

在日伪统治时期，一方面，日本在长春市区及周边大规模修建交通设施、仓储设施等，疯狂地掠夺东北地区的林业和矿产资源，运输回日本。在这样的背景下，长春地区的近代交通运输业开始初步发展。同时，日方也利用长春地区发达的交通条件，把日本国内生产的商品运到长春地区进行倾销。由此，长春地区的近代商业贸易也开始形成和发展起来。另一方面，日伪政权还在长春城市边缘区兴建了一些农副产品生产和加工企业，如油脂加工、面粉加工等，使长春的轻工业也有了一定的发展。但与此同时，在长春地区的广大农村农民则依然维系着封建社会的传统生产和生活体制，形成了由殖民主义经济主导所造成的城乡“二元”经济格局。

2. 工业化建设时期：拉动形成了长春城乡融合的空间形态

中华人民共和国成立以后，长春地区的社会经济发展步入了正常轨道。在“一五”“二五”工业化建设时期，党和国家结合长春地区已有的工业发展基础和优越的自然资源及社会经济发展条件，相继布局和建设了中国一汽、光学仪器厂、长春电影制片厂以及客车厂、机车厂、拖拉机厂、柴油机厂等国家重大重型工业项目。在工业化发展阶段，国家重点国有企业的相继建立，基本奠定了长春市在全国工业发展中的重工业基地的地位。同时，吉林省也围绕长春地区重型工业相继建成了与之配套的相关产业集群，这也进一步强化了长春地区重型制造业基地的功能和地位。此后，长春地区城市空间迅速向外拓展，逐步形成了西南部汽车工业区、西部客车制造区、南部光学电子区、东部拖拉机制造区、北部制造业配套区等环状分布的产业圈层，空间布局呈现出块状分布特征。这一格局在工业化建设时期初步确立，为城乡融合型的空间结构框架奠定了基础。

1978 年改革开放以后，计划经济体制烙印较深、氛围较浓的长春地区，再一次站上了风口浪尖，面临着前所未有的艰难考验。在由传统社会主义计划经济体制向社会主义市场经济体制进行经济体制变革的转型期，长春地区既要适应时代发展要求，充分利用改革开放的历史机遇，积极吸引资金、技术和人才，加快产业发展转型，大力发展新兴产业、高技术产业、尖端技术产业等；

相关部门又要对长春地区积存已久的城乡分治，工农分割的“二元”产业结构进行改造升级，将单一型产业向综合性产业发展方向转变从而进一步提高长春地区应对市场风险挑战的能力。

3. 行政拉动 + 城市化发展时期：推进了长春地区城乡集聚与融合

在中华人民共和国成立后建立的计划经济体制下，经济、政治、社会发展“三合一”的运行机制和管理体制的实行，成为长春市最初城乡融合和区域经济社会发展的重要推动力。1954 年随着行政区划的局部调整，吉林省省会迁入长春市，首次引发了长春市城乡融合功能区的重组。许多大型建筑群用途性质都发生了变化，许多产业发展功能区、商业区、住宅区的新建和扩建，政府相关职能机构的迁入和设立，都导致了城市内部功能区和空间布局结构的重新组合。

长春市城市化经历了从无到有的发展过程，城市化发展极大地促进了产业、人口等经济要素在空间上的优化组合和聚集效应的发挥，推动了长春地区城乡融合的快速发展和社会政治经济的进步。长春经济圈要进一步发展和发挥集聚效应，就要满足以下几点要求。第一，长春经济圈作为城市对外扩展的前沿，首先要成为承担吉林省产业功能对外转移的主要载体，这就要求经济圈内各城市成为吉林省进一步提高生产力水平，实现产业非农化水平，提高其城市化水平和现代化水平的有机衔接的联合体和有效发展平台。第二，长春经济圈在发展的过程中必然会出现城市郊区化和郊区城市化的双向互动，从而进一步弥合原有城乡二元发展结构所造成的矛盾和问题，促进城乡融合向更深、更广处拓展。第三，长春经济圈的发展，必然会使原有的城乡衔接区逐渐发展成为城市社区的一部分，而原有的乡村则会成为新的城乡融合区进而梯次性地演进为新的城市社区。而在长春经济圈城市化进入高速发展阶段后，这种梯次演进过程也将会持续加强，这意味着必然会有更多的乡村地区快速地从非城市郊区变成城市郊区和“不边缘社区”。经济圈经济社会发展演进的实质，就是城乡间的融合与发展，就是城乡间生产和生活方式的一体化。因此，长春经济圈要实现可持续发展，就必须保持对这种必将出现的城乡深度融合的发展具有足够的敏锐性和发展的前瞻性。

4. 工业企业外迁时期：催生了城市性功能的溢出和扩散

改革开放以来，伴随着经济的快速发展，城市土地的价格也在持续上涨。中心城区住房价格居高不下、交通拥堵、污染严重、生活成本增加等都使得城市与城郊乡村地区形成了强烈的反差。在中心城区，每平方米地价往往要比郊区地价高出几倍甚至几十倍，于是一些老企业通过出售土地和厂房等方式获取了巨额资金，外迁到发展条件较好的郊区建新厂。政府出于环保的原因还对一些被迫外迁的企业给予一定额外的补贴。这些方式不仅解决了进一步扩大再生产所需资金的难题，同时也有效解决了职工的福利待遇低以及住房困难等问题。总之，在聚集溢出效应的推动、成本 – 利润动机的驱动下和国家城乡一体化发展的制度引导下，长春经济圈呈现出在各个方向上蔓延向外扩展的特征，城市工业企业也在迅速向城市边缘区沿各交通线蔓延、扩散。长春市经济技术开发区和高新技术产业开发区等的建立，一方面加速了工业企业向乡村地区迁移的进程，另一方面也使乡村地区特别是城市郊区用地整体比例的迅速提高。长春经济圈由传统的单中心、放射状、均衡式的土地使用模式，向圈层发展的空间土地使用模式转变。其主要表现在：沿 102 国道两侧现已渐次形成了一系列工业带，如东南部的经济技术开发区、西南部的高新技术产业开发区、西北部的加工制造业园区。这些功能区离市中心距离最近的 10 千米，最远达 20 千米，形成“蛙跳式”空间扩展。一些大型的工业项目也在向远郊区扩散，如大成玉米加工项目选址于兴隆山镇，汽车项目入户汽车产业园区，一些新的工业型开发区分别制定减免税收、地价优惠、简化手续等一系列优惠政策，都吸引了中心区企业前来落户，促进了工业企业的郊迁。

在工业发展的带动下，市区工业企业外迁的步伐更快，规模更大，沿线经济发展活跃，公共设施也同步得到完善。在工厂的搬迁过程中，一部分职工及其家属也随之迁往工厂所在地或邻近的居住区，居住用地和住宅区建设也随之展开，从而进一步带动了当地商业和服务业的发展，促进了当地人口的进一步集聚。这一过程助推和带动了公共设施的建设，导致城市用地规模持续向外蔓延。

5. 资本集聚和开发区建设时期：加速了长春经济圈城乡深度融合发展

改革开放40多年来，外商投资和民营资本注资已成为长春经济圈固定资产投资中仅次于企业自筹和银行贷款之外的第三大资金来源，有力拉动了圈层经济的快速增长，成为长春经济圈经济和社会发展的主要力量。1984年，长春市成立了第一家外商直接投资企业“吉港出租车有限公司”，从而拉开了全市对外开放的序幕。1999年以来，长春市实际利用外资和港台资金总计34.79亿美元，域外资金在长春市全社会固定资产投资中的比例一直保持在50%以上，累计完成投资超千万美元的大项目146个。先后有38家世界500强企业、大跨国公司及众多国内知名企业在长春落户。美国的通用、福特、沃尔玛、克莱斯勒，日本的丰田、伊藤忠、丸红，德国的西门子、大众、汉高，英国的皮尔金顿，泰国的正大，以及中国香港清华同方、北大青鸟、长虹、小天鹅等知名企业先后投资于长春市重点产业领域，为当地产业体系的发展壮大提供了有力支撑，有效推动了长春经济圈的技术创新与产业优化升级。目前，长春经济圈的外商（直接和间接）投资和国内资本投向遍及工业、农业、能源、交通、建筑、旅游、文教卫生以及市政建设等各个行业，不仅促进了长春经济圈的繁荣，而且为经济圈各城市建设和发展提供了重要的资金来源，大大加快了长春经济圈城乡深度融合和一体化的进程。

长春经济圈各类开发区已成为引进和利用资金的主要场所。

至截稿前，长春经济圈共有 12 个国家级开发区、40 个省级开发区和 24 个省级工业集中区，构成了多层次、多形式的开发区体系。由于土地资源相对充裕、地理位置优越等有利因素，长春东部、南部成为开发区最密集的区域。长春经济技术开发区、长春高新技术产业开发区 2 个国家级开发区以及众多的省、市级工业园区，凭借邻近市区的区位优势和国家给予的政策优势，不仅成为长春市域经济增长的发动机，也成为长春经济圈经济增长和结构调整的引擎，对经济的带动作用十分明显。开发区产业逐渐壮大，必然带动长春经济圈的城乡融合和人口的集聚，从而使长春经济圈的产业发展和社会空间形态发生积极变化，发展和建设重心逐步由老城区向新城区转移，由城市向乡村扩散，推动城乡融合不断扩展。

6. 旧城改造和新城建设时期：长春经济圈城乡融合发展的又一引擎

长春市建城以来，一直在原址基础上不断地改、扩建，导致城区内建筑密度居高不下，建筑密度之高在全国各大城市中首屈一指。改革开放前夕，长春市中心城区已集中了一大批急待改造的危旧住房和一些需要迁出的老旧工业企业，城市基础设施建设也残破不全，远远不能满足密集人口的需求和人民追求美好生活的需要。因此，改革开放后长春市的旧城改造工作就成为经济发展和社会建设刻不容缓、必须解决的重要内容之一。长春市也由此开始了前所未有的大规模旧城改造运动，一大批老、旧、危、险房屋被集中拆除，大量工厂向城郊和乡村地区搬迁，道路不断拓宽、新建，疏解交通压力的立交桥拔地而起，都为长春经济圈推动城乡深度融合创造了条件。

与此同时，随着企业的外迁和人口居住地的郊区化，长春市城市新区开发和建设的步伐也在不断加快。然而，随着经济的快速增长，人民生活水平不断提高，消费能力日益增强，人们的住房需求也在不断扩大，现实供给与需求之间的矛盾激化。2000 年长春市人均居住面积仅有 9.53 平方米，人均居住建筑面积为 14 平方米，在全国 263 个主要城市排名中居 116 位，低于全国人均水平。

随着国家房地产政策的先后出台，以及土地、房屋产权的市场化运作，长春市房地产业经历了一段蓬勃发展的时期，居住用地从 1995 年的 48 平方千米发展到了 2004 年的 80.2 平方千米，占城市建设用地的比例达到 40%。但由于城市中心区的地价昂贵，发展居民住宅潜力有限，导致大量房地产商不得不向土地存量空间更大、生态环境更好的城市边缘地区发展。同时，老、旧、危、险房屋改造后的新建住宅也只能安置少部分原居民，大部分原居民仍需要向外迁出，因此，许多新建居民小区就成为安置中心区拆迁人口的主要场所，如在经开区、高新区以及净月开发区建设的数十个居民小区，可容纳居民达到 10 万人以上，新城建设日新月异，经济发展生机蓬勃，基本上改变了计划经济时期重生产、轻生活的城市建设模式。居住功能的外溢促使长春市城市建设不断向郊区和乡村地区拓展。这些新城地区虽不是中心城区，但离中心城区较近，交通便利，地价、房价性价比高，居住环境优越，配套设施日益健全，对中心区居民形成了较大的吸引力，加快了中心区人口外迁和城乡融合发展的步伐。特别是靠近中心区的城郊乡村内边缘地带的净月区俨然已经发展成为中心城区的重要组成部分，承担着中心城区的部分功能，具有城乡深度融合的显著特征。

三、长春经济圈城乡融合发展的价值

（一）经济价值

长春经济圈作为中华人民共和国成立后重要的老工业基地之一，是我国工业的主导力量，区域内拥有许多具有现代化生产能力的厂房、机器、设备等，构建起以汽车产业、农副产品加工产业、光电信息产业、生物医药产业、能源产业、建筑和材料制造产业等为主的多元产业体系，是国内汽车工业产业、光电子技术产业、生物技术产业、应用化学产业的摇篮。由于耕地面积广阔，地理位置优越，日照时间充足等条件，长春经济圈粮食产量一直居于全国前列，其中榆树市更是被称为“天下第一粮仓”，是我国重要的商品粮生产基地，肩负着国家粮食安全的重要使命。这都使“长春经济圈”区域不仅形成了以汽车产业、石化产业、农产品加工产业、装备制造产业等为主体的工业发展体系，同时还拥有着全国最大的棉袜产业生产基地、亚洲最大的蛋产品加工产业基地、全国四大上产油田等。雄厚和成熟的优势产业基础，具有朝气的新兴产业已为长春经济圈城乡深度融合奠定了良好的发展基础。

目前，长春经济圈已构建了以汽车、轨道客车、农产品加工等为核心的三大优势支柱产业，构建了以先进装备制造产业、生物及医药健康产业、光电信息产业、新能源汽车产业、新材料和大数据六大战略性新兴产业为核心的“3+6”新型制造业体系，现已形成了年产整车300万辆的汽车生产能力，轨道客车产业基地和农副产品加工基地在东北亚地区以及国际产业分工中均占据了一席之地，在国际上有了一定的影响力和话语权。随着长春经济圈的持续发展与活力增强，其对各类经济活动、商品及生产要素的自由流动将具备更加全面、高效、便捷的服务能力，并有望发展成为全省乃至更大区域内的经济发展中心和综合服务枢纽，不仅能为本地企业提供优质支持，也能为周边地区及其他经济区提供高效联动服务。

随着发展潜力的持续释放，长春经济圈正逐步形成以自身为核心、具备显著集聚与扩散效应的区域增长极，对周边市县发挥着强有力的辐射带动作用。一方面，产业集聚增强了区域向心力；另一方面，持续的溢出效应使其日益成长为东北亚地区的重要经济增长极与创新活力中心。这些服务包括投融资服务、交通运输服务、通信信息服务、市场设施服务、中介咨询服务、金融服务等。经济圈是推动区域经济发展的重要力量，长春经济圈的高质量发展也必将促进全省创新意识的增强和创新能力的提高，必然聚集更多创新人才和具有创新能力的企业，不断推出新的企业组织形式和经营体制，转换政府管理体制和运行机制，成为新观念、新思想的诞生地，新体制、新机制的发源地；随着长春经济圈技术进步的加快、产业的升级、创新能力的增强，长春经济圈必将对周边城乡地区产生强大的辐射、示范和带动效应，也必将在更大的规模上和更广的范围内承接国内和国际的产业转移，必将带动科技中心、制造中心、金融中心、信息中心、贸易中心、交通中心等多功能综合经济中心的形成，成为全省经济振兴的基地、新技术研发中心和新产品的推广中心。

（二）区位价值

长春经济圈位于东北大平原吉林省中部地区，南接沈阳，北通哈尔滨，西连白城，东抵延吉，地处东北亚区域地理几何中心，是国务院定位的中国东北地区经济区域中心，是东北亚区域国际合作的重要基地，是长吉图开发开放先导区的腹地，是中蒙俄经济走廊、“丝绸之路经济带”和“21 世纪海上丝绸之路”北线的重要节点区。在哈尔滨－长春城市群中，长春经济圈也是东北地区重要的经济核心区，在东北亚区域的地缘战略中，优势明显。

长春经济圈不仅是东北亚地区区域国际合作与交往的平台，也是我国面向全球对外开放的重要窗口，在东北亚区域国际合作中占据着重要地位。目前，长春经济圈作为东北亚地区对外开放的重点区域已形成了较为完备的国际交通网络。向东，经陆路口岸可到达朝鲜和俄罗斯，从图们江出海则可以到达韩国和日本；向南，可延伸至朝鲜半岛南部及西太平洋地区；向西，可经由白城地区与蒙古国往来；向北，经过黑龙江则可以与俄罗斯和东欧进一步加强交流，特殊的地理位置和独特的区位优势必将使长春经济圈最终成为吉林转型升级的动力源，成为东北振兴的增长极、东北地区的核心都市圈，成为东北亚地区有重要国际影响力和有重大跨国区域集聚能力、辐射效应的核心源，区域协同发展的示范区。

在新一轮国家东北老工业基地振兴战略以及“丝绸之路经济带”和“21世纪海上丝绸之路”加快发展的背景下，长春经济圈正在以更大的决心持续扩大对外开放的广度、深度和力度，深入实施创新驱动发展战略，主动融入“一带一路”的共建。长春市南部新城正以现代金融和总部经济等科技产业和现代服务业建设为重点着力打造东北亚金融基地；西南部则以世界汽车产业制造基地为发展重点着力建设国际型汽车城，强化和发展中高端整车生产、核心汽车零部件研发、自主品牌汽车制造等产业内涵式发展，持续在汽车贸易、汽车设计与研发、汽车金融、汽车物流及汽车售后市场服务等核心发展领域进行科学布局；东北部新城则倾力打造战略性新兴产业基地和东北亚国际物流中心，重点打造和发展生物医药、新材料、健康食品、信息技术等新兴产业。

（三）社会价值

长春经济圈教育基础雄厚，历史悠久，文化教育资源发达。其中，长春市是高等教育比较发达的城市，有 37 所普通高等院校。长春市有国家“双一流”高校 2 所，即吉林大学和东北师范大学，以及长春理工大学和吉林工业大学、吉林农业大学、吉林艺术学院等特色学校。市内还设有科研机构 89 家，具有较强的潜在科技优势和科技创新能力，仅中国科学院和中国工程院院士就有 23 位，人才储备有一定规模，人才培养颇具优势。在激光技术、光学电子、生物工程、高分子材料、智能制造等领域，长春市许多研究成果已经被应用于国家重大项目，产生了较好的经济和社会效益，发展前景广阔。在教育科学及技术创新领域的优势和发展潜力，是长春经济圈之所以能够集聚高端生产要素的关键性因素之一，更是持续推动长春经济圈实现产品换代升级的强有力保证，是持续获取经济发展新动能、全面布局发展新质生产力战略性产业发展的基石。长春经济圈依托雄厚的科学文化和教育资源正在成为吉林省及至东北地区新质生产力创新和发展的动力之源，必将为东北地区的振兴发挥更加显著的示范作用。此外，长春经济圈在长期的建设和发展历史中逐渐形成了独特的文化标识和文化发展基质，如长春国际电影节、汽车文化、冰雪文化和雕塑文化等，享誉海内外，极大地促进了东北文化、中国文化与世界其他国家和地区文化的交流互鉴与融通。

长春经济圈生态资源丰富，位于北半球中纬度地区，属于大陆性季风气候区，四季分明，气候温润，干湿适中。同时其地处长白山余脉，属长白山山脉由高山向西部平原地区逐步过渡的丘陵区，森林资源丰富，区域面积大约 423 万公顷，占吉林省全省森林资源比重的 50%以上，以阔叶林木为主，拥有森林植物、草甸植物、草原植物等，其中具有经济价值的野生植物就达到了 300 多种，具有重要药用价值的野生植物有人参、五味子、党参等 150 多种，具有食用价值的野生植物有蘑菇、蕨菜、黄花菜等 30 多种；野生的动物资源则包括鸟类、鱼类、爬行类、两栖类、哺乳类等 30 多种。长春经济圈所处地区是生态环境比较好、自然资源承载力比较强的地区，适合人类居住，也利于工农业产业发展。如长春东湖生态经济开发区自然资源丰富，不仅有已探明的煤炭、油页岩矿、珍珠岩矿、水泥石灰岩矿、水泥黏土矿、膨润土、萤石等地下矿产资源，还有鸟类、鱼类等多种动植物资源。长春经济圈内拥有丰富的动植物和各种矿产等自然资源，开发、开采和加工潜力巨大，产业发展有广阔空间，这些必将为长春经济圈在城乡融合发展中发挥其独特的引领、辐射、示范价值提供坚实的物质基础。

主要参考文献

[1] 陈哲．吉林省公共交通基础设施供给问题研究 [D]. 长春：

吉林财经大学，2019.

[2] 代冬冬 . 吉林银行现金管理类理财产品营销策略研究 [D]. 长春：吉林大学，2021.

[3] 葛竞天 . 从德国鲁尔工业区的经验看东北老工业区的改革 [J]. 财经问题研究，2005（1）：3–8.

[4] 韩一丁 . 中国东北地区城镇化发展研究 [D]. 长春：吉林大学，2018.

[5] 华泰来 . 新基建激发新动能 [N]. 吉林日报，2022–02–11(5).

[6] 华泰来 . 构筑发展“新底座”[N]. 吉林日报，2022–06–11（9）.

[7] 侯岳，等 . 基于改进 TOPSIS 模型的吉林省水资源承载力时空演变分析 [J]. 人民珠江，2022（7）：119–127.

[8] 胡宽，等 . 吉林省人工智能与光电信息产业融合的路径 [J]. 战略运营，2021（9）：73–75.

[9] 姜博 . 吉林省中部城市群的构建研究 [D]. 长春：东北师范大学，2005.

[10] 刘波 . 城乡融合区空间演进机理与调控的研究 [D]. 长春：东北师范大学，2006.

[11] 罗明义 . 中国城市圈域经济发展态势分析 [J]. 思想战线，1999（3）：8–12.

[12] 明志 . 吉林省公共文化服务协同发展研究 [D]. 长春：长春工业大学，2018.

[13] 孟醒 . 基于人全生命周期视角的城市公园绿地建成效果评价与优化研究 [D]. 南京：南京林业大学，2022.

[14] 宁一，冬宁 . 东北咋整——东北问题报告 [M]. 北京：当代世界出版社，2004.

[15] 钱垚 . 吉林省人口结构变动对经济增长的影响 [D]. 长春：中共吉林省委党校吉林省行政学院，2022.

[16] 邵静野，邵彤姣 . 坚持高质量发展，推进吉林全面振兴 [J]. 新长征，2019（3）：4–5.

[17] 时圣尧 . 吉林电网数字新基建建设基础及环境分析 [J]. 区域经济，2021（12）：188–192.

[18] 孙葆春 . 吉林省城乡高质量融合发展路径研究 [J]. 地方经济发展方略，2022（6）：122–128.

[19] 王世雪 . 改革开放以来党关于东北振兴战略实施的政策演变研究 [D]. 长春：东北师范大学，2021.

[20] 王一 . 建国以来东北振兴与城镇化发展战略研究 [D]. 长春：吉林大学，2016.

[21] 熊一黎 . 吉林振兴这五年：构筑发展 " 新底座 "[N]. 吉林日报，2022–06–11（7）.

[22] 杨悦 . 吉林省新能源发电装机超 1200 万千瓦 [J]. 新能源科技，2022（4）：14–15.

[23] 于佳辉，李涛 . 长春市建设东北亚区域性中心城市的对策 [J]. 科技创新与生产力，2018（4）：14–15，19.

[24] 张跃霞 . 关于制定《吉林省公共文化服务保障条例》的议案 [J]. 吉林人大，2020（4）：31–32.

[25] 赵弘 . 中国区域经济发展报告（2019–2020）[M]. 北京：社会科学文献出版社，2020.

[26] 周晶 . 吉林省农村文化生活状况与提升对策研究 [J]. 现代交际，2020（16）：246–247.

[27] 朱邦耀 . 2000 年以来吉林省人口变动特征及多模型预测 [J]. 东北师大学报，2016（9）：150–155.

第二章 长春经济圈城乡融合发展现状分析

一、改革开放以来长春经济圈城乡发展的成就

（一）国民经济稳步提升，三次产业健康发展

改革开放40多年来，长春市紧紧抓住振兴东北老工业基地战略机遇期，统筹谋划投资方向，科学把握投资重点，不断扩大投资规模，提高项目质量，固定资产投资总量迅速增加，产业结构不断优化，重点行业、重点领域、重点产业发展势头突飞猛进，实体经济投资快速增长，基础设施建设日益完善。改革开放的40多年，是长春市实现经济转型、结构调整、提质增效的40多年，在此期间工业发展日新月异，人民生活水平不断提高，经济总量迅速增长。长春市国内生产总值从1990年的121.9亿元增长到2017年的6530亿元，年均增长13.4%。经过投资建设，长春市已发生翻天覆地的巨大变化。1991—2017年工业生产投资总额达18 146.9亿元，年均增长21.7%。工业投资的大规模增加，极大地促进了长春市工业企业的发展。同时，在此时期长春市全口径工业增加值以年均20.3%的速度持续增长，到2017年年底仅工业增加值就达到了834.6亿元，其增加值是1991年的18.2倍、2000年的4倍。长春市先后启动建设了一汽大众、一汽丰越、一汽轿股、一汽通用、轨道客车、兵装集团、亚泰集

团、大成集团、启明信息等十大标志性增产扩能工程，先后投资兴建了长春华正食品工业园区项目、大成集团德惠工业园项目、山东金锣集团九台肉类加工项目等，并紧紧围绕新材料、机电一体化、汽车配套、生物工程、电子信息等国家产业发展的五大核心领域，重点研发了热缩材料、甲肝活疫苗、基因干扰素等高新科技，投资建设了光电信息产业园、医药产业园，成功引入了天药科技、天合富奥、博泰医药等一大批高新科技企业入驻。目前，长春市已经形成了门类齐全，产业链比较完整的工业发展体系，形成了以汽车及零部件制造、农副产品加工、高新技术产业和医药制造业为主导的四大支柱产业，基本形成了一批产业化发展基础好、潜力大、附加值高、科技创新能力强的高新技术产业发展集群。

吉林市在新发展阶段不断推进供给侧结构性改革，在推动经济高质量发展道路上迈出了坚实步伐。2020 年吉林市地区生产总值达到了 1452.6 亿元，是 2015 年的 1.13 倍，占吉林省全省地区生产总值的比重也达到了 11.8%。三次产业结构占比也由 2015 年的 13.6∶41.2∶45.2 逐渐转变为 2020 年的 13.8∶35.2∶51。在农业现代化上，吉林市认真落实党中央和吉林省委有关乡村振兴和中国式农业现代的一系列决策部署，始终把“三农”工作摆在重中之重的位置，取得了突出业绩。在工业发展上，吉林市科学推进工业稳增长、调结构、促转型，规模工业增加值年平均增长 3.5%，多元统筹发展的工业产业化新格局已初步形成。冶金、石化、化纤等传统支柱型产业的内生动力在持续增强，医药健康、碳纤维、农产品精深加工等新质生产力蓬勃发展。在现代服务业上，吉林市通过科学引导服务业发展，积极培育市场主体，持续优化营商环境，强化生产要素有效支撑等多举措推进服务业发展。2020 年吉林市第三产业增加值达到了 692 亿元，占 GDP 比重的 51%，与 2015 年相比提高 5.8 个百分点，已逐渐成为全市经济增长的主要支撑性产业。

四平市不断优化产业结构区域协调发展，统筹打造区域发展新的经济增长极，县域经济加快发展，供给侧结构性调整效果显著。2020 年四平市 5 个县（市、区）的生产总值增速全部由负转正，并且总值超过 90 亿元的县（市、区）达到了 4 个。一般性公共预算收入超 7.5 亿元的县（市、区）也达到 3 个。产业转型优化升级不断迈上新台阶，工业经济实力持续增强。特色装备、医药健康、冶金建材和食品加工产值占全市工业生产总值的 73%，巨元 40 万平方米板式换热器、康达 10 000 台免耕播种机、艾斯克 100 套智能化家禽屠宰及深加工机器、精细化学品 11 000 吨万能成盐剂等 200 多个项目实现竣工投产。现代农业发展水平稳步提高，粮食生产实现“十七连丰”，农业生产综合机械化水平达到了 91% ，土地集约化适度规模经营比重连续三年超过了 60%。农业黑土地保护的“梨树模式”得到普及推广，粮食综合生产能力实现跨越式提升，每亩单产在全国粮食主产省位居第一，在实现中国式农业现代化发展中的地位更加巩固。

现代服务业转型提质方面，四平市省级服务业集聚区实现了零的突破，服务业占地区生产总值的比重由 2015 年的 30.9% 提高到了 2020 年的 45.8%。万邦农产品综合批发市场、君汇石油仓储物流园、四合工贸现代化物流产业中心、万嘉大型综合购物广场、万通建筑钢材物流产业园等服务园，六之维农创园、伊美生态园等特色农业产业发展项目均扎实推进，落地生根，不仅实现了自身产业的发展，同时也有效带动了周边地区乡村旅游业的快速发展。四平市现已建设市一级规模化的科技创新与发展平台 13 个，新增的省一级“科技小巨人”企业达 18 家，新落户的科技成果转移转化与创新发展中心 7 个，已成功举办两届中国科技成果展洽会，创新发展获得了新动能。巨元换热器主泵滑油冷却器技术、世宝机械智能转向技术系统、康达精密免耕播种机以及艾斯克智能化畜禽屠宰加工技术等实现技术创新，其技术水平有效填补了国内相关领域的空白。黑土地保护利用国际论坛、中国农民合作论坛、中国农业大学梨树县实验站等农业科技综合发展平台的作用及效果日益显现。伊通自治县首创的手机定位：测土、配方、施肥技术取得巨大成功，并已推广至全国。

辽源市持续推进调结构、稳增长工作，经济运行稳中向好。2020 年，地区生产总值增长 5%，规模以上工业总产值、增加值分别增长 26.5% 和 13%。外贸进出口总额增长 3.3%，其中私营企业增长 65.3%。蛋鸡、黑猪饲养量同 2019 年同期相比分别增长了 28% 和 284%。除此之外，辽源市新建高标准农田近 20 万亩，粮食总产量稳定保持在 15 亿千克，被评为“全国主要农作物全程机械化示范市”。工业转型升级效果显著，“一企一策一专班”包保措施切实落实，广而洁、巨峰生化等企业实现恢复性生产，并实现初步扩能。相关部门出台《关于提振消费促进经济稳定增长实施意见》，开展服务业专项行动，通过企业促销、政府发放消费券、网络直播以及开展城市节等具体措施，切实刺激实体经济恢复增长，提振社会消费。

松原市利用自身独特地理和资源优势，综合经济实力稳步提升，已成功入选全国首批产业转型升级示范区，同时也是全省首批金融服务综合改革试点城市。2021 年松原市地区生产总值较 2020 年相比年平均增长保持在 3% 左右，固定资产投资规模年均增长 6%，社会消费品零售总额年平均增长 3%，地方财政收入年平均增长 3.7%，地区生产总值已上升至全省第三。工业转型升级步伐明显加快，全市累计建设完成 5000 万元以上投资项目 856 个，嘉吉扩能 200 万吨项目、山鹰纸业 100 万吨包装纸项目等 50 余个重大项目开工落地。松原市第一产业基础更加稳固，粮食产量连续 10 年保持在 70 亿千克以上，2021 年更是突破了 75 亿千克大关。全市畜牧业发展势头强劲，肉牛、生猪等畜禽饲养规模持续扩大，饲养量大幅度增加。现代服务业业态发展进一步优化。

公主岭市面对 2020 年严峻复杂的风险挑战，市委、市政府保持战略定力，坚强领导，科学布局，主动作为，在经济社会实现平稳健康发展的同时，主要经济指标也逆势上扬，展现出良好态势。2020年公主岭市地区生产总值突破了300亿元，地区生产总值在各县域中位于领先水平。规模以上工业企业和国家高新技术企业分别发展到157家和19家。民营经济主营业务收入、新注册企业、个体工商户分别比2015年增长46.5%、25.3%、28.4%，全市发展活力和内生动力明显增强。产业转型升级成效日渐显现，汽车零部件产业加快向智能化、轻量化方向发展，农产品加工业加快向健康化、食品化方向发展，传统物流业加快向新业态、智慧化、专业化方向发展。产业升级、技术改造、技术创新、新产品规模化生产等产业发展规划深入实施。

梅河口市经济发展、社会建设等2020年达到了历史最好水平。2020年，全市开工亿元级以上建设项目243个，10亿元级以上建设项目15个，已累计完成固定资产投资规模860亿元，其中域外资金投入超过了80%。积极构建高质量发展的现代产业体系，全市经济结构已由“二、三、一”产业配置转变为“三、二、一”的产业发展格局。产业结构持续优化，已从2015年的7.8∶48.9∶43.3优化调整为2020年的7.5∶37.5∶55。发展形成了现代服务业、商贸物流、医药健康、食品加工等四大核心主导产业，对全市经济增长的贡献率超过了70%；其中医药健康产业纳入“一主、六双”产业空间布局，形成百亿级的产业发展规模。社会建设持续深入，成绩斐然，已成功入选国家卫生城市、全国文明城市、国家园林城市、国家生态文明建设示范市，实现了全国双拥模范城市“六连冠”，被评为“营商环境十佳县市”。无论是经济水平、产业实力，还是区域服务能力、辐射范围，梅河口市均达到了同类城市领先水平，实现了县域小城镇到中等城市发展的历史性突破。

（二）改革开放取得突破，创新发展动力强劲

长春市积极推进和实施科技发展与创新工程，成功研制了国内首台 12 英寸约 30.48 厘米晶圆探针台，突破了高铁变轨等关键核心技术，成功实现了“一箭九星”的新突破。同时，长春市积极建立和强化企业 + 院校所协同创新发展联盟，着力打造和建设环“吉林大学”创新创业生态圈。2020 年，长春市专利申请量增长了 10.4%，成功承办全国“双创周”活动。其间，全市共新增高新技术企业 691 家，“科技小巨人”企业 222 家。10 万名高校毕业生留长创业就业，人数比上一年增长了 1.1 万人。金融服务科技工作取得新突破。2020 年，研奥股份、吉大正元、奥来德等企业成功实现上市并公开发行。5G 网络建设扎实推进，现已实现了主城核心区全覆盖。2020 年，“放管服”体系改革不断深化，新开登记企业数量增长了 31%，新建工业项目基本实现了拿地即开工，企业一站式服务效果明显，开户办理时间由原来的 3 天压缩到了 1 小时。同时，国企改革、农村发展、开发区建设等全面深入推进。23.4 万名国企离退休人员成功转型为社会化管理人员。农博会、汽博会、电影节、无人机博览会等大型经济

社会活动成功举办，经济社会效益明显。龙嘉机场临空港经济发展示范区、服务性贸易创新发展区、国家物流枢纽区等经济发展和服务平台相继获批。“一带一路”中东欧班列北线支点承运货物贸易标箱量与去年同期相比增长了 27.9%。实际国内有效投资增长了 28%，实际有效利用外资增长了 12%。

吉林省共有国家级高新技术产业开发区 5 个，长春经济圈域内拥有其中 4 个，即长春高新技术产业开发区、吉林高新技术产业开发区、长春净月高新技术产业开发区、长春高新区等，是吉林省甚至东北地区最具竞争优势的区域之一。其拥有先进的汽车电子产业园、新媒体文化科技产业园、软件与动漫服务产业园、东北亚文化创意科技园等独具特色的产业园区。以光电技术、先进装备制造技术、生物医药技术为主导，省内已形成扎实的产业发展集群，并正在逐步以引入高新技术、智能化为切入点，加快实现由传统产业向战略性高科技产业的转化升级，光学城、卫星城、医药城的不断建立和发展标志着长春经济圈作为新一轮振兴东北老工业基地的动力源在向高精尖新质生产力产业转型之路上越走越宽。

在装备制造业领域，长春市在装备制造业领域的产品开发中累计投入 47 亿元建设资金，产业发展配套土地面积达 15 平方千米。长春新区已与南京中科煜宸激光技术股份有限公司签订合作协议，共同建设长春先进激光智造产业园，其目标是在长春科创中心实现主要覆盖汽车、机车、航空航天零部件及其他行业的增材制造及减材制造技术、智能激光成套装备及激光加工技术、石化等激光再制造技术、轻合金－铝材生产制造技术等技术创新的基础上，进一步建设国内顶级的智能制造体验中心和吉林省智能制造产业招商引资平台。在长春科创中心和先进激光智造产业园的共同驱动下，长春市的先进制造业将实现跨越式发展。

在光电信息技术领域，经过发展，省内现已经形成良好的产业基础和产业发展能力，创新型企业多，涵盖了光电子、汽车电子、软件、信息服务等领域，产品研发和创新优势明显，产业发展后劲强。2014 年以光显示和半导体照明为主攻方向的光电子企业发展到了百余家，光电信息产业实现产值 770 亿元。2015 年“吉林一号”卫星成功发射；2021 年我国用“快舟一号”甲运载火箭在酒泉卫星发射中心成功将“吉林一号”高分 02F 卫星发射升空，使得“吉林一号”现有在轨运行卫星总数达到了 31 颗，可以实现每天对全球任意地点 10~12 次重访，从而使我国具备了全球地图一年 1 次、全国地图一年 3 次的更新能力，以及对应急任务最快 11 分钟实现的有效响应的能力，不仅证明了吉林省和长春市在该产业领域指标的领先性，而且也奠定了吉林省在我国商业卫星应用领域的排头兵地位。雄厚的科研实力一直都是吉林省率先实现新突破的“底气”，截至目前，长春经济圈已基本具备集卫星研发、卫星生产、卫星测试、卫星运控和卫星遥感信息开发等一体化的全产业链发展体系。

在新材料新能源领域，以可降解塑料、高性能纤维、特种工程塑料、工程塑料合金等为代表的新技术新材料产业优势日益显现，并在国内已经形成产业先发集群，从材料制备到材料加工的全产业链发展体系正在形成。新能源汽车研发步伐稳健，整车研发与产业化能力不断提高，驱动电机、动力电池和电控系统等关键核心技术研发不断取得新突破。30 多款新能源汽车进入国家新能源汽车公告目录，已具备单班年产纯电动轿车 1 万辆的生产能力（全运转最大生产能力可达年产 2 万辆）。长春市已具备了年产 2000 辆混合动力和纯电动客车的整车生产能力，新能源客车也进入小批量试生产阶段。吉林省科英激光股份有限公司的 Q 开关 Nd:YAG 激光治疗机、长春长光辰英生物科学仪器有限公司的 PRECISCS 单细胞分选仪、长春长光东方光电技术有限公司的强脉冲光杀菌机器人项目、长春长光易启智能科技有限公司的机器视觉汽车大幅面缺陷检测系统、吉林省翼启飞科技有限公司的开拓者系列无人机等 30 余户科技型企业、30 余项科技新成果硕果累累，不但进一步巩固了长春市和吉林省在高科技成果创新领域的地位，而且实现了高新技术企业走出去的发展战略，开拓了域外市场。2020 年英国《自然》杂志公布的全球科研城市排名中，长春市位列全球第 38 位、中国大陆第 12 位、东北地区第 1 位。

长春市以“东北亚技术转移云平台”为建设突破口，坚持开放合作，整合创新资源，与中国技术交易所合作，推进技术转移要素市场网络化、信息化、规模化。长春市先后引进了国内外优质科技成果转化项目约 25 万项、科技专家 9000 多名、科技研发机构 400 多家、科技服务机构 300 多家。以“东北亚知识产权大数据公共服务平台”为载体，与国家知识产权出版社等机构合作，长春市先后整合了 103 个国家约 1.07 亿条的专利信息、2900 万条的全球性商标数据、636 万条的中国版权所有权数据以及 6.8 亿条的科技文献数据等，成功打造了首个具备“三权合一”的东北地区知识产权公共服务平台，数据规模、平台功能和服务能力目前均处于国内先进行列；以建设“科技大市场云平台”为媒介，集聚了 1487 家科技企业、89 所科研院所、26 所驻长高校、1522 项科技成果、4155 名科技专家、1849 台（套）大型仪器设备等产学研资源，积极促进本地企业与驻长高校院所合作、一体化对接，极大推进和解决了科技创新应用主体与研发主体间存在的资源匹配度不足、科技成果信息不对称、沟通不畅等问题。

吉林市坚持以科技创新为引领，体制机制改革为重点，全面深化改革，不断优化营商环境，实施内外联动，创新链与产业链加快融合，高质量发展活力显现。对内简政放权不断深入，2015—2020 年吉林市累计取消、调整和下放各项行政审批权限 384 项，市级一次事项办结率与往年同期相比提高到了 99.5%。同时，吉林市积极拓展与温州市的经济贸易对口合作平台和合作项目，现已成功打造了 9 个产业园区，总投资达 400 亿元。长吉一体化协同发展框架合作协议正式签署，44 个一体化协同发展与合作项目全面启动实施。国家级跨境电商综合试验区获批设立。招商引资到位资金累计达1592亿元，全年实际利用外资额增长了10%，对外进出口贸易国家和地区达到了100余个。2020年共拥有国家级高新技术企业达到216家，技术合同总成交金额达到了58 957.9万元。吉林市获批国家创新型城市、全国首批产业转型升级示范区等，吉林省“科技小巨人”企业达到了96户，排在全国城市科技创新竞争力排行第31名。

四平市坚持解放思想，创新发展，重大科技研发成果持续涌现。2019年，全社会研究与试验发展经费支出由2015年的0.9亿元增长到了1.9亿元，其中研究与试验发展经费在全市规模以上工业企业中的支出总额达0.7亿元，5年平均增长率达到了18.9%。知识产权发明创造能力取得实质性进步，2020年四平全市商标有效注册总量达到了13 059件，增长率216%，平均每万人发明专利的拥有量达到了1.53件，创新驱动在全市经济社会发展中的地位和在地区生产总值中的占比愈发凸显，科技与经济实现深度融合，科技成果转化实现质与量齐升。

辽源市以五大改革为引领，重点领域改革持续向纵深推进，全国城市信用综合排名位列第67位，成功入选全国第三批“双创”示范基地。厂办大集体改革基本完成，辽源矿务集团总医院转设为市级人民医院。辽源市设立市级企业应急周转基金，组建建投、绿投集团，全面启动创建国家高新技术产业开发区。同时，政府部门建立“亩均论英雄”工业企业综合指标科学评价体系。行政审批事项一次性办结率达97.7%，企业设立行政事项办理时限压缩至 1 个工作日内，企业投资项目审批事项办理时限压缩至 50 个工作日内，登记新增注册企业增长率 15%，线上工作事项办事率达 90.2%。鑫锐机械、欧蒂爱袜业、东北袜业园等企业被列为吉林省新一代信息技术试点企业，博大伟业公共研发服务平台被成功认定为省首批新型研发机构，亿达碳业、东北袜业、福尔泰药业分别在北京、上海设立了科技创新研究发展中心。市内新增省级“科技小巨人”企业 5 家，此外有 31 家企业成功入选国家级科技型中小企业库。2020 年，辽源市民营经济主营业务收入同比增长 4.3%。

松原市发展活力持续释放，调结构稳增长成效显著，吉林油田圆满完成经济体制改革重大调整等任务，四供一业现已全面移交地方。进一步深化“放管服”综合性配套改革，下放行政审批权限 1662 项，一次性事项办结率高达 99.7%。营商环境受到国务院高度肯定，小微企业商会入选全国“四好”商会。“五个合作”（全方位对口合作、多层次战略合作、紧密型专业合作、前瞻性共建合作、开放性国际合作）效果显著，2020 年共签约引进 467 个重大项目，招商引资资金到位率年平均增长 22%。

公主岭市全面深化改革再上新台阶。扩权强县综合改革试点优势充分释放，“放管服”改革不断完善，“最多跑一次”、一窗受理、集成服务、“一网通办”等改革持续深入，基本实现了大厅之外无审批，一般性投资项目的审批时间也由原来的 180 个工作日进一步压缩到了 50 个工作日，企业和群众办事效率更高、程序更加简化高效，政府服务效能和服务水平全面提升。投融资体制改革不断推进，政府和社会资本合作模式受到国务院表彰。公主岭市与浙江省的对口合作项目引进、平台建设和经贸交流活动等成果丰硕，2020 年先后达成重要合作项目 20 多项，招商引资资金实际到位数额达 36 亿元，民营经济主营业务收入在全省各县市民营经济主营业务收入中一直处于领先地位。

（三）新兴产业方兴未艾，发展潜力持续释放

生物制药方面。长春经济圈生物医药领域发展强劲，生物制药行业产销规模均快速增长。长春生物制品所研制的冻干甲型肝炎减毒活疫苗、森林脑炎灭活疫苗等多项产品均属国内首创，四价流感疫苗等陆续上市。百克生物研制的鼻喷冻干流感减毒活疫苗被纳入世界卫生组织（WHO）全球流感行动计划，现已成功在科创板上市。作为全国较大规模的基因工程制药业基地之一，金赛药业持续加大在研发上的投入，产值同比实现增长 52.48%。卓谊生物新的分包装生产线投产使用，产值同比增长达 228% 以上。长春高新区作为长春经济圈医药健康产业发展的主阵地，正在不断加快构建医药产业链条和产业生态体系，以持续推动医药健康产业向高端化、集群化、规模化方向发展。2021 年长春新区医药健康产业完成产值 208.8 亿元，同比增长了 56.1%，成为全区稳增长最强有力的支撑。同时，相关部门高标准积极推进了吉林省摆渡中医药健康产业园、长春高新医药产业园等 9 个医药

产业园区的建设，产业园现聚集了中国科学院长春分院、长春生物制品所、吉林省中医药科学院等23个医药领域的技术研发中心，形成了以生物疫苗、基因药物、医疗器械、化学制药、现代中药、医药物流等为主体的数个细分特色产业集群，相关产业整体产值规模近500亿元，成为全省发展医药健康产业的核心和引擎。

健康养老产业方面。在乡村振兴战略的指引下，长春市莲花山地区积极探索乡村空间发展模式。莲花山区域，不仅山水林田湖等生态基质资源十分富饶，而且区域发展承载的规模庞大，地形起伏变化大，道路四通八达，旅游度假项目多种多样（如冰雪运动、游乐、温泉疗养、体育运动等），这些优势都促使莲花山区域成为长春市经济发展最主要的储备力量，成为长春经济圈最主要的健康养老产业基地。联合国可持续发展和生态康养小镇示范项目已落户长春市莲花山生态旅游度假区，亚泰集团、恒大地产、世贸集团、澳海地产、力旺地产等知名企业进入莲花山地区，将全力建设绿色养老地产产业。莲花山周边地区还广泛分布着以尖端技术孵化产业、高新技术产业、高等专业教育产业、物流产业、制造业、居住与文化产业为主的已建成或在建新区，在未来，这些领域的发展无疑会为莲花山地区的发展提供强有力的产业支持。

冰雪文化产业方面。吉林省坐落于北纬40° 50′至46° 19′，降雪资源丰富，位于全球黄金滑雪纬度带，是世界三大粉雪基地之一，冰雪文化资源丰富，拥有悠久的冰雪运动历史。近年来，长春经济圈深入贯彻党中央“冰天雪地也是金山银山”的重要指示精神，紧紧把握“2022年北京冬奥会”的召开契机，着力培育冰雪旅游经济新动能，加速引领冰雪产业迈向冰雪经济步伐，将冰雪资源优势进一步转化为产业发展优势。2021年10月吉林省发布了《吉林省冰雪产业高质量发展规划（2021—2035年）》，这一规划是我国首次出台的省级冰雪产业高质量发展的相关规划。吉林省在“十四五”规划纲要中明确指出，要着重发展冰雪经济，深入实施并践行“冬奥在北京、体验在吉林”的行动，着力构建以冰雪旅游、冰雪运动、冰雪文化、冰雪装备为核心的全产业链发展体系，打造可以容纳大批群众参与冰雪运动的主要承载区，建成世界级冰雪旅游目的地。2016—2017年，吉林省旅游接待人次达1.7亿，其中冰雪旅游收入2700亿元；2021—2022年，吉林省旅游接待人次3.4亿，其中冰雪旅游收入6700亿元，旅游市场规模和营业收入持续扩大（表2.1）。

表2.1　我国冰雪旅游的数据分析

时间段	旅游市场规模（亿人次）	冰雪旅游收入（亿元）	落实目标
2016—2017年	1.7	2700	冰天雪地也是金山银山
2021—2022年	3.4	6700	3亿人参与冰雪运动

数据来源：根据吉林省和长春经济圈各市年度统计年鉴管理。

目前，吉林省全省范围内已经建设完成46个滑雪场，雪道总数共计347条，雪道总长共298千米。其中，长春经济圈已建成雪道总面积位居全国第一。万科松花湖度假区、北大湖度假区、万达长白山度假区，这三个大规模滑雪度假旅游区的接待床位数量、缆车数量、雪道总面积和每年雪季滑雪人次均包揽了全国前三名。长春经济圈在冰雪旅游业到冰雪运动业，再到冰雪装备制造业等领域，均保持了持续快速发展的强劲势头。同时，政府部门在战略视角上持续推进数字经济与冰雪产业深度有机结合，切实地保障了冰天雪地的自然资源向旅游发展相关经济的顺利转化。

（四）城市建设美丽宜居，环境质量持续提升

近几年，长春市房地产业展示出了巨大生机和发展的活力，现已成为国民经济的支柱产业，对国民经济和社会发展都产生了重大影响，城镇居民居住条件得到极大改善。从1991年到2000年10年间，仅长春市用于住宅建设投资的资金就达百亿元左右。2007年，长春市完成住宅建设投资203.8亿元，施工和竣工住宅面积分别达到了1585.2万平方米和472.4万平方米，比2000年增长了4.7倍和2.1倍。2017年长春市用于住宅建设的投资金额达376.6亿元，是2007年投资规模的1.8倍，住宅建设施工面积达4395.4万平方米，是2007年建设面积的2.8倍。以万科繁荣里、新城吾悦广场、吴中豪仕广场、宽城万达广场等为代表的一批设计优良、环境优美、配套设施齐全的小区建设，使得长春市

的住宅小区建设逐步实现了品牌化、星级化、智能化和服务管理的现代化和社会化，极大改善了人们的居住条件，人们的居住体验感、幸福感大大增强，提高了人民的生活水平。

吉林市牢固树立社会主义生态文明建设思想，确定了建设国家生态文明先行示范区的战略，扎实推进污染防治和生态环境整治，生态环境明显改善、质量持续提升，生态宜居城市建设取得重大进展。吉林市在 2020 年环境质量改善方面取得了显著成效，空气质量优良天数比例达到 80% 以上。与 2015 年相比，这一比例提升了 12%。大部分的河流和湖泊水质达到了国家规定的优良标准，其中 11 个国家级考核断面中优良水体比例达 90% 以上，因此荣获了第六届全国文明城市、国家卫生城市称号。新建污水处理厂，落实水源地“划、立、治”，全市累计共完成了 32 个重点流域的水体质量提升工程。在水域环境治理领域上，相关部门针对九河一湖等 10 个黑臭水体的综合治理工程已圆满完成。通过全面贯彻河长制，吉林市确保了河流管理的系统性和持续性。河长制的落实，为吉林市河流的长期保护和治理提供了坚实的组织保障。深入展开了河湖“清四乱”专项行动，获得突出成效。开展绿盾专项整治行动，针对自然保护区内的违法违规行为进行了集中整治。吉林市累计完成了 3300 余个违法违规相关问题的整改活动，有效保护了自然保护区的生态环境，维护了生态平衡和生物多样性。在农用地环境保护工作中，相关政府部门已经完成了对农用地环境质量的分类划分，对重金属污染源的监管进入了更为系统和规范的阶段，吉林市共有 18 家企业被列入全口径涉重金属重点行业企业目录清单中。历史遗留的重大生态环境问题如拦网养殖、违建、黑臭水体等得到了有效整治和改善。强化生态环境风险防控，完善吉林市生态环境应急预案体系，吉林市完成了《吉林市突发环境事件应急预案》等文件的修订工作，项目环境影响评价审批率达到 100%。

四平市在近几年的发展中，在淘汰落后产能、整顿散乱污企业、优化能源结构、提高资源利用效率等方面采取了一系列有效措施，为推动产业转型升级、改善环境质量、促进可持续发展做出了积极贡献。2019 年，全市非化石能源占一次能源消费的比重为 8.7 个百分点。2020 年，高耗能行业增加值能耗同比下降近 17 个百分点。同时相关部门坚决推行垃圾分类政策，对“限塑令”进行优化升级，不断深化绿色家居、绿色出行理念，引领绿色生产、绿色消费。四平市森林资源丰富，森林覆盖率约 19 个百分点，绿色发展逐步成为全市经济高质量发展的关键一环。2020 年全市优良水体过半，全市范围内空气质量优良；PM10 和 PM2.5 平均浓度均在国家二级标准内，在空气质量方面提前达到蓝天保卫战的相关要求。受污染的耕地也被有效利用，涉及重金属污染的相关企业完成了减排 9.2 个百分点的目标。

辽源市则加快了空间规划，前后建设多个主体功能区。市内生态修复、城市修补的效果十分明显，生态修复工程稳步开展，生态产业新区建设加速推进，仙人河岸带和东辽河城区的生态修复工作基本结束，新增 35 万平方米的绿地。集双高速公路辽源段完成交付，在完成了北环路 22 千米的改造并展开相关市政工程建设的工作后，龙山隧道、向阳大路等街路均建设完成并通车。供热、供排水道路、燃气相关生活管道建设完成 90 余千米。辽源市完成相关雨水污水分流的建设改造 21 余千米，同时对违规的建筑物进行拆除。依据相关标准规划建设了多个特色小城镇。政府部门持续开展环境治理活动，在国家卫生乡镇、全国文明村镇评选中共有 3 个乡镇和 5 个村当选，有 16 个村被评为省级美丽乡村，30 个村被评为省级 3A 示范村。

在统筹建管中，松原市达成对城乡面貌的全面改观的任务。松原市中心城区的城镇化率提高至约 47 个百分点，中心城区面积扩大至 8000 公顷。国家级卫生城市的建设工作一举成功，其中前郭尔罗斯蒙古族自治县当选为全国县城新型城镇化建设示范县。松原市顺利完成城市建设投资任务，并完成了 300 余个城市基础设施相关的建设项目。在农村，生活垃圾收取转运相关体系初步建成，自来水普及率达 97%。

公主岭市生态环境建设明显改善，全面完成了东辽河污染治理的阶段性目标，彻底改变连续三年劣五类水质的被动局面。坚决守住重污染天气和空气质量达标两条底线，公主岭市 2020 年全年空气质量优良天数保持在 314 天以上。以“三横三纵”为主体的 20 条街路建设和升级改造全面完成，全市共打通断头路 33 条，完成雨污分流管网改造建设 87 千米，行步道升级改造与绿化、美化、亮化同步完成，城市建设框架、理念、内容、水平、标准实现了由县城向新型中等城市挺进的新跨越。

梅河口市城市发展效果显著，经济、政务、文化、生态等四大板块建设全面推进，生态宜居城市建设、精细化城市治理等方面成绩突出，城镇化率已由原来的42%提高到了60%，实现了由城镇化初期到现代化城市的历史性突破，现已经成为具备承载100万人口能力的现代化生态城市，城市管理水平已跻身于全国先进行列。

（五）生活水平不断提高，脱贫攻坚取得胜利

2021年长春市城市竞争力指数（UCI）增长速度快于经济增长速度，基本达成城市乡村地区养老、医疗保险全覆盖，群众的基本生活保障水平逐年提高。教科文卫体事业不断进步，人民群众幸福感和安全感不断增强。在饮用水方面，长春市政府部门高度重视。5年来，全市各级相关部门累计投入32.3亿饮水安全工程资金，共建设农村供水工程1498处，超过85%的农户实现集中供水，基本达到小康社会建设预期的目标。围绕保障群众“看得上病、看得起病、看得好病、少生病”，长春市在精准管理上下真功夫，夯实群众的健康防线，累计救助10万余人次，投资9800万元，提升了全市约1890个村卫生室的标准化水平，10个县区级定点医院得到远程医疗的帮助并不断向乡镇级医院辐射，在区县内，患者的大病、重病就诊率高达95%以上，大病重病

救治率、慢性疾病的管理率均实现全覆盖。此外，长春市相关部门贯彻教育资助项目计划，累计资助学生 47 336 人次，发放资助金 6379.9 万元；改善经济落后村小学的教育环境，将其全部纳入“温馨村小”创建范围内；在师资队伍配置上，全市提升特岗教师的数量，有近 150 人加入特岗教师的队伍中；对于经济不好的家庭进行职业教育培训，用技能扶持代替输血式扶持；在农村危房改造工作中，成立相关小组，不断落实工作的相关内容，层层负责，出台多部文件提供政策背书。与此同时，相关部门明确住房保障基础数据，采取从政府到左邻右舍的“五帮”格局，加速完成对危房的改造工作。2020 年，城镇新增就业 12 万人，城镇登记失业率控制在 4% 以内。在企业中的退休人员养老金同比上升 5%，城乡低保标准分别提高 14.5% 和 22%，城乡的经济非常困难人员基本生活标准分别提高 36% 和 56%，300 余个小区配套幼儿园完成治理。全市义务教育阶段的教师工资待遇问题得到妥善解决，城市乡村居民的医保实现整合完成。

吉林市居民生活水平不断提高，相较于 2015 年，吉林市 2020 年城镇累计就业新增人数 40 万人，企业退休人员人均领取金额增长 24%。吉林市社会保障事业蒸蒸日上，一是表现为社会保险标准不断提高，2020 年城乡低保标准比 2015 年分别提高 20.9% 和 50.5%，失业保险待遇水平增长 45%。全市稳岗返还资金 5 年惠及 58.5 万相关职工，累计发放金额达 4.36 亿元。二是养老保险制度持续优化，2020 年，本市城镇职工享有基本养老保险的人数达到了 751 000 人，接近 2015 年的 1.2 倍。三是医疗保障网进一步筑牢。2020 年，吉林市城乡居民基本医疗保险参保近 280 万人，是 2015 年的 1.2 倍。城乡居民在门诊治疗慢性病时，遵循全省统一规定的 18 种疾病标准。同时，对于重大疾病的医疗保险报销上限从 160 000 元提升至 300 000 元。

在环境保护和生态建设方面，辽源市采取了全面措施，致力于保护蓝天、清洁水源、肥沃土地和绿色山川。相关部门严格禁止焚烧秸秆，对燃煤锅炉进行了专项整治行动，这些努力使得城市空气质量的优良天数比例稳步提升。此外，全市成功实施了 43 个辽河流域的污染治理项目，并全面完成了中央环保督察“回头看”以及省级环保督察年度的 17 项整改任务，维持了环境治理的成效，在水环境治理方面，仙人河的黑臭水体问题已得到彻底解决，区域内所有主要河流的水质均已符合相关标准。东辽河的水质在出境断面上首次达到了四类水体的标准。辽源市成功实施了生态造林工程，种植了超过 30.66 万亩的树木，对 42.7 千米的河道进行了综合治理，对 209 处裸露的山头进行了生态修复。西安区的采煤沉陷区综合治理项目和东辽县的独立工矿区改造提升工程已成功获得国家重点支持。同时，相关部门积极开展了针对非法集资的专项整治行动，以有效预防和降低债务风险，确保经济的稳定和健康发展，采取债务重组和资金流动性优化在内的多种措施，成功处理了 56 亿元的政府债务。辽源市在“十三五”规划期间新增了 1.49 万名城镇就业人员，农村劳动力转移就业 11.7 万人。城乡低保标准分别提高到月人均 550 元和年人均 4080 元。全市成功改造了 43 个老旧小区，2.3 万户城市家庭从中受益。辽源市全面通过了国家义务教育基本均衡发展的督导评估认定，职业教育集团被认定为国家级高技能人才培训基地，学前教育的普及率达到了 80%。在文化服务领域，相关部门创建的公共文化服务体系示范区顺利通过国家评审。在公立医院综合改革方面，全市持续推进深化相关措施，就诊比例已超过 90%。同时，相关部门推进“111”平安建设模式，实现社会治理服务网络化和一体化管理。辽源市连续 5 年被认定为全国社会治理创新示范城市，连续 11 年在省级安全生产考核中获得优秀，7 次被评为全省“双拥”模范城。

松原市对于危房的改造、保障饮水安全的做法被国家乡村振兴局宣传推广。其不断优化生态环境，实现了空气质量、森林覆盖以及草原植被状况的持续向好。“两江一河”流域的 4 个国家级监测断面水质均达到了国家考核标准，查干湖水质现已达到Ⅳ类水质标准。政府在财政支出方面确保了“三保”的稳定实施，政府的隐性债务和平台公司的债务得到了有序的管理，金融机构在清理不良资产方面也取得了显著的进展，守住了不发生系统性、区域性金融风险的底线。松原市政府在 2015—2020 年投资了 315 亿元，确保了 530 项民生项目的按时完成，城乡居民的人均可支配收入年增长率超过了经济增长率。新建、改建和扩建 88 所学校、307 个医疗机构和 21 个文体场馆，建立了 934 个农村金融服务站点，有效解决了“大班额”和“无籍房”的问题。成功地应对各种风险和挑战，包括地震、洪水、台风、雨雪和冰冻等自然灾害，确保这些领域的全面安全。信访维稳、安全生产、社会治安形势持续好转。在打击犯罪和维护社会治安方面，松原市取得显著成效，被选为全国市域社会治理现代化试点城市。

公主岭市完成168户危房改造，群众住房安全问题得到解决。完成177个村安全饮水工程，群众安全饮水达到全覆盖。3556名经济困难户纳入低保，9452名群众纳入社保，实现应保尽保。城乡常住居民人均可支配收入分别达到30 900元和16 500元，比2021年分别提高24.8%、40.7%；从业人员年均工资达到66 034元，增长49.8%；企业离退休人员年均工资23 353元，增长27%；机关事业单位人员年均工资达到70 653元，增长5.2%；城乡低保分别达到570元/月、345元/月，同比分别增长46%和48%；农村分散经济特困人员供养标准提高到5220元，增长270%；孤儿基本生活费标准提高到每月1100元，增长57%。居民存款达到455.4亿元，增长91%。强力推进棚户区改造、老旧小区改造、农村危房改造，实施暖房子工程，城乡居民住房条件得到明显改善。

（六）基础设施不断完善，民生福祉稳步增进

城市交通等基础设施的建设与完善是城乡融合区建设的重要条件，因为居住在城乡融合区的居民在许多方面（如上班、上学、休闲、购物、医疗、探亲访友等）都与中心城区保持密切联

系，交通是否方便对居民外迁的意愿有着重要影响。

近年来，长春市开始了大规模的交通设施建设，每年投资额均在50亿元以上，城市交通状况有了很大的改善，大大缩短了中心城区与周边地区之间的时空距离，从而为人口、工业向郊区迁移提供了可能，也为城乡融合区的繁荣奠定了基础。长春市交通建设的投入不断增加，在新建扩建亚泰大街、南湖大路、卫星路等通往城郊的主干道的基础上，又改造了内环路等，进出长春市区的道路达到10余条，级别都为一级道路或城市道路。另外，长春市规划和在建市区内主干道21条，形成了颇具规模的城市道路系统和高速公路系统。2015—2017年政府用于城市基础设施的建设的资金达到了2674.1亿元，城市面貌日新月异。“三纵两横”快速路建成通车，四环路、亚泰大街北延长线等一大批城建重点工程顺利完成，地铁1号、2号线全线贯通，伊通河综合治理改造等，极大地改善了交通环境。长春龙嘉机场的投入使用及机场二期扩建、长春火车站的改造，建成了四通八达的民航、铁路、公路、通信立体网络，城市承载能力进一步加强，总体功能进一步完善，长春市逐渐向交通文明型城市转变。

公主岭市区岭东路、岭南大街、新风街全线贯通，地下综合管廊全面竣工，仿真滑冰馆、新档案馆和明珠立体游园投入使用，岭西农贸市场完成主体建设。内河生态环境保护治理项目完成投资近4亿元，范家屯水务一体化项目全面开工。新建、改建水冲厕所7座。新建岭西体育场、华生百货两处停车场6700平方米。数字城管系统调试运行，完成 12 个老旧小区（地块）改造，完成“无籍房”登记 2.19 万户，拆除违建 2.02 万平方米。建成“四好农村路”96.4 千米；打造美丽庭院 500 个、干净一家 2000 户，建设绿美村屯 177 个；改造室外无害化卫生旱厕 5000 个，新建农村文化广场 35 个。市、乡、村三级医疗机构标准化建设全部达标。南崴子街道、龙山乡、响水镇、大岭镇被命名为国家卫生乡镇。城镇新增就业 5336 人，城镇登记失业率达到 3.38%，低于国控标准 1.12 个百分点。城乡低保保障标准提高 4%，城乡经济特困人员供养标准分别增长 10% 和 6%。减免社会保险费 6460 万元，发放 460 万元稳岗返还资金，惠及 1.03 万参保职工。安全生产事故总量、死亡人数分别下降 28.1% 和 29.4%，全年未发生较大以上生产安全事故。完善“四位一体”防控网络，“平安岭城”建设进一步加强。全市信访重点案件化解率达到 92.3%，初信初访信访案件按期办结率达到 100%。

二、长春经济圈城乡融合发展存在的主要问题

（一）经济主体发展不平衡

1. 城乡职能发展不平衡

随着城市发展中产业结构的更替，长春经济圈各城市的职能开始变换重组，这就意味着长春市成为经济发展有机体的核心，

而周边其他城市职能则成为为长春经济发展服务的助力，促使市中心区域在商务活动、基础设施建设和居民收入水平方面表现突出；高新区、经开区工业职能突出，各项居住、公共设施建设日趋完善并不断更新。与之相比，辽源市、松原市等城市区域发展缺少部门支撑，城市公共财政难以承担大量的旧城改造和沉重的人员负担，导致区域内城市建设缓慢，各类基础设施陈旧，发展活力明显不足，经济发展分层现象开始出现。

从发展趋势上看，经济圈范围内功能层级化、关联化的趋势已经出现，不同区位的产业外溢有着不同的空间分布规律：以商业商务、研发等为代表的生产性服务业、一般性服务业，主要集中于以长春市为主的中心市区；与距离要求关联度强的技术密集、资金密集型制造业主要集中于长春中心市区边缘及近郊乡镇布局（如公主岭市、范家屯镇等），并以交通廊道为依托，呈现出多方向发展趋势；与距离因素关联度较弱的劳动密集型企业则主要集中在其他县市区布局。污染企业、小型企业和相对低效企业则更多分散到其他县（市、区）外围，甚至更远的位置。

2. 县市间经济发展不平衡

不管从国家层面、省内层面，还是市际层面看，都存在产业发展不平衡现象。长春经济圈发展不平衡主要表现在：一方面，长春市与其他市发展之间存在差距。长春市作为吉林省的省会城市，承担着该省政治、经济和文化枢纽的角色，地缘与政策优势明显，致使很多自然资源、经济要素等有利于经济发展与人才汇聚的因素向长春市汇聚。2020 年长春市 GDP 总值为 6638 亿元，占全省 GDP 总值的 53.9%。吉林市的 GDP 仅 1452 亿元左右，占吉林省经济总量的 11.8%，不及长春市的三分之一。四平市、辽源市、松原市三个市经济总量都没有超过吉林省经济总量的 15%，吉林省经济不发达乡镇也大都集中在这些地区。

另一方面，长春市主城区与所辖的市、县产业发展的差距也较大。例如，2020 年长春市生产总值为 66 380 302 万元，其中第一产业生产总值 5 338 157 万元，第二产业生产总值 27 581 240 万元，第三产业生产总值 33 460 905 万元；2020 年榆树市生产总值为 2 694 494 万元，其中第一产业生产总值 1 289 008 万元，第二产业生产总值 282 018 万元，第三产业生产总值 1 123 468 万元；2020 年德惠市生产总值为 2 493 425 万元，其中第一产业生产总值 892 636 万元，第二产业生产总值 346 492 万元，第三产业生产总值 1 254 297 万元；2020 年公主岭市生产总值为 3 147 476 万元，其中第一产业生产总值 855 788 万元，第二产业生产总值 675 994 万元，第三产业生产总值 1 615 694 万元；2020 年吉林市生产总值为 14 525 505 万元，其中 2 013 771 万元，第二产业占生产总值 5 107 594 万元，第三产业占生产总值 7 404 140 万元；2020 年四平市生产总值为 5 265 703 万元，其中第一产业生产总值 1 827 014 万元，第二产业生产总值 1 025 452 万元，第三产业生产总值 2 413 237 万元。从数据中可以看出长春市及周边的市、县应该加强经济联系强度，构建合理的经济纽带与区域发展关系，整合资源与配置，构建协同分工与合作机制。

长春市周边的县（市、区）中，榆树市、德惠市、农安县和九台区的 GDP 规模相近，对长春市总 GDP 的贡献率大约为 7%，双阳区的贡献率则大约是 4%。在全国百强县评选中，长春市下辖的县市均未获得排名。2015 年，15 个副省级城市中，长春市 GDP 总量在其中排名第 13 位，市辖区的 GDP 排名第 12 位；在长春市域内人均地区生产总值的排名为第 12 位，而市辖区的人均地区生产总值排在第 8 位。长春市的市辖区在经济上表现较为强劲，其周边县市的经济发展水平相对较低。

在县级财政方面，长春市周边的县（市、区）由于社会经济发展水平较低，第一产业比重较大，因此地方财政收入相对较少，与经济较发达的地区相比存在较大差距。地方财政的紧张严重制约了长春市周边县市的发展，使得当地政府除了在提供基本公共服务，进行行政管理外，难以承担更多的职能，影响了城市建设和社会事业的进一步发展，反过来又加剧了长春市周边县市的发展困境，进一步限制了经济增长。在收入分配方面，长春市中心区域与外围县市及乡村地区之间存在显著发展差异，城乡之间的二元结构问题尤为凸显。以人均收入为例，过去十年中，长春市农村居民的人均收入始终未达到城市居民人均可支配收入的一半。2003—2017 年，长春市农村居民的人均纯收入占城市居民人均可支配收入的比例从 43.15% 下降到了 40.49%，城乡之间收入差距有逐年扩大的趋势。

3. 城镇化发展不平衡

吉林省区域发展差异较大，首先主要表现省内东、中、西部人口城市化率差别较大。东部地区白山市延边朝鲜族自治州的城市化水平最高，这里物产丰富、人口集聚于城市地区，一直是吉林省城市化水平最高的地区；中部地区城市化与吉林省平均水平基本相当，其中以长春市、吉林市两大城市尤为发达，但同样居于中部的四平市，人口城市化水平则一直低于全省平均水平，2018 年四平市城市化率低于全省平均城市化率近 10 个百分点。西部地区城市化水平最低，如松原市、白城市。尤其是松原市，其经济发展水平在全省处于中等水平，但其城市化率却在全省 9 个地级市中排名最低，低于全省平均水平近 16 个百分点，这必将严重限制未来经济圈城乡融合的深入发展。

长春市和吉林市这两个大城市规模在全国城市中的排名相对较低，处于中等偏下的水平。四平市、辽源市、通化市、白山市、松原市、白城市等地级市的规模相对较小，经济实力有限，在区域发展中带动作用不够显著。在 28 个设市城市中，大城市仅有长春、吉林 2 个，占城市比重为 4.26%；中等城市有四平、松原、白城 3 个，占城市总数的 6.38%；其余均为小城市，小城市占城市总数的 89.36%；没有特大城市。长春经济圈中超过百万人口的特大城市仅有长吉两市，人口聚集功能较弱，没有形成较大的人口规模。而长吉两市周边小城市大多未形成特有产业群，工业化、城市化水平较低。长春市所辖无一经济强镇。长春市区是唯一一个人口超过 100 万的城市。九台、德惠、榆树、双阳和农安 5 个地区的人口都在 10 万人到 100 万人，除此之外，还有 63 个地区的人口少于 2 万人。人口在 20 万人到 50 万人的次中心城市数量不足，同样缺乏人口在 5 万人到 10 万人的小型城市，大多数地区是人口规模较小的乡镇。这种状况使吉林省形成了以小城市为主，中小城镇力量薄弱，发育不足的特征，对人口和产业的集聚能力不强。

除了长春市、吉林市作为吉林省仅有的 GDP 超千亿的大城市外，其他城市的人口规模和 GDP 排名基本吻合。因为缺少大城市，造成区域内城市体系等级规模缺失，使相邻城市等级之间的信息、产业、技术不能顺畅地流动，不能对特大城市的产业、信息、人口等方面起到分流作用。中小城市由于基础设施建设水平较低、经济发展程度有限，资金、信息技术缺乏，产业结构低下，发展空间狭小，不能直接受到特大城市产业转移和辐射带动作用，同时中小城市辐射和带动作用弱，不能吸引更多的劳动力，减轻特大城市的人口压力。目前吉林省只有四平市、松原市的人口刚刚达到大城市规模的下限，具有很大发展潜力。

长春市和吉林市两个强大的“吸引中心”，导致周边地区的人力资本、资本和技术创新等关键生产要素向这些中心城市集中。集聚效应过于显著，导致区域内城市在融合过程中出现城市间发展的不均衡现象，限制了周边中小城市的成长潜力，进一步削弱了城市对农村地区的正面影响和资源扩散，使得城乡之间的差距持续扩大，这种状况不仅影响了城乡之间的健康互动，还扩大了两者之间的差距，从而阻碍了城乡融合的进程。

（二）城乡产业发展不协调

1. 第一产业发展依然滞后，差距明显

一直以来，受我国“工业优先、城市偏向”的发展战略影响，政府部门在产业政策方面优先考虑城市工业的发展，将大型工业项目主要集中在城市，通过税收政策和工农业产品价格差异等手段，将农业领域的盈余资金转移到城市；在人口迁移方面，户籍制度将农民限制在乡村，城乡之间存在不同的就业、福利和保障体系，从多个角度限制了农村劳动力向城市转移的可能性。这种将城乡产业分开的政策导致了农村第二、第三产业发展缓慢，基础设施建设不足，农村经济发展与城市之间的差距日益扩大，形成了明显分隔和对立的城乡产业格局。

近年来，随着国家种粮直补、良种补贴、大型农机具补贴以及农资综合补贴等政策的施行，长春地区农业生产性服务业实现了快速发展，但仍然存在两个方面的突出问题。一方面，农业生产性服务业总体落后。与我国发达地区的农业生产性服务业相比，长春市仍然存在着较大差距。另一方面，区域内农业产前、产后服务较为滞后。长期以来，农业生产性服务业建设一直强调产中服务，从科技研发到科技推广大都围绕农业的生产过程展开。与之相比，农业产前、产后的服务水平则相对较低且发展严

重滞后。农产品的销售、加工能力和产后商品化处理能力严重不足，信息、物流设施、营销技术等发展滞后，使区域内经常出现农产品丰收但农民收益却不见提高的尴尬局面；农村金融和农业保险等服务业发展明显滞后，农民融资难、贷款难的问题长期以来未能得到根本性解决。

2. 第二产业动力不足，就业带动能力差

2012 年，吉林省重工业占工业总值比重为 72.5%，轻工业仅为 27.5%，低于国家平均比例。吉林省重工业大多起步于计划经济初期，创新能力弱，附加值不高，重工业畸形发展，影响了吉林省工业化的质量。工业化质量不高，导致工业及相关服务业的集聚效应不强，外部效应不显著，对城镇化发展的带动能力有限，这也是吉林省工业化与城镇化协同度差，两者一直未能形成良性互动发展的主要原因。近三年，同为东北老工业基地的辽宁工业增加值每增长 1%，能够带动就业增长 0.45%，而吉林省仅能带动就业增长 0.07%，与工业在吉林省经济发展中的重要地位并不匹配。究其原因，主要在于吉林省重工业占据主导地位，特别是重化工业，产业集中度高，技术装备先进，对劳动力素质要求较高，吸纳就业量非常有限。如 1978—2012 年，一汽集团整车产量增加了 29 倍，但就业人数仅增长了 4.5 倍。在吉林省工业中占据绝对优势的重工业对就业拉动不足，对农村富余劳动力的吸纳能力有限，极大影响工业化对城镇化发展的拉动作用。

3. 城乡产业关联效应不强

吉林省产业分布呈现分散性，其经济优势主要集中在长春市和吉林市等中部城市。在全省的经济产出和第三产业产值中，中部地区所占的比重均超过了 70%。大城市脱离周围区域的实际经济水平，超前发展，而全省乡镇企业发展速度慢、规模小、水平低，产业集聚能力弱，对城镇化的支撑能力不够强。从吉林省现有的产业规模和组织结构上看，多数地级市及周边城镇经济联系不够紧密，不能实现不同区域和产业间的分工协作，中部城市群在汽车、化工、农产品加工等主导或优势产业上实现了一定程度上的配套发展。与此同时，吉林省部分小城镇产业没有形成合理的产业规模，产业链条短，附加值低，市场竞争力弱，缺乏带动产业发展的龙头企业，对于附近的农村富余劳动力吸引力较弱。

近年来农村富余劳动力开始向城市转移，参与城市劳动力市场，但由于城乡间社会福利体系的差异，进城务工人员在工资、社会保障和福利等方面仍然无法与城市居民享有同等待遇。因此，随着农村劳动力向城市迁移，城乡之间的收入差异并没有有效缩小，迁移并没有实现预期的弥合城乡收入差距的效果。农业发展面临资金短缺问题，政府财政预算偏向于城市和工业领域，导致农业领域资金严重不足，无法满足农业生产和增长的需求。在农业科技投资方面，与农业科技相关的三项经费在政府农业支持资金中所占比例偏低，限制了农业产业化进程。政府在乡村社会服务领域的财政支出不足，导致农村在医疗保健、教育和社会保障等社会服务方面的发展远远落后于城市。

4. 城乡产业互动不足

进入 21 世纪以来，随着统筹城乡发展、社会主义新农村和乡村振兴战略的实施，长春地区城乡产业的联系日趋紧密，但是由于长春地区城乡一二三产业存在发展脱节、缺乏协作等问题，长春地区城乡产业互动不足。首先，农业生产规模小、效率低、效益不高等弱质特征较为明显，还不足以担负为第二、三产业提供高质原料的能力。由于农业的规模经营水平较低，很大程度上制约了农业与第二、三产业之间的互动发展，也抑制了对第二、三产业发展的有效需求。其次，工业带动能力不足。虽然长春地区制造业有了长足发展，但是工业的先进技术和设备却没有充分应用到农业生产中，农业现代化程度不高，农业机械化水平也不算先进。此外，现代工业的发展成果也没有有效渗透到农业深加工环节。最后，服务业发展整体滞后。长春地区第三产业在经济中所占比重明显偏低，缺乏农业观光旅游业、农家乐等能带动农业发展的服务业，使得长春经济圈的发展和建设难以适应城乡产业互动发展的需求。

5. 城乡产业的市场体系尚不健全

城乡产业互动的联系通道在于产业要素及产品的双向高效流动。当前，长春地区城乡之间的流通机制尚不健全，主要表现在以下几个方面。一是城乡要素市场不统一。影响城乡产业分割最关键的要素市场没有均质化，交易关系没有公平化。长期以来，由于相关部门在长春地区城乡土地、资本、金融、管理、信息等方面实施了两套制度安排，使得城乡要素市场之间不仅存在巨大差异，要素之间的交易关系也不公平。二是农村市场流通主体规模小、实力弱。当前农村市场流通主体大多是个体商户、营销农户和经纪人，存在专业化水平较低、经营方式落后、经营条件缺乏等问题，相较于城市市场的流通来说农村缺乏有利竞争力。三是流通方式和经营业态较为落后。农村市场仍以传统流通方式为主，农产品多以经销商到田间地头收购，农超对接、电子商务等新型营销模式发展滞后。四是农村流通基础设施严重不足。长期以来，由于政府对流通设施重视不够，导致电子信息、冷藏等设备设施不完善，大部分批发市场缺乏信息服务、质量检测、交易结算、安全监控、垃圾处理等配套服务设施。再加上生鲜农产品集中上市后由于受到保鲜储运能力的制约，使得农产品“卖难”和价格季节性波动的矛盾突出，农民增产不增收的情况时有发生。

长春经济圈各市之间联系不强、壁垒过高，这无疑是长春经济圈各市生产要素在市场机制引导下区域间自由流动的最大阻碍。市场化改革是一个长期的过程，不能一蹴而就，如何协调解决好政府和市场在资源配置中的作用，这项任务任重道远。

（三）区域城镇体系不完善

1. 城镇体系不尽完善，缺少大区级中心城市

长春市中心区域位于整个城市西南部，与四平市的公主岭和伊通满族自治县的邻近程度比到市内如榆树市等地方的距离更

近。长春市中心区域的地理位置偏于一隅，这种布局在很大程度上限制了长春市的均衡发展。由于地理位置较为偏远且交通连接不便利，所以榆树市等地区与长春市中心区域的互动较弱，难以受到中心城区发展的带动效应。此外，受行政区划约束，该地区无法与邻近的哈尔滨市实现有效融合，面临发展挑战，公主岭市和伊通满族自治县等地与长春市中心区域联系密切，一体化发展势头良好，但行政区划限制仍在一定程度上影响其进一步发展融合。中心城市实力不强，辐射带动作用有限，对地区经济社会融合发展造成了巨大障碍。

2. 单极化发展严重，首位城市长春“一枝独秀”，但辐射带动作用十分有限

与黑龙江和辽宁的中心城市相比，长春市、吉林市作为吉林省中部地区的中心城市，其影响力较弱。很明显，长春和吉林两市极化能力不足；四平市、辽源市、梅河口市等城市受辽宁省的影响明显更强；长春经济圈北部的榆树、扶余等地被纳入哈尔滨大都市圈辐射范围；东部延边朝鲜族自治州、通化市和白山市等地处于中朝边界，未能和中部城市形成有效连接。除此之外，虽然四平市、白山市和松原市等城市非农人口已达大城市标准，但各类发展指标并不理想，对于周边区县的经济辐射力度不足，如不尽快增强长春市、吉林市的综合竞争力，充分发挥公主岭市、四平市、辽源市、松原市、梅河口市等的联动发展能力和带动作用，将限制城乡的进一步融合。

3. 小城镇数量众多，但力量薄弱

小城镇的数量占全省比重为89.36%，人口总数占全省的70.52%，但是这些城镇的规模偏小，多而散，城镇人口超过3万人的镇只有63个，超过5万人的镇只有34个，城镇吸纳就业、产业的能力较差。小城镇的发展呈现出自生自长和无计划扩张的趋势。在各城镇之间的发展以及小城镇与其所属市、县的协调方面，普遍缺乏统一的规划和统筹。

4. 中部城镇群结构松散

吉林中部虽然形成了城镇分布相对密集区域，但是城镇群的结构仍旧十分松散。从中部城镇群的空间结构演变来看，长春、吉林两市仍处于极化发展的过程中，两市对长春经济圈范围内其他城镇的辐射带动作用不强。中部城镇群北部的松原、扶余、德惠、舒兰等区域的城镇与哈大齐城市群联系更加紧密，受到哈尔滨的强烈辐射。南部辽源、梅河口等城镇则与沈阳都市区发生紧密的联系，且吉林省中部城市（长春市、吉林市、四平市、辽源市、松原市、公主岭市、梅河口市）之间的联系并不是特别紧密。

（四）人口问题日益严峻

1. 人口城镇化起点高但进程缓慢

从历史上看，吉林省处于东北老工业基地，其地理环境优越，资源丰富，交通发达，处于战略要地，优先的政策倾向与合理的工业布局规划是吉林省保持较高城镇化水平的重要原因。然

而，改革开放40多年来，吉林省城镇化整体进程与全国相比相对缓慢。在计划经济时代的中国，人口迁移是保障重工业快速发展的工业化战略的重要需要，不能被孤立看待。发展第二产业的必要条件之一就是有充足的劳动力，显然需要大量城镇人口，所以吉林省人口城镇化的发展在中华人民共和国成立初期的第一个五年规划和改革开放前很长的一段历史时期内一直处于较高水平，但随着改革开放的逐步深入和吉林省经济社会发展严重滞后的不断显现以及人口流失等因素的综合作用下，吉林省城镇化进入了缓慢发展期。

2. 人口总量不断增加，增长速度由快转慢

中华人民共和国成立后，据第一次至第四次人口普查数据，长春市人口呈现迅速增长的态势。1949年长春地区人口为274.9万人；1953年第一次人口普查时，增加到了300.5万人，比1949年增长了9.3%；1964年第二次人口普查时，增加到了402.1万人，比1949年增长了46.2%；1982年第三次人口普查时，增加到了510.7万人，比1949年增长了85.8%；1990年第四次人口普查时，增加到了602.7万人，比1949年增长了119.2%。总体上看，长春人口从解放初期的274万人增加到300万人，用了3年时间，平均每年递增3%；从300万人增加到400万人，用了10年时间，平均每年递增2.9%；从400万人增加到500万人，用了11年时间，平均每年递增2.2%；从500万人增加到600万人，用了14年时间，平均每年递增1.2%。

据 1990 年第四次全国人口普查数据显示，吉林省城镇化水平在全国位居第六，比全国平均水平高出 16.2 个百分点，仅排在北京市、天津市、上海市、辽宁省和黑龙江省之后。据 2000 年第五次全国人口普查数据显示，吉林省人口城镇化水平比 1990 年降低了 2.7 个百分点，但仍比全国平均水平高出了 13.5 个百分点，比 1990 年下降 1 位，排在全国第 7 位。据 2010 年第六次全国人口普查数据显示，吉林省城镇化率比 2000 年减少了 9.8 个百分点，比全国平均水平高出 3.7 个百分点，在全国排位下降了 4 位，居第 11 位。根据 2019 年各省城镇化率排名显示，全国城镇化率水平为 60.60%，吉林城镇化率为 58.27%，低于全国平均水平，在全国排名第 18 位。从第七次与第六次人口普查的数据对比看，人口增长的地区只有长春市，人口增加了 29.55 万人，占比提高了 3.2 个百分点。而其他地市州中，白山市的人口呈现持续下降趋势，延边朝鲜族自治州的人口在小幅波动中呈现下降态势。其他地区虽然人口数量经历了一段缓慢增长时期，但最终也呈现减少的趋势。

进一步分析吉林省内各个地区人口年龄构成及分布，可以发现：① 2004—2018 年，除四平市 18 岁及以下人口经历短暂增长后迅速减少，其他地区的该年龄段人口均呈现持续减少的趋势。在人口总量的占比上，仅有四平市和白山市的 18 岁及以下人口占比先是上升随后下降，而其他地区则持续下降。18 至 60 岁人口，除白山市各地区持续减少外均为略增后减少。在 35 至

60 岁年龄段的人口变化中，趋势与整体人口变化相似，而 18 至 35 岁年龄段的人口数量在所有地区均呈现持续下降的趋势，这一年龄段人口占总人口的比例与人口数量的变动趋势保持一致。60 岁及以上的人口，无论在数量上还是占总人口的比例上，各地区均显示出持续增长的趋势。②各地区不同年龄人口在省内的分布，即各地区某一年龄人口占全省该年龄人口的比重，其变化趋势在各个地区之间存在差异。与 2004 年相比，2018 年除长春市和松原市 18 岁及以下人口比例有所上升，其他地区这一年龄段人口比例都呈现出下降趋势；18 至 60 岁年龄段的人口比例上，长春市、四平市和松原市显示出增长趋势，其他地区比例则持续下降。其中，18 至 35 岁年龄段的人口比例，吉林市和白城市的下降幅度较为显著，35 至 60 岁年龄段的人口比例，吉林市和延边朝鲜族自治州的下降幅度较大。具体情况如图 2.1 所示。

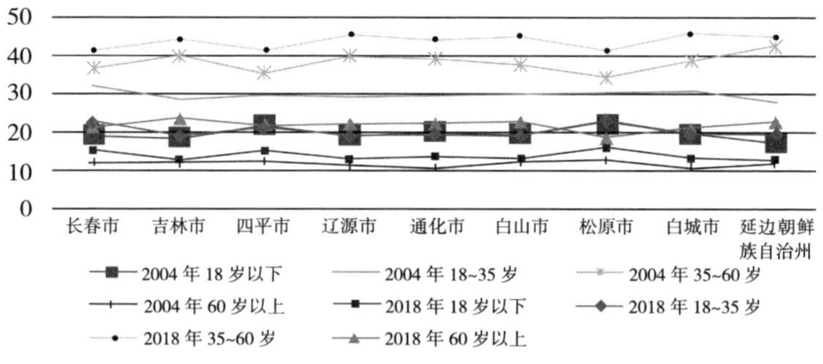

图 2.1　各地区人口年龄构成及其在省内分布（单位：%）

资料来源：根据《吉林统计年鉴》2004 年度、2008 年度数据整理并绘制。

3. 人口流出严重

吉林省从 2011 年开始，每年都有大量的人口迁出，2011 到 2020 年 10 年间共减少人口 149.4 万人，总人口平均每年减少约 14.9 万人。这其中有人口自然增长率低的原因，也有人口迁出的原因，其中 2010—2020 年人口自然生长率逐年降低，2020 年自然增长人口为 –7.27 万人，自然增长率为 –2.97‰。人口流出中高级知识分子较多，最近几年也出现学历不高的劳动人口流出现象。很多农村地区青壮年出去打工，留守的多是老人、妇女和儿童。

4. 人口老龄化严重

由于吉林省人口出生率极低，在全国 32 个省市（自治区）中排名倒数，加之流出人口中以务工、经商为主，流出人口中属青壮年居多。根据第七次全国人口普查公报显示，全国 60 岁及以上人口为 264 018 766 人，占总人口的 18.70%。以 2020 年数据为例，吉林省 60 岁以上人口占比 23.5%，其中长春市、吉林市、四平市、辽源市、公主岭市、梅河口市 60 岁以上人口所占比例分别是 22.8%、25.4%、23.8%、24.4%、22.9%、23.5%，均高于全国平均水平，更高于国际老龄化的标准。老龄化严重使得吉林省的抚养比上升，加重从业人员的抚养压力。

（五）高新技术产业发展不足

1. 企业创新能力不强

创新能力是国家兴旺和发展的不竭动力，更是高新技术产业赖以生存的生命之源。吉林省高新技术企业普遍存在创新能力不强、所生产的产品附加值过低等问题。部分企业虽顶着高新企业的头衔，却没有自主品牌及核心生产技术，更不用说知识产权的归属了。这些高新技术企业往往以出售相对廉价的劳动力来参与和分成高新技术成果转化的份额，而产品生产更是由进口设备来加工完成。如此一来，这些高新技术企业只能在国际高新技术产业链曲线的中间段徘徊。此外，吉林省高新企业与高校和科研机构联系不密切，应用科学和基础性研究与产业化间存在脱节现象、经济效益和科技效益无法相得益彰。此外，吉林省高新技术企业实力参差不齐，辖区内的高新技术企业在产业结构、创新能力、附加值缔造、经营模式等方面有强有弱、有优有差，这些因素都制约着高新技术产业进一步发展。

2. 高新技术服务业发展缓慢

与国内发达省市地区相比，吉林省高新技术服务产业发展较为缓慢。服务链条严重脱节，无法实现对辖区内产业的集聚。尽管吉林省政府和高新技术企业主管部门近些年有的放矢地对高新技术服务产业大力扶持，并出台相关条例促进其发展，但效果仍然不够明显。传统服务业就业人数比重过大，而新兴服务业从业人员相对较少。咨询、金融、保险领域从业人员依然不足，服务业人员普遍缺乏技术水平，缺乏服务效率，且经营管理方式滞后。高新技术产业领域风险投资机制和体系仍不完善，无法给一些处于起步阶段有潜力的中小企业以有效支持。

3. 高新技术产业集群优势不明显

长春经济圈的产业覆盖范围广泛，但规模较大的高新技术型企业较为有限、数量较少，即使是规模较大的高新技术企业在产业集群方面也不具备明显优势。以吉林市医药等相关产业为例，虽然吉林市的高新技术企业产值在本市地区生产总值中占有较大比重，但与其他城市相比则规模相对较小且产业集中度不高。与之相比，2008 年通化市就已拥有了 90 多家医药企业，医药产值接近 200 亿元，其产业集聚程度明显超过吉林市，即便如此，通化市的医药企业数量和产值与国内如石家庄市等城市相比仍有较大差距。辽源市、梅河口市等其他城市的高新技术产业规模则更小，扩大规模成为首要任务。

4. 高新产业技术发展滞后

多年以来，长春市经济增长主要依靠要素、投资驱动，在科技创新方面与发达地区相比存在较大差距。

第一，高新科技投入不足。整体上处于技术引进与应用层面，自主创新能力不强。科技是最重要的生产要素，科学研究与发展经费支出占 GDP 的比重是衡量科技创新强度和能力的重要指标。虽然近年来长春市科学研究与发展经费保持稳步增长态势，但仍有很大差距。据对科学、教育和规模以上工业企业科学研究与发展经费支出进行的测算，2014 年长春市科学研究与发展经费为 145.4 亿元，仅为北京的 11.3%、深圳的 22.6%、广州的 43%、西安的 50.6%。从科学研究与发展经费占 GDP 的比重来看，2014 年长春市仅为 2.7%，低于深圳、广州、南京、西安等城市水平；与北京、深圳、上海等城市差距更大，这些城市的经费投入占 GDP 的 4%~6%。

第二，科技研发成果不多。科技产出能力代表了科研水平的高低，而专利申请量是一个公认的评价指标。2014 年，深圳市专利申请量达到 82 254 件，成都市达到 64 975 件，广州市达到 46 330 件，沈阳市达到 15 044 件，而长春市仅为 7853 件，长春市的研发能力和自主创新能力还没有充分释放，有待进一步提高。

（六）基础设施和公共服务设施分布不平衡

当前，长春经济圈的核心城区公共基础设施相对完善，但是在广大农村地区公共基础设施仍较为落后，而现有公共基础设施的建设标准、服务效能和覆盖面等都有待进一步提高。以经济圈内污水处理设施拥有量为例，只有长春市城区、长春市双阳区奢岭和榆树市五棵树镇等经济条件较好的重点工业镇区建有污水处理厂，而其他乡镇则没有相关污水处理设施，因此导致了比较严重的污染问题。在乡镇地区，公共服务设施发展水平较低，主要为乡镇级别的学校、卫生所和村级小学等提供最基本的公共服务设施。

三、存在问题的原因分析

通过分析长春经济圈城乡一体化发展的当前状况和面临的主要问题，长春经济圈主要面临的问题为经济增长动力不足、中心城市对周边地区的经济带动作用不强，城市之间发展不平衡、缺乏创新能力、产业结构失衡等。总之，导致长春经济圈城乡融合发展滞后既有城乡内部经济增长缓慢的内因，也有中心城区对周围城乡的经济带动不足的外因。

（一）内生动力不足

从城镇化演进的动力来源上看，动力因素可区分为内生动力和外在动力。内生经济增长理论认为，判定一个地区的经济是否可持续，关键在于是否已形成内生发展动力。经济的持续快速增长是经济发展的核心目标，决定经济可持续增长的因素主要来自经济体内部。马克思主义唯物辩证法认为事物的内因是事物自身运动的源泉和动力，是事物发展的根本原因。城乡发展的内生动力不足，即推进和最终实现一体化发展的内部条件不足，是影响推进城乡融合发展进程的根本原因。

长春经济圈城乡融合发展内生动力不足主要有以下几个方面原因。

1. 经济发展状况及增长速度

如图 2.2 所示，长春经济圈内部的市县在经济总量上表现出

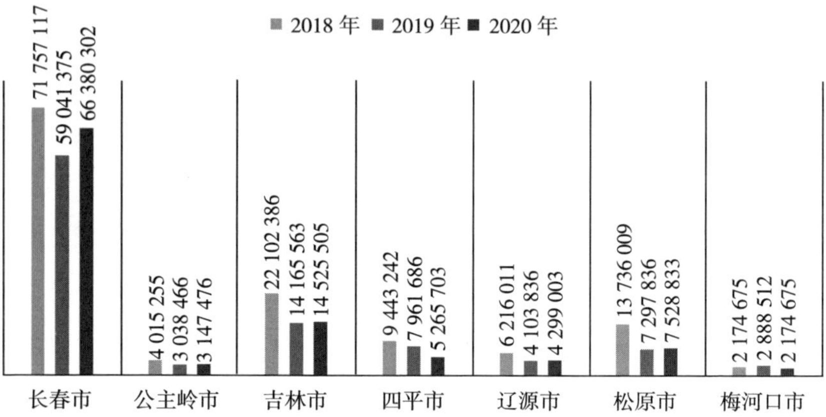

图 2.2　吉林省各市县生产总值（单位：万元）

数据来源：吉林统计年鉴 2021。

明显的区域差异，经济发展的不均衡性较为突出。其中，长春市生产总值占据吉林省总产出的大部分，与其他市县相比，经济规模差异显著。与此同时，此公主岭市和梅河口市，经济增长速度缓慢且总值有所下降。

2. 固定资产投资规模

固定资产投资是推动一个国家（地区）经济增长的基础，是改善产业布局的关键手段，是促进经济长期稳定增长的关键因素。一方面，投资构成社会总需求的重要部分，直接影响着社会总需求的规模和构成。另一方面，投资也是提升社会总供给能力的关键手段，增加投资可以扩大社会的生产规模。2018—2020年，长春经济圈各市固定资产投资增速情况如图 2.3 所示。2020年长春市固定资产投资增长了 8.8%。其中，第一产业投资增长

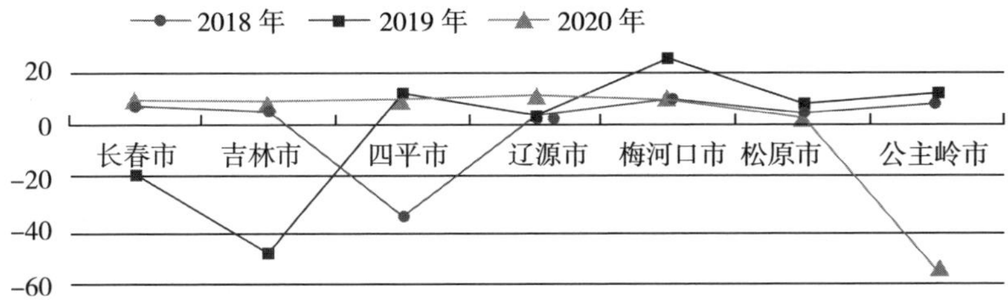

图 2.3　各市固定资产投资 2018—2020 年增速（单位：%）

数据来源：吉林统计年鉴 2019、2020、2021。

26.7%，第二产业投资增长 4.0%，第三产业投资增长 9.8%。从投资主体角度分析，国有经济的投资增长 11.6%；非国有经济的投资增长 6.7%，在固定资产投资总额中占比达 56.3%。民间投资增长率为 10.2%。在全市范围内，工业投资增长了 3.9%。吉林市全年与上年相比，不包括农户在内的固定资产投资增长了 8.3%。具体来看，第一产业的投资额增长了 2.6%，第二产业的投资额仅增长了 0.3%，第三产业投资额增长 9.7%。四平市全年固定资产投资额比上年增长了 10.1%。从产业投资结构看，第一产业投资额下降 12.4%，第二产业投资额增长 17.3%，第三产业的投资额实现 10.0% 的增长。在全年中，房地产开发投资累计金额达 44.8 亿元，与上一年相比增长了 32.8%。商品房的销售面积达到了 103.6 万平方米，与上一年相比增长 13.7%，商品房销售额 49.0 亿元，较上一年增长 25.1%。住宅销售面积 87.8 万平方米，与上一年相比增长 9.6%。住宅的销售额达到了 39.2 亿元，较上一年增长 18.2%。辽源市，2020 年全市的固定资产投资

（不包括农户）比上一年增长 10.5%。从产业投资结构看，第一产业投资增长 69.9%；第二产业投资增长 7.0%，其中工业投资增长 7.0%；第三产业投资增长 7.7%。松原市，2020 年与上年相比，全市不包括农户的固定资产投资增长 3.3%。在这部分投资中，第一产业的投资增长了 62.6%；第二产业的投资，包括工业投资，增长了 15.1%；而第三产业的投资则下降了 6.3%。此外，民间投资增长了 20.4%，在不包括农户的固定资产投资中占比达到了 29.2%。全年全市新建项目投资金额比上年下降 18.0%；扩建项目投资下降 68.2%；改建和技术改造项目投资增长 1.2%。梅河口市固定资产投资（不含农户）2020 年比上年增长 9.6%，而公主岭固定资产投资（不含农户）2020 年比上年下降 54.3%。

通过对长春经济圈各个城市 2018—2020 年固定资产投资增速进行对比，可以发现虽然 2020 年长春市、吉林市、辽源市等城市的固定资产投资金额有所上升，但产业结构发展不平衡，有的产业投资过多，有的产业投资过少。对比长春市、吉林市、四平市投资的大幅度波动，辽源市、松原市的投资更为稳定，而这反而意味着经济增长发展缓慢，甚至在下降，公主岭市下降速度更快。

3. 社会消费方面

长春市 2020 年的社会消费品零售总额较上年下降 6.5%。具体到行业，批发和零售贸易业的零售额下降了 5.5%，其中达到限额标准的批发零售贸易业零售额下降了 6.3%，而未达到限额标准的批发零售贸易业零售额下降了 6.5%；在住宿和餐饮业方面，全市零售额下降了 13.4%。限额以上的住宿餐饮业零售额下降了 21.1%，限额以下的住宿餐饮业零售额下降了 12.9%。

同年吉林市社会消费品零售总额 480 亿元，比上年下降 13.9%。从经营地域上看：城镇消费品零售额 430 亿元，下降 13.9%；乡村消费品零售额 50 亿元，下降 14.1%。从消费类型上看：商品零售额为 422 亿元，下降 12.5%；餐饮收入为 58 亿元，下降 22.6%。

四平市 2020 年的社会消费品零售总额比上一年下降 10.6%。排除物价上涨影响，实际下降幅度为 12.6%。在城乡分布上，城镇的零售额下降 19.3%，乡村的零售额则实现了 52.4% 的增长。从行业分类来看，全市批发和零售贸易业零售额下降了 24.1%，住宿和餐饮业的零售额则增长了 65.9%。在消费品零售额方面，四平市限额以上的消费品零售额下降了 16.9%，限额以下的消费品零售额下降了 5.3%。

辽源市 2020 年社会消费品零售总额达到 108.25 亿元，较上年下降了 13.7%。从区域角度看，城镇社会消费品零售总额为 89.11 亿元，下降了 20.6%；乡村的社会消费品零售总额为 19.14 亿元，增长了 46.1%。按照规模划分，全市限额以上单位的社会消费品零售总额为 22.06 亿元，下降了 16.1%；限额以下单位的社会消费品零售总额为 86.19 亿元，下降了 15.0%。限额以上单位的社会消费品零售总额占全市社会消费品零售总额的比重为

20.4%，比上一年提高了 1 个百分点。

松原市 2020 年社会消费品零售总额较上年下降了 7.4%。从经营地点来看，城镇地区的消费品零售额下降了 8.4%，乡村消费品零售额增长 1.6%。按消费形态统计，全市商品零售额下降 5.8%，餐饮收入额下降 17.6%。

由此可见，长春经济圈社会消费品零售总额的增长速度呈下降趋势，这表明消费对经济增长的驱动力正在减弱。依据凯恩斯的消费理论，个人的消费水平与其可支配收入紧密相关，因此，接下来将深入分析吉林省当前人均可支配收入状况。根据吉林省 2020 年国民经济和社会发展统计公报的数据，2020 年吉林省城镇常住居民的人均可支配收入达到了 33 396 元，与上一年相比增长 3.4%；城镇常住居民人均消费支出为 21 623 元，与上一年相比下降 7.6%。农村常住居民人均可支配收入为 16 067 元，与上一年相比增长 7.6%；农村常住居民人均消费支出为 11 863.6 元，与前年相比增长 3.6%。城镇居民的恩格尔系数是 27.9%，而农村居民的恩格尔系数是 31.4%。农村居民的人均消费支出增长速度超过了城镇居民，显示出农村居民的消费意愿相对较高。而城镇居民的消费支出下降趋势明显，但城镇居民的消费支出是促进城乡融合发展的动力源泉。按照此发展趋势，城镇的消费将会限制城乡融合的发展。

（二）体制机制僵化

在中国改革开放过程中，吉林省与沿海发达省份在制度安排上一直存在着非均衡性。与沿海地区相比，吉林省有着丰富的自然资源，其优势的发挥需要利用资金、信息和技术进行全方位的开发，而制度就是“融合剂”，它能将这些因素结合在一起，形成有机组合。也就是说，制度运行的效率和体制机制的完善程度，对资源能否得到充分利用具有决定性意义。由于制度基础仍显薄弱，吉林省的区位与资源优势尚未得到有效释放。该地区发展相对滞后，不仅是由于受到资源、技术和人才等因素的制约，更深层的原因在于体制机制改革相对滞后。长期以来，相关制度创新更多以自上而下的供给型改革为主，政府的经济激励目标易受到其他因素掣肘，制度调整的推进成本较高，在一定程度上影响了效率提升与要素激活。因此，为构建更具吸引力和竞争力的制度环境，更需要长春经济圈发挥带动作用。只有不断优化体制机制，夯实制度基础，形成制度优势，才能弥补区位劣势，吸引更多资源要素集聚，推动经济与社会的良性互动，进而实现长春经济圈的高质量跨越式发展。

1. 政府职能转变不够彻底

当前，长春经济圈各级政府已着手推进政府职能转变。在传统计划经济体制下，政府往往直接参与微观经济活动，承担了大量原本应由市场机制调节的职能。改革开放以来，尽管历经多轮机构改革，政府对社会各领域的干预依然在一定程度上存在，多头管理、执法重复等问题尚未完全解决。这类干预使企业在投资决策中不仅面临市场风险，还增加了政策不确定性带来的制度性风险，在一定程度上制约了非公有制经济的发展，也影响了国有经济参与市场竞争的活力与效率。特别是在金融领域，政府长期在政策层面对金融机构提出特定导向要求，一定程度上影响了金融资源的市场化配置效率，不利于激发企业的自主活力与资本市场的优化功能。

大道至简。如果职能交叉分散，就会影响行政效率。2000年5月，吉林省进行了机构改革，解决了40余个部门70多项职能交叉、管理重复问题。如在国有资产的管理上，原先国资局、计划委员会、经济贸易委员会以及财政厅等部门都有一定的资产管理权限，最终造成了“九龙治水，无人负责”的局面。同样，在水资源管理方面，省水利厅与省国土资源厅等部门都拥有管理权，且在某些职能上职责不清、界限不明，造成了有些政策和措施难以落到实处，导致了效率不高等问题。

在吉林省6个行政许可权改革试点地区中，一些地方在组建市行政审批服务局时，未能同步推进机构整合和队伍优化。一方面，审批服务局的工作人员主要由原审批事项相关部门调入，部分人员在改革涉及的人力资源调整、职责重构等方面经验相对不足，一定程度上影响了工作积极性与执行效率。另一方面，按照新划转的审批权限进行岗位重新分工后，部分工作人员对新业务流程尚不熟悉，在办理事项时存在依赖既有流程、缺乏灵活应对的情况，尤其在处理复杂或非高频业务时，效率偏低、应变能力不足。此外，在编制资源有限的背景下，审批事项涉及的审核、批准、监管等关键环节存在人手不足问题，加之窗口服务、资料传递、信息归集等流程环节衔接不畅，易导致办事效率不高、服务响应不及时等现象，在一定程度上影响了审批服务改革的落地效果。

2. 政策落实效果有待加强

2019 年 5 月，随着《吉林省全面开展工程建设项目审批制度改革实施方案》的提出，政府投资项目全流程审批时间大大缩短，长春等各市州初步构建出工程项目方面的审批框架与管理系统。但是企业和群众认为部分审批事项流程依旧复杂、耗时长。简化政策放宽权力的重点是简化环节、下放权力，各部门之间可以更好地合作。但症结在于，由于体制的分割，各部门放权的出发点都变成了维护本部门的利益，导致未顾及企业与群众的整体利益，这样的方式对企业的长远发展有害而无一利。如企业在投资建设项目时，土地使用权要经过一系列招标环节与政府的审批才能获得。

党的十八大以来，吉林省政府在 7 年时间内进行 5 次调整，积极推动政府职能转变，大力减少行政审批。这 5 次调整的重心是行政审批事项的承接和下放，目前简政放权虽然取得一定成效，但从总体上看，在落实过程中依然存在着问题，尤以部分项目审批“明减暗不减”，存在审批标准高、要件多、时限长、环节多等问题。长春经济圈各市县要想实现经济振兴和跨越式发展就必须进一步优化服务流程，建立健全和完善一站式快捷高效服务体系。

3. 政府法治建设不够健全

然而，部分政府部门在管理过程中仍习惯依赖内部文件，缺乏依法依规公开办事的意识，导致在一定程度上存在不正当竞争和限制竞争的行为。从行政环境看，个别地区存在随意设立收费项目、摊派费用和罚款等问题，税费管理体系尚不健全，制度执行不够规范。在企业群体中，部分经营者对东北地区，包括吉林省，仍存在“办事需多方协调”的印象，反映出政府与企业在法律层面上的平等主体地位尚未完全确立；此外，一些外商投资企业反映，在缴纳如环卫费、市政管道有偿使用费等项目时，存在收费标准不清、金额协商不规范等情况。由于缺乏明确的标准依据，企业难以及时获知应缴金额，影响了其正常经营预期与行政信任感。

尽管各地在积极推进权力清单制度方面取得了一定成效，但相关法律法规尚不健全，清单的形式与内容缺乏统一规范，实践中存在以“依清单行政”替代“依法行政”的倾向。吉林省在权力清单编制过程中尚未建立统一的流程规范，也未明确清单格式及权力事项的分类标准，制度体系有待进一步完善。东北地区曾是典型的计划经济区域，在这种体制下，政府高度集中地管理社会事务，随之形成了强烈的指令性与行政性文化。权力清单制度仍处于制定与完善阶段。

从吉林省各政府部门公布的清单来看，行政权力总数差异较大，清单编制标准不统一，权限划分依据不明确，权力事项的设定和实施在一定程度上存在随意性。此外，权力清单的制定主体及执行程序在立法层面尚未明确，目前多为法规条文的简单汇编，缺乏明确的法律依据与规范程序。吉林省政府权力清单由省编制办公室负责编制，理应作为编制工作的主要主体。然而，在实际操作中，清单编制工作主要由编制部门单独完成，实际行使行政权力的各职能部门参与不足，地方政府法制办公室也很少介入清单内容的合法性审查。由于各级编制机构需统一编制涵盖所有职能部门的权力清单，因此对其专业能力和技术水平提出了较高要求。在应对大气污染、保护生态环境方面，虽然环保部门负有主要责任，但省编制办公室在制定相关责任清单时，可能因专业能力不足，难以做到科学管理。此外，作为行政机关，政府若全权负责权力清单的编制流程，包括流程图设定、权力事项分类整理等，可能导致权力边界模糊，存在扩权与滥用的风险。因此，权力清单的制定应由各级人大主导，以确保其合法性和权威性，而不应完全依赖政府主导。如果缺乏明确的法律授权，权力清单便难以具备相应的强制约束力，其效力仅相当于对法律法规的行政性解释。

4. 政府公务员与公民意识亟须转变

公民往往期待政府官员无所不知、无所不能、无所不管，成为全能型的精英人物，由此也容易产生对政府的过度依赖。这种依赖心理在长期积累中逐渐内化为社会观念，一旦演变为无形的思维惯性和心理暗示，便可能进一步强化公众对政府权威的崇拜与依附。在传统行政环境下，一些政府部门受官僚主义影响较深，存在较强的等级观念和人情文化，部分行政人员服务意识不强、行政效率不高。政府决策往往由少数人主导，公众参与渠道不畅，群众在实践中更多处于被动接受地位。在部分民众眼中，政治参与相对遥远，对政府行为仍抱有“过度理想化”的期待，这种观念在一定程度上影响了政府职能转变的积极性，也削弱了改革与公众互动的基础。部分公民缺乏参与意识，对权力运行缺乏关注，对“权力清单制度”了解不足，也缺乏通过制度途径表达诉求的主动性。吉林省政府在推进权力清单制度过程中采取了“自上而下”的编制方式，从省到市、县逐级落实。由于时间紧、任务重，很难及时结合群众需要，更好地和公众沟通交流，使得公众对清单内容和意义认知不足，参与度较低。同时，由于部分权力清单缺乏明确法律支撑，公民在权益受到影响时难以及时运用法律手段进行维权，进一步影响了制度的公信力与执行效果，削弱了公众参与的积极性。

对政府公务人员来说，树立为人民服务思想，坚持对人民负责原则十分重要。在权力清单实施过程中，一些公职人员未能尊重公民基本权利，法律意识相对淡薄，认为不需要人民群众监督，无视人民群众的意见与建议，缺乏责任意识，滥用权力的现象时有发生。权力清单制度的有效实施，更多地依赖于公民的监督。因此，公职人员必须树立正确的权力观，依法用权。权力观是否正确，是否能够依法用权，是建设法治国家必不可少的重要因素。吉林省在编制权力清单的同时也需要编制相关责任清单，完善责任制度，在行使权力的同时也应履行相应责任。

总而言之，权力清单制度能否顺利实施、高效实施，很大程度上取决于政府公职人员与公民间的相互协作与配合。政府公职人员应当树立起正确的权力观和法律意识，为人民服务，对人民负责。公民应当树立政治参与意识，积极行使自身权利，切实履行义务，对清单实施进行监督，贡献自己一份力量。

（三）农民主体性不强

中国特色社会主义进入新时代，社会主要矛盾已经转化为人民日益增长的美好生活需要和不平衡、不充分的发展之间的矛盾。党中央指出“我国最大的不平衡是城乡发展不平衡，最大的不充分是农村发展不充分”，这种不平衡不充分是工业化和城镇化优先发展的必然结果，已成为经济社会发展的最大制约和突出短板。党的十九大提出“实施乡村振兴战略，就是为了从全局和战略高度来把握和处理工农关系、城乡关系”，旨在解决发展不平衡、不充分的问题，实现城乡由不平衡发展向城乡平衡发展的转化。

在当前积极推进新型城镇化的同时，我国同步提出了乡村振兴战略。尽管两大战略在提出背景和关注重点上有所不同，但二者具有高度的互补性与协同性。乡村振兴并非对城镇化的否定或抑制，而是对其的重要支撑和延伸。二者相辅相成、协同推进，共同构成我国城乡融合发展的战略格局。

乡村振兴战略系统整合了农村各类发展要素，强调坚持农民的主体地位，确立其在乡村全面发展中的核心作用。农民既是乡村振兴的内在推动力，也是实现乡村振兴的关键力量。作为农村主体性的承载者，农民的主观能动性和自我发展能力构成了乡村发展的内生动力。这种动力源于农民意识与行为的双重自主性觉醒，以农民的实际需求和发展视角为导向，叠加来自外部的经济支持、社会保障与制度保障，共同构建了农民自我发展能力的支撑体系。农民的发展诉求、权利保障与参与愿望相互融合，将个体利益与乡村整体进步联结起来，转化为主动参与乡村振兴的内在行动力。农民的发展、权利与保障等多维需求共同构成其主体性内生动力的核心要素。个体利益的微观诉求与乡村振兴的宏观目标相互融合，激发出农民主动参与乡村建设的内在行动力。

当前，农民的主体性地位仍较为薄弱，现有“政府 + 市场”的二元主体结构难以充分回应农民的内在诉求。这一问题的根源在于长期以来城乡二元体制的影响，城乡发展尚未实现真正融合，农村居民在权利保障、资源获取等方面与城市居民仍存在不平等。此外，政府在主导发展过程中对基层群体的自我发展能力缺乏足够信任，而企业及第三方机构因利益驱动，常在实践中代替农民行使参与权，进一步削弱了农民的主体意识。与此同时，受能力限制与环境约束的双重影响，农民在实践中缺乏主动参与意识，仍普遍处于被管理、被雇佣的地位，保留着“小规模、分散化、保守性”的传统小农思维，乡村共同体意识尚未有效建立。此外，农业从业人口普遍年龄偏大，青年劳动力大量流失，导致农村人口结构性失衡。随着农村青壮年劳动力持续减少，家庭农户在人力资本方面的投入能力显著削弱，乡村振兴亟需的后备力量难以形成。特别是在松原市、公主岭市等欠发达地区，“三留守”群体（留守儿童、留守妇女和留守老人）难以支撑农村人力资本的长期健康发展。未来，农村可能同时面临非农转移劳动力不足与农业劳动力短缺的双重挑战。

（四）缺乏创新型人才

人才是推动经济发展和社会进步的第一要素。在科技成为先进生产力的集中体现和主要标志的全球化时代，物质资源对于社会财富增值的作用日益下降，科技和知识在财富增值中的作用日益凸显。

1. 科技人才流失严重，制约了科技创新发展

近年来，吉林省人才流失问题严重，这是因为东部发达地区不论是在经济实力、创业环境，还是在政策优惠及发展机遇上都大大优于东北地区相对闭塞的就业及生活环境，在推拉双重因素

的共同作用下，高层次的科技人才更愿意到经济高速发展的东部地区工作。由于吉林省的企业激励和竞争机制不健全，使省内培养出的高层次人才还没有为本省所用就纷纷涌向社会环境和经济环境更好的城市，吉林省成了名副其实的“人才摇篮”，教育效益严重外溢。吉林省外流的科技人才不断增加，而流入的高层次科技人才数量又较少，形成了高层次科技人才匮乏的局面。

科技人才具有突出的创新能力，尤其是高层次人才，作为知识与技术融合的代表，是推动科技进步和企业创新的核心力量。他们的持续创造力为技术迭代和产品更新提供了源源不断的动力。科技的本质在于创新，因此必须持续加大对高创造性人才的培养与投入，才能有效推动前沿科技探索与创新成果积累，形成“创新—科技—效益—再创新”的良性循环，为企业发展不断注入竞争优势。相反，如果大量高层次科技创新人才流失，势必会限制企业的技术创新能力和可持续发展。

2. 人才流向不合理，影响经济均衡发展

人才行业流向不合理。科技人才作为社会科技进步发展的中坚和精英力量，追求更好的工资待遇、福利保障、优越的生活条件、良好的工作环境无可厚非。高等院校和政府科研机构集聚了大量科技人才，而企业中此类人员的占比相对较低。近年来，随着企业发展、利润增长以及对高技术人才待遇的改善，一些大中型企业的科研人员有所上升，但总体占比仍明显低于高校和科研机构。特别是硕士、博士等高学历研究型人才在企业中的占比更

低，不少高科技企业及战略性新兴产业领域的专业技术人才仍存在明显缺口。这一结构性短板将对吉林省经济发展和社会进步的可持续性带来长期不利影响。

人才流向分布不合理。长春市和吉林市经济条件好、交通和生活便利，是长春经济圈中科技和人才比较集中的区域，占到经济圈人才总量的85%左右，其中长春市的研究与试验发展人员占比高达73.5%，相当集中。然而，四平市、辽源市等城市研究人员的占比则较小，这就导致了经济圈内人才过于集中而辐射功能较弱，尤其对于县级及以下级别的农村地区，这些地方在生活条件、薪资报酬以及个人职业发展机会等方面处于人才竞争的劣势地位，使得科技人才更加匮乏。这种过度集中的趋势对长春经济圈的整体经济发展极为不利，政府部门应当对此予以关注，并采取相应措施来增强其他城市和县区对人才的吸引力。长春经济圈各市研究与试验发展人员具体情况如表2.2所示。

表2.2　长春经济圈各市研究与试验发展人员统计（单位：人）

城市	2018年	2019年	2020年
长春市	12 566	14 492	13 030
吉林市	2199	2206	2821
四平市	393	441	324
辽源市	352	497	267
松原市	106	885	917

数据来源：吉林统计年鉴2019、2020、2021。

人才职业流向不合理。吉林省的科技人才多数集中在科学研究和教育等传统行业以及汽车、医药、化学制品等制造业，而以农业大省著称的农林牧渔行业科技人员却相当匮乏，物流和金融等服务业以及信息传输、计算机服务和软件业等高科技行业的科技人才占比也相对较小。新兴行业、新材料科学技术、现代生物技术、微电子技术以及以现代服务业为主的科技人才十分短缺，已成为长春经济圈持续发展的重大障碍。

此外，人才资源往往会随着资金和技术创新的流向，向经济发达和政治中心地区聚集。受经济差距和社会资源分布不均等因素影响，吉林省内科技人才呈现由中小城市向省会长春市集中的流动趋势。这种单向流动不利于全省经济圈一体化和区域协调发展，削弱了中心城市对周边地区的辐射带动作用，在一定程度上制约了长春经济圈的城乡融合进程。

（五）乡镇基础设施滞后

基础设施建设是持续推动国民经济发展、提升民生质量的必要条件，是城市在发展中不可或缺的重要保障。伴随着经济不断发展、人民生活水平不断提高，城市对基础设施建设的要求越来越高、依赖性越来越强。一个国家或地区是否可以持续稳定发展，与其是否建立健全相对完善的基础设施有着密不可分的联系。

乡镇的基础设施建设情况是社会经济活动正常运行的保障，在推进城镇化建设的进程中起着重要作用。基础设施的建设情况直接决定着居民的生活环境，也关系着城镇化进程的快慢。然而，由于历史文化、地理条件、社会经济等方面的限制，吉林省乡镇的基础设施建设发展的速度依然较慢，乡镇居民的生活质量较中心城区居民有很大差距，这不仅影响了乡镇城镇化进程，还严重阻碍了乡镇社会经济发展，使得乡镇自身发展动力不足。

长春市城区的公共服务设施建设与其他城市相比覆盖面更广，各类公共文化、体育健身、医疗卫生及公共交通等设施建设广泛布局。以公共交通设施为例，长春市有普通公共交通、轨道交通、共享汽车、共享单车、出租汽车等较全面且数量充足的公共交通设施；其他中小城市公共服务设施建设则较为单一，城乡之间地域之间的差距明显。

从表 2.3 可以看出长春经济圈中各个城市的交通设施情况。

表 2.3　长春经济圈各市交通设施情况

城市	境内公路里程（千米）	高速公路里程（千米）	年末实有公共汽（电）车营运车辆（辆）	年末实有出租汽车数（辆）
长春市	27 790	606	5034	18 534
吉林市	15 394	474	1209	4663
四平市	7685	409	342	2975
辽源市	5183	243	348	1201
松原市	13 611	576	392	2177

数据来源：根据吉林省和长春经济圈各市年度统计年鉴整理。

长春经济圈部分市县体育场馆与公共图书馆数量偏少，馆藏图书存量有限，降低了居民参与文化生活的机会。同时，休闲娱乐服务设施覆盖不足，导致居民生活方式较为单一。四平市、辽源市的医疗卫生机构床位数明显低于区域平均水平，反映出当地医疗设施建设仍相对滞后。

表 2.4　长春经济圈各市居民公共生活服务设施情况（单位：个）

城市	体育场馆数	公共图书馆数	博物馆数	医疗卫生机构数
长春市	286	14	27	7964
吉林市	27	10	16	3845
四平市	14	4	5	1667
辽源市	16	3	8	1051
松原市	1	5	6	3167

数据来源：根据吉林省和长春经济圈各市年度统计年鉴整理。

从以上图表数据，可以看出长春经济圈目前基础设施不发达，整体上还相对落后，这种现状不仅影响了城乡居民的生活质量，同时也影响着当地社会经济的健康发展，降低了对域外投资的吸引力。乡镇目前基础设施落后的现状不仅不能满足乡镇城镇化建设的需求，也降低了城镇化的质量，更影响了乡镇未来的城乡融合发展。

主要参考文献

[1] 薄海涛 . 吉林省政府制度创新问题与对策 [D]. 长春：吉林大学，2007.

[2] 蔡昉 . 把乡村振兴与新型城镇化同步推进 [J]. 中国乡村发现，2018（4）：12–16.

[3] 长春市统计局 . 2020 年长春市国民经济和社会发展统计公报 [R]. 长春：长春市统计局，2021.

[4] 陈俊，姚湜，段续 . 共和国工业“摇篮”再次唱响创业曲 [N]. 新华每日电讯，2021–12–30（7）.

[5] 陈丽英 .“放管服”改革背景下吉林省深化行政审批制度改革研究 [D]. 长春：长春工业大学，2021.

[6] 崔维利，王纪佳 . 奋进中的成就变革中的辉煌 [N]. 吉林日报，2021–03–19（6）.

[7] 丛燃 . 吉林省城镇化建设的困境及出路研究 [D]. 长春：吉林大学，2017.

[8] 杜一君 . 吉林省政府权力清单制度建设问题研究 [D]. 长春：长春工业大学，2019.

[9] 傅博 . 吉林省工业化与城镇化互动发展研究 [D]. 长春：吉林大学，2014.

[10] 高雪菘 . 吉林省人口与经济发展耦合关系研究 [D]. 长春：吉林大学，2020.

[11] 金光旭 . 中国城镇化进程中偏远地区城市基础设施建设轨迹研究 [D]. 长春：吉林大学，2014.

[12] 韩俊 . 乡村振兴与城镇化不是非此即彼的关系 [J]. 环境经济，2018（5）：32–33.

[13] 何欣禹 . 冰雪经济热动吉林 [N]. 人民日报海外版，2021–12–16.

[14] 胡东兴，盛洪昌 . 长吉图开发开放先导区高新技术产业发展现状及对策研究 [J]. 长春金融高等专科学校学报，2012（1）：53–55.

[15] 胡述聚 . 新型城镇化背景下吉林省城镇体系空间结构的调查与优化研究 [D]. 长春：东北师范大学，2015.

[16] 胡晓琼 . 长春科技大市场：多元服务打造创新高地 [N]. 长春日报，2018–08–15（5）.

[17] 吉林市统计局 . 2020 年长春市国民经济和社会发展统计公报 [R]. 吉林：吉林市统计局，2021.

[18] 吉林省统计局 . 2020 年吉林省国民经济和社会发展统计公报 [R]. 长春：吉林省统计局，2021.

[19] 姜博 . 吉林省中部城市群的构建研究 [D]. 长春：东北师范大学，2005.

[20] 李昊 . 吉林省人口城镇化过程中存在的问题及对策研究 [D]. 长春：吉林大学，2014.

[21] 李静波 . 吉林省人口就业结构演变研究 [D]. 长春：吉林

大学，2020.

[22] 辽源市发展和改革委员会 . 关于辽源市 2020 年国民经济和社会发展计划执行情况与 2021 年国民经济和社会发展计划草案的报告 [N]. 辽源日报，2021-02-02（9）.

[23] 辽源市统计局 . 2020 年辽源市国民经济和社会发展统计公报 [R]. 辽源：辽源市统计局，2021.

[24] 刘波 . 城乡融合区空间演进机理与调控的研究 [D]. 长春：东北师范大学，2006.

[25] 刘晓雯，李琪 . 乡村振兴主体性内生动力及其激发路径的研究 [J]. 干旱区资源与环境，2020（8）：27-34.

[26] 那伟，刘继生 . 吉林省城市体系等级规模结构研究 [J]. 人文地理，2007（5）：50-54.

[27] 阙明阳，姜学洙 . 吉林省城镇化进程中存在的问题及对策 [J]. 才智，2014（5）.

[28] 邱坚石 . 吉林省城市化进程及发展路径研究 [D]. 长春：吉林大学，2019.

[29] 齐才 . 吉林省城镇化与产业结构演进的互动关系研究 [D]. 长春：吉林财经大学，2017.

[30] 覃华燕 . 乡村振兴背景下的积分制治理 [J]. 南方农机，2024（16）：110-113.

[31] 四平市统计局 . 2020 年四平市国民经济和社会发展统计公报 [R]. 四平：四平市统计局，2021.

[32] 孙弘．辽源市人民政府工作报告 [N]. 辽源日报，2021-01-27（3）.

[33] 孙文昭．吉林省高新技术产业发展中政府职能优化研究 [D]. 长春：长春工业大学，2015.

[34] 宋莉．探寻长春医药产业的成长密码 [N]. 长春日报，2021-08-13（5）.

[35] 宋长青，张亮，霍明．农业高新技术产业与农业农村发展若干问题研究 [J]. 农业与技术，2019（9）：167-171.

[36] 王春光．关于乡村振兴中农民主体性问题的思考 [J]. 社会发展研究，2018（1）：31-40.

[37] 王路．政府工作报告 [N]. 江城日报，2021-01-18.

[38] 王秋月．多点开花成效显 [N]. 吉林日报，2021-02-18(4).

[39] 王友军．创新转型：长春改革发展观察 [M]. 北京：中国发展出版社，2015.

[40] 徐浩铭．长春城乡区域协调发展研究 [J]. 城乡建设，2019（20）：48-52.

[41] 徐微．长春新区医药健康产业向"三化"挺进 [N]. 长春日报，2022-02-09（5）.

[42] 闫爽．长春市莲花山旅居养老特色小镇体系构建研究 [J]. 住宅与房地产，2021（3）：37-38.

[43] 燕彬，聂正彦．我国城镇化演进的内生动力分析 [J]. 上海商学院学报，2016（4）：13-78.

[44] 杨彬彬 . 长春市产业转型研究 [D]. 长春：吉林大学，2016.

[45] 杨明 . 东北振兴中地方政府经济职能转变研究 [D]. 长春：辽宁大学，2008.

[46] 杨彧 . 我国大城市空间组织重构研究 [D]. 长春：东北师范大学，2018.

[47] 岳富荣，姜峰，祝大伟 . 吉林冰天雪地渐成金山银山 [N]. 人民日报，2021-01-15（5）.

[48] 詹晖 . 吉林省科技人才流动影响因素及作用机制研究 [D]. 长春：东北师范大学，2017.

[49] 张丽宇 . 掌舵践行新理念驱动发展高质量 [N]. 四平日报，2021-03-15（7）.

[50] 张红玉，王欣欣，王学雷 . 积聚高质量发展的动力支撑 [N]. 吉林日报，2022-02-25（7）.

[51] 朱艳丽 . 东北老工业基地可持续发展研究 [J]. 人口学刊，2016（6）：40-53.

第三章 长春经济圈城乡融合发展的理论基础

城乡关系是历史的产物，它不仅是人类社会普遍存在的现象，也是每个国家发展必然会面临的问题。城乡关系是否处理得当，会直接影响一个国家的经济社会发展。改革开放以来，我国对城乡问题进行了深入探索，并取得了显著成效。尽管城乡发展在总体上处于平稳向前的发展态势，但是仍然面临发展不平衡、不充分的问题。在全面建成小康社会的基础上，进一步研究城乡问题，不仅有利于进一步统筹城乡融合发展，还会进一步缩小城乡发展差距。马克思主义城乡关系理论具有丰富的内涵，用其指导我国城乡发展具有重要的理论和现实意义。

一、马克思、恩格斯的城乡关系理论

城乡发展思想是马克思、恩格斯社会发展思想的重要组成部分之一。通过对马克思和恩格斯关于城乡对立与融合的思想的挖掘和再现，我们可以更加清晰地看到马克思主义经典作家关于城乡发展的思想光辉；更重要的是，通过对马克思和恩格斯如何消灭城乡对立，走向城乡融合的思想的分析，我们可以进一步明晰关于消除城乡差别，促进城乡融合的制度选择与内容要求。

在马克思和恩格斯看来，城乡差别是伴随着工农业的社会大分工而出现的一种社会历史现象，私有制的出现则进一步强化这个现实，并最终促使城乡差别演变成了城乡对立。要消除城乡差别和城乡对立，马克思和恩格斯认为需要具备两个条件，一是要建立社会主义公有制，二是要大量创造生产资料。

（一）城乡对立理论

城乡对立是指随着城市的兴起和发展，城市与乡村开始逐渐分离，由于二者背后利益的差异，城乡之间的矛盾产生并不断加剧，形成日益严重的对立状态。马克思、恩格斯认为，城乡对立产生于野蛮时代向文明时代过渡的阶段，并贯穿了整个文明时代的全部历史。

马克思认为，城乡对立不是从来就有的，而是随着生产力发展到一定的阶段、私有制产生之后，才表现出来的。资本主义下的私有制是导致城乡对立的根本原因，马克思和恩格斯都对此现象进行了分析。他们首先探讨了在进入资本主义社会之前的城乡关系。在《政治经济学批判（1857—1858 年）手稿》中，马克思认为，日耳曼的公社并不集中在城市中。由于城市同时作为乡村生活的中心、农民的居住地，以及军事指挥中心，公社本身才表现出区别于个体存在的外部形态。他进一步分析，古希腊、古罗马的历史是城市的历史，但这种城市形式是以土地所有制和农业为基础的；亚细亚的历史则是城市和乡村的一种无差别的统一（真正的大城市在这里只能看作王公的营垒，看作真正的经济结构上的赘疣）；中世纪尤其是日耳曼时代，则以乡村为历史发展的起点，随后历史进程主要体现在城乡之间的对立演变中；到了现代，城乡关系表现为乡村的城市化，与古代“城市乡村化”的路径不同。

在《资本论》第一卷中，马克思说到了城乡的分离，这里的城乡分离指的是城乡对立：“一切发达的、以商品交换为中介的分工的基础，都是城乡的分离。可以说，社会的全部经济史，都概括为这种对立的运动。”资本主义社会的发展历史，就是城乡分离和对立的历史，资本主义社会要发展，要实现分工和商品交换，其基础和前提都是城乡的分离，没有城乡的分离和对立，资本主义社会的经济便不能运转。在《德意志意识形态》中，马克思和恩格斯对资本主义社会的城乡分离与对立论述得更加清楚：“物质劳动和精神劳动的最大的一次分工，就是城市和乡村的分离。城乡之间的对立是随着野蛮向文明的过渡、部落制度向国家的过渡、地域局限性向民族的过渡开始的，它贯穿着文明的全部历史直至现在。”“城乡之间的对立是个人屈从于分工、屈从于他被迫从事的某种活动的最鲜明的反映，这种屈从把一部分人变为受局限的城市动物，把另一部分人变为受局限的乡村动物，并且每天都重新产生二者利益之间的对立。”马克思认为，城乡对立在一定程度上推动了社会的进步，但同时也要意识到，在资本主义体系下，城乡对立存在其固有的局限性，而随着资本主义的终结，城乡对立也将随之消失，进而实现城乡的一体化。这一过程需要经历一段漫长的历史演变。

为了更加充分和准确地说明制度因素是如何在城镇产生及其发展过程中起到积极作用，我们必须首先要厘清马克思和恩格斯是如何认识制度与生产关系之间的内在联系的。虽然在我们今天看来，制度与生产关系之间的关系是显而易见的，即制度包含在生产关系之中，是生产关系体系的重要组成部分之一，但是在马克思和恩格斯的相关阐述中是否对此有过分析和论述呢？答案当然是明确的。在恩格斯看来，在原始社会氏族部落生产发展的某个很早的阶段，就产生了这样一种关于适应性的需要，即要把每天重复着的生产、分配和交换产品的行为用一个共同的规则概括起来，从而有利于使个人服从生产和交换的一般条件，而这个规则在最初表现为习惯，后来便演变成为法律。这一论述至少说明了以下两个方面的问题：第一，制度规则是应人类对生产、分配和交换产品行为的生存和发展需要而产生的；第二，制度是调节和规范人与人之间、人与组织之间以及组织与组织之间因生产、分配和交换产品行为所产生的各种互动行为的规则集合体。由此我们可以得出这样的结论，即在恩格斯看来，制度的形成过程实质上就是人们在生产过程中所结成的人与人、人与集团，或集团与集团之间的关系，即生产关系，以及与这种生产关系相适应、并维持这种生产关系的社会运行机制和相关规则确立的过程。

在初步明确了恩格斯关于制度与生产关系之间关系的基本观点后，我们接下来所要重点探讨和研究的就是城镇产生、城乡对立与发展中的制度因素了，也就是在此发展过程中生产关系究竟起到了怎样的作用。我们知道，城镇的出现是因为生产力发展到一定历史阶段，氏族部落内部出现了一定数量的剩余产品后，对剩余产品所进行的一定范围的交换所导致的必然结果。同时，它也是为了将生产力进一步发展要求和人类进步相适应而进行调整和修正的必然产物。这种因剩余产品交换而引致的调整和修正，在我们今天看来具体就表现为社会大分工。氏族内部的分工，首先引发的是工商业劳动和农业劳动之间的分离，并进而引发城乡之间的分离和城乡之间利益上的对立。从这一意义上说，如果没有社会分工的细化就不会有城市的产生。

下面就来具体分析，我们所熟知的人类社会发展的三次生产大分工究竟对城镇的产生和城乡对立的形成和发展起到了怎样的作用，以及这种作用是如何表现的。

第一次社会大分工时期，原始农业从原始畜牧业中分离出来。由此，原始部落开始在相对固定地域开展农业生产或畜牧业生产的活动，从而在事实上开始形成了不同劳动者组成的相对固定的部落居民聚居地，这也就为城镇的产生及其发展、城乡逐渐走向分裂与对立奠定了最初的社会生产基础。对此，马克思和恩格斯在相关的论述中是给予了充分的肯定的，由氏族内部的分工转化而来的社会分工，直接产生和形成了城市与乡村之间的分化，因而也现实地构成了城市聚落产生的直接历史动因，并且他们进一步认为，物质劳动和精神劳动的最大的一次分工，就是城市和乡村之间的分离。随着原始社会末期社会生产力的进一步发展，社会的劳动分工也更加细化并且日益扩大，在这样的背景下，更多的可用于交换的生产剩余产品出现了，使经常性的交换成为可能。这种剩余产品交换起初只是在部落与部落之间由各自的氏族首领进行，这就使得某一个、某几个或者更多的原始部落的聚居地逐渐成为进行商品交换的场所，而这些场所也就事实上具备了城镇的某些功能和特性。用石墙、雉堞围绕着石造或砖造房屋的城市，逐渐成为部落或部落联盟的中心。

第二次大分工使手工业和农业分离了。生产力的不断增长以及随之而来的劳动生产率的不断增长，提高了人的劳动的价值，奴隶们不再是简单的助手了，他们被成批地赶到田野和工场去劳动。随着生产分为农业和手工业这两大主要部门，出现了直接以交换为目的的生产，即商品生产，随之而来的是贸易，不仅有部落内部和部落边界的贸易，而且还有海外贸易。于是，在一些地理位置优越、交通便利、易于交换的地点，逐渐形成了专门用于交换的现代意义上的城镇。由此，最初的城乡分裂也就开始了。

第三次社会大分工是特有的、有决定意义的重要分工。它进一步表现为商业和生产的分离，交换规模和范围的断续扩大，从而创造了一个不从事生产而只从事产品交换的阶级——商人。商人的出现使各城市彼此发生了联系，随即引起了各城市间在生产上的新的分工，每一个城市都有自己的特殊的工业部门占着优势。工业的迅速发展产生了对人手的需要，这直接导致工资提高，因此，工人成群结队地从农业地区涌入城市。这些工人必须住在近处，甚至在不大的工厂近旁，由此也会形成一个完整的村镇。他们都有一定的生活需要，为了满足这些需要，还须有其他的人，于是手工业者、裁缝、鞋匠、面包师、泥瓦匠、木匠都搬到这里来了。这种村镇里的居民，特别是年轻的一代，会逐渐习惯于在工厂工作；当工人越来越多，第一个工厂已经不能保证一切希望工作的人都有工作的时候，工资就下降，结果就是新的厂主搬到这个地方来。于是村镇就变成了小城市，而小城市又变成了大城市。第三次社会大分工的出现，进一步加剧了在第二次社会大分工时已出现的城乡分裂，并逐步地使城乡分裂走向了最终的城乡之间的对立。

（二）城乡融合理论

城乡融合，是指社会生产力发展到一定阶段之后，城市和乡村之间的对立被消灭，城乡关系走向融合。城乡融合是城乡关系发展的最高阶段，是未来共产主义社会的重要特征之一。

城乡融合理论，是马克思和恩格斯基于对资本主义社会中城市与乡村之间存在的矛盾和对立的分析，是对未来社会城乡关系的展望，即这种对立可以通过社会的进步和生产力的提升来消除。随着生产力的不断增长，城市和乡村之间的差异和隔阂将逐渐减少，两者的关系将变得更加和谐与统一。实现城乡融合的关键在于达到高度发展的水平，这将为城乡之间的平等交流和资源共享提供坚实的基础。正是基于此，马克思提出："城乡关系一改变，整个社会也跟着改变。"恩格斯也在《共产主义原理》中指出："城市和乡村之间的对立也将消失。从事农业和工业的将是同一些人，而不再是两个不同的阶级，单从物质方面来看，这也是产生共产主义联合体的必要条件。乡村农业人口的分散和大城市工业人口的集中，仅仅适应于工农业发展水平还不够高的阶段，这种状态是进一步发展的障碍，这一点现在人们就已经深深地感觉到了。"这里表明城乡对立的消失与工农业差别的消失具有同一性，且都将会随着工农业发展水平的提高而实现。《共产党宣言》中提出了"把农业和工业结合起来，促使城乡对立（差别）逐步消亡"，同样表明要以生产力高度发展、工农业结合为前提促进城乡融合。

在前文，我们系统分析了城市与乡村产生、发展，并最终走向对立的制度条件和制度因素。虽然在马克思、恩格斯看来，城乡的对立和分化是生产力发展所引致的生产关系和制度发生变化的必然结果，但他们从来没有认为这种对立是永恒的、一成不变的。相反，在马克思、恩格斯看来，城乡之间的对立和统一正如矛盾双方相互转化的规律一样，当生产力和生产关系发展到一定程度后，则城乡之间势必会由对立、分裂到走向城乡融合、城乡一体化。

要进一步明晰马克思和恩格斯在相关经典作品中关于城乡融合的制度条件，我们首先就要了解他们对城乡对立的产生和消亡的阐述，并以其作为出发点，管中窥豹地去探究他们关于城乡必将由对立走向最终融合的思想。

在马克思和恩格斯看来，当奴隶社会制度出现的时候，人类社会才开始从真正的意义上把城市和乡村的对立作为整个社会分工的基础并加以固定下来。而与城市存在本身即表明的人口、生产工具、资本、享乐和需求集中的情况完全不同，在乡村里所看到的却是完全相反的情况：孤立与分散。这种对立鲜明地反映出个人屈从于分工，屈从于他被迫从事的某种活动，这种屈从现象把一部分人变成了受局限的城市动物，而把另一部分人变成了受局限的乡村动物，并且每天都在不断地加强他们之间利益的对立。这表明了当生产力发展到一定阶段，物质资料的生产有了剩余和积累之后，一部分人可以从乡村性生产中脱离出来，进入分工更加明确和精细化的城市性生产之中。随着生产的进一步发展和累积，乡村生产的孤立与分散性特征与城乡生产的合作与集中性特征日益鲜明。虽然城市性生产仍然离不开乡村性生产，但城市性生产在生产方式和生产话语权上的优势是显而易见的，这加剧了城乡之间的疏离和对立倾向，并且生产越是发展，城市性生产的分工越是细化，这种疏离和对立倾向越是强烈。

那么，这种城乡对立在什么时候，需要具备什么样的制度条件，经历怎样的过程才会逐渐得以弥合以致最后消失呢?

对于前者，在马克思和恩格斯看来，城乡之间的对立只有在私有制的范围内才能存在，即只有在私人占有制得到制度确认的奴隶社会、封建社会和资本主义社会才能存在。正因如此，只有到了未来的共产主义社会，只有当产生阶级和使得阶级对立赖以存在的经济基础——私有制被消灭以后，当社会阶级分化和阶级统治等具有浓厚对立色彩的生产关系都消失的时候，当原来传统意义上的脑力劳动和体力劳动的对立也逐渐淡化直至消亡的时候，城乡之间的对立才会逐渐消失，才会出现城乡之间的融合与一体化发展。

马克思和恩格斯认为，城乡间疏离和对立的消除取决于许多物质前提。他们进一步指出，现在乡村农业人口的分散和大城市工业人口的集中，反映的只是工农业发展水平尚未达到较高阶段的现实。这种状况必须通过对现有社会的逐步改造来改变，并且只有在废除私有制所必需的大量生产资料创造出来之后，这一目标才能真正实现。

这里的“在废除私有制所必需的大量生产资料创造出来之后”，指的是摆脱了私有制束缚的大工业能够给社会提供足够的产品，以满足全体社会成员需要的时候，而这时资产阶级所赖以生产和占有产品的基础本身也从它的脚下被挖掉了。这时社会不再划分为各个不同的相互敌对的阶级，由此城市和乡村之间的对立也将消失，从事农业和工业劳动的将是同样的，而不再是两个不同的对立的阶级。我们可以得出这样的结论，马克思和恩格斯认为，城乡融合的制度条件是私有制的消灭、阶级的消失和共产主义社会物质产品的极大丰富。

对于后者，在马克思和恩格斯看来，正像不能短时间内就把现有的生产力提高到建立公有制经济所必需的发达程度一样，也不可能立刻就把生产力提高到能够满足废除私有制所必需的大量的生产资料供给的水平。城乡对立的消失是一个缓慢、持续、漫长的历史过程。它决定于生产力的发达程度，以及由这种发达程度所决定的物质资料的生产和供给水平，它不是一蹴而就的，也不会因人的主观意志和理想化的制度安排而改变。

根据以上的分析，我们不难发现，在马克思、恩格斯看来，城镇的产生与发展、城乡的对立与分裂是生产力与生产关系对立与发展的自然结果，是人类在发展过程中出于个人（或群体）利益最大化的理性选择。而消除城乡对立，实现城乡融合的根本，在于消灭阶级和阶级对立，消除阶级和阶级对立赖以存在的经济制度基础，并创造出大量能够满足人们需要的生产资料。这一过程一定是缓慢而漫长的。

（三）人的全面发展理论

在城乡关系的发展中，人是关键的主动因素。推动人的自由和全面成长是马克思和恩格斯一直强调的核心议题，也是城乡融合的最终追求。人类社会的发展是一个不断向更高阶段演进的客观过程，不以人的主观愿望为转移，每一次社会的进步都是人类的历史实践。在资本主义社会背景下，工业革命极大地加快了社会发展的步伐，但也在很大程度上牺牲了人的发展，特别是在城乡对立的背景下，导致了人的发展不均衡。马克思和恩格斯认为，未来的共产主义社会应当更加关注人的全面发展，不断地为实现人的自由而努力奋斗。

在城乡对立的时代，个人的成长和发展往往受到他们所从事工作类型的限制。在工业化的城市环境中，工人们常常被束缚在大型机械和工厂所有者的控制之下，被限制在固定的工作岗位上，不断地执行着单调乏味的机械性生产任务，他们失去展现个人技能和创造力的机会，被迫成为机器的一部分，在限定的工作区域内进行单一的、有限的生产活动。同样，城乡对立导致农民长期处于孤立无援的状态，其生活和思想活动往往停留在传统和封闭的层面，缺乏进步，难以接触外界新知识和先进技术，仍沿用着小农经济时代的方法进行农业生产。因此，劳动对人们而言往往是一种外在的负担，他们在从事劳动时更多地体验到不幸而非幸福；自我否定而非肯定。他们的身体和心灵常常遭受痛苦和压迫，不能在自由的环境中充分展现自己的体力和智力，不得不持续被迫从事那些机械性的劳动。在劳动过程中，他们感觉自己更像是机器的附属品，而非独立的个体。劳动分工使人们的活动范围逐渐缩小，城市居民多数从事工业生产，乡村居民则从事农业生产，人们仿佛被资本主义的生产方式限定在一个不能超出的区域范围内，城乡居民彻底沦为生产工具，被分化为城乡动物。

城乡关系是人类社会发展中一对非常重要的基本关系，社会关系实际上决定着一个人能够发展到什么程度。人的发展要先后经历早期社会的“人的依赖关系”阶段、文明时期的“物的依赖关系”阶段以及共产主义社会时期的“人的自由而全面发展”阶段。人类社会的发展与当时的生产力水平紧密相关。在前两个阶段，一部分人为了满足自己的需求，会通过牺牲他人的发展来确保自己的地位和利益。随着社会的进步，统治者开始关注更广泛人群的发展和权益，同时促进生产力进一步发展，通过这种方式“才能为一个更高级的、以每个人的全面而自由的发展为基本原则的社会形式创造现实基础”。不论是对于城乡对立还是城乡融合的思考，马克思和恩格斯一直在为实现无产阶级解放而不懈奋斗，把实现人的自由而全面发展作为城乡关系演变的价值追求。

综上所述，通过对马克思和恩格斯的城乡关系理论的思想来源、时代背景、发展历程和主要内容进行梳理，我们能够看到，城乡关系的变化与社会生产所有制息息相关，只有通过不断发展生产力，通过工农结合、城乡统筹，才能实现城乡融合，从而实现人的自由而全面发展。因此，这些思想不仅对我国整体的城乡发展具有重要的指导价值，而且对于单独实现长春经济圈融合发展也具有重要的指导意义。

二、国内城乡融合理论

我国对城乡融合发展战略的研究主要围绕四个方面展开。

（一）城乡互动融合研究

1. 改革城乡二元结构

北京大学萧灼基教授主张建立城乡互动的制度，以促进城乡融合。王梦奎（2004）主张建立公平、协调的城乡制度来解决城乡二元结构问题。厉以宁（2013）认为，统筹城乡的核心任务就是改革城乡二元结构，这是一场伟大的社会变革，为此需要付出巨大的努力。林巍、王珏、罗宝华（2008）认为，城乡融合发展意味着在城乡经济和社会发展中，不能推行只偏重城市或只偏重农村的单一策略，要实现城乡资源合理配置并实现共赢。孙久文等（2010）在探讨中国城乡发展不平衡的问题时，深入分析了造成这种不平衡的社会和经济基础，并对中国如何实现城乡之间的和谐发展进行了全面评估，基于这些分析，进一步提出了一套旨在推动城乡一体化的发展策略和构想。

2. 合理统筹城乡产业，优化公共服务

祖晨阳（2012）认为，城乡融合就是要充分发挥工业对农业的支持与反哺作用、城市对农村的辐射带动作用，建立以工促农、以城带乡的长效机制。伍长南（2013）探讨了统筹城乡经济社会发展的总体思路、重点任务和政策措施，提出了如何统筹城乡产业发展、基础设施、公共服务等具体内容。白永秀、吴丰华（2015）在国家社科基金重大招标项目中，则从我国城乡关系的特殊性出发，分别从城乡关系及城乡一体化的历史考察、理论

演进和战略推进三个不同的角度，提出了城乡融合发展的未来走向。郑风田（2017）基于对城市与乡村的界限的差别分析，认为城乡融合发展战略为乡村的振兴开辟了新的路径和新的着力点，为了有效利用这一机会，要确保城乡之间不再存在明显差异，城乡居民在享受公共服务方面享有平等的权利，充分发挥城乡之间互补优势，尤其是学习德国在乡村发展的成功经验，确保农村居民在就业机会、居住条件、生活质量等方面与城市居民享有同等水平，鼓励城市中的退休老年人到乡村进行养老和健康疗养，以此构建一个理想的城乡发展模式。

3. 发挥政府的指导作用

白雪秋、聂志红、黄俊立（2018）指出，城乡融合是破解城乡发展失衡的根本出路，要全面建成小康社会、全面建设社会主义现代化强国，构建和完善城乡融合发展制度体系是根本保障和迫切需求。他们强调乡村生产力必须放在发展的第一位，以加快乡村建设发展步伐。同时，通过深入分析新时代城乡融合的发展目标、基本原则和动力机制，以及探索城乡融合的关键领域和模式，明确明确提出，中国城乡融合需要在乡村振兴战略的指导下，进行制度和机制的创新，包括改革社会治理体系、加强生态文明建设、优化就业制度等各个方面。李凤强（2018）认为，由于长期存在的城乡二元经济结构始终阻碍城乡均衡发展，城乡要素交换不平等、公共基础设施建设不完善以及公共资源配置不均衡等问题仍然普遍存在，新型工农关系、城乡关系发展体制机制亟待健全和完善。为了达到城乡融合的发展目标，需要从国家层面进行统筹规划和设计，并确保有组织、有计划地推进体制和机制的完善与创新。宋迎昌（2019）强调党在推动城乡融合进程中的领导作用和顶层设计的重要性，主张城乡融合的发展应基于中国的实际国情、构建适宜的制度体系、着力优化城乡的空间布局。首先要坚持党对城乡融合发展战略的绝对领导地位，确保城乡发展符合中国特色社会主义性质。其次要尊重中国各地经济发展特质，循序渐进、因地制宜，坚决抵制“一刀切”。最后，不可忽视城乡空间结构的优化，构建城乡融合发展的国土空间新格局。

（二）城乡融合模式研究

1. 具体的融合模式

张雨林（1988）从促进城乡间资源和要素自由流动的角度，研究了实现城乡一体化的具体途径和模式，以支持城市的持续发展。罗雅丽、李同升（2005）在城乡规划的视角下，将城乡融合的研究框架扩展至包括城乡用地、公共服务、产业、生态环境、资源配置和空间布局等多个方面，目标是实现这些领域的整合和一体化发展。王开泳、陈田等（2008）在深入分析了双流县城乡融合发展特征的基础上，提出了圈层结构与梯度结构相结合的城乡融合协调发展新模式。胡智清（2010）则以浙中城市群为例，提出了“城乡融合，整体融合”的城乡空间引导目标，并探索了

TOD 模式与串珠状发展空间、绿核与优质生活圈等城乡融合发展的新模式。兰华（2013）在分析中原城市群实现城乡融合发展的现实条件及其制约因素的基础上，指出建立城乡融合改革发展试验区是实现城乡融合发展的有效路径。

2. 政府的顶层设计

温铁军、张孝德（2018）侧重于城乡融合发展的体制架构建设，提出了“双层经营结构 + 三方面整合”的顶层设计方案，指出“我国新时代城乡融合发展体制框架有三个制度要点：一是党的领导要不忘初心，二是巩固和完善农村基本经营制度，三是构建‘三位一体’农民合作社体系”。何仁伟（2018）认为，城乡融合与乡村振兴战略相互支撑，二者的发展过程是城乡空间动态均衡的过程，提出了城乡等值线和城乡空间均衡模型。韩俊（2018）指出，推进城乡融合发展，就要“推动社会保障制度城乡统筹并轨、统筹城乡社会救助体系、完善最低生活保障制度”“要健全投入保障制度，创新投融资机制”“要按照党中央的决策部署，稳定有序深化农村土地制度改革，建立健全土地要素城乡平等交换机制，要巩固和完善农村基本经营制度”。

赵祥（2018）强调近年来现代农业发展步伐加快，城乡之间的二元结构也有所改善，但城乡之间的差距仍然巨大，城乡之间的资源流动受到限制、资源定价存在偏差以及基本公共服务水平不均等，因此提倡国家在整体规划和协调下，持续深入推动改革措施，应特别关注并改善乡村发展中的制度性不足，以逐步完善城乡融合的发展机制。何秀荣（2018）指出建立健全城乡融合发展体制机制的关键在于要与“五位一体”总布局相吻合，在阶段性改革发展中要把握好侧重点，重点弥补乡村发展短板，优先完善相关的体制和机制。在制定和实施城乡一体化发展规划时，要推动城乡在各个领域的全面融合。魏后凯（2019）回顾中华人民共和国成立以来城乡关系的演变，认为城乡关系始终是中国农业和农村发展研究的核心议题。中国的城乡关系经历了从分割到协调，再到统筹发展的复杂过程，最终目标是实现城乡一体化和融合发展。建立健全城乡融合发展体制机制，就要在树立城市和乡村各要素融合发展理念、确保各要素融合互动，以及不断完善城乡融合政策体系等方面下功夫。

（三）城乡融合动力研究

1. 促进融合的不同动力

吴海峰、陈明星（2011）认为，城镇化、农业产业化、乡村工业化等是推动城乡融合发展的内因，而城市发展的辐射效应、城市行政、科技水平等是城乡融合发展的外因。顾朝林、李阿琳（2013）、胡金林（2009）、张登国（2009）则强调，政府是城乡融合的主要动力，城乡融合应着力于改革顶层设计和总体规划，整合城乡资源，推进城乡机制创新。另一种观点则认为，城乡在经济、社会等多方面的差异和矛盾是推进城乡融合发展的主要动力。石清华（2014）通过实际研究湖北省城乡融合的情况，得出结论：居民生活水平的提高、投资的增加以及公共服务的改善是促进城乡融合的关键因素。周凯、宋兰旗（2014）从中国城乡融合制度的历史演进着手，指出城乡融合发展代表了城镇化发展的更成熟阶段。中国城乡融合制度的演变是由多种因素共同推动的，这些因素在不同的社会发展阶段，通过强制性的政策变革和基于激励的制度演进，分别引导着城乡融合的趋势和步伐。杨新华（2015）认为，城乡之间的经济、社会和生态因素是推动城乡融合的主动力。

2. 如何促进城乡更好地融合

姜长云（2018）认为，乡村作为人类重要的生存空间，具有不同于城市的独特价值。建立健全城乡融合发展机制，就要把关注的焦点放在城乡之间如何进行融合渗透、良性循环和功能耦合上，推进工业化、信息化、城镇化和农业现代化同步发展，为新时代“三农”问题的更好解决提供战略指引和行动纲领，进而解决城乡发展失衡和农业农村农民发展不充分的问题。陈明星（2018）通过探索城乡融合发展长效机制，强调了政府在引导城乡融合过程中的积极作用，以及市场在资源配置中的核心地位。通过创新农业生产模式、提供社会服务、调整产业结构、改进乡村治理等手段，加强供应链、产业链、创新链、生态链等现代利益连接方式，以促进城乡融合，强化城乡发展命运共同体意识；通过推进开放、民主、合作意识将现代化的资源和文明成果融入乡村的振兴计划中，确保城市和乡村能够全面共享现代化带来的成就。陈丹、张越（2019）则认为，唯有构建城乡土地、人才、资本、技术等经济要素双向配置互动机制，实现城乡发展等值化，才能为城乡融合发展提供依托并增长新动能。

3. 影响融合的因素

尤济红、陈喜强（2019）在研究城乡融合发展的劳动力流动机制方面具有代表性。他们的研究聚焦于城市中的人力资本会如何影响农村劳动力的迁移决策，分析了有关城市人力资本与劳动力流动的文献资料和实际案例。在中国，劳动力流动呈现出高技能劳动者向人力资本更丰富的城市集中的趋势，导致了人力资本积累的“马太效应”出现。他们采用以模型分析、变量和数据测量为基础的研究设计，进一步揭示了这种现象背后的主要驱动因素，包括劳动者对于潜在收益的期望以及劳动力在选择过程中的个体差异等；

张锟（2019）提出资源要素在城乡之间双向自由流动的重要性。他认为资源要素的自由流动，是乡村振兴顺利实现的重要保障。首先，需要构建一个工业支持农业发展的机制，以实现工业对农业的回馈。通过更新产业发展观念，激励城市将部分产业转移到乡村，这样不仅为农村居民创造了就业机会，还能促进劳动力、技术和资本的有效结合，从而提升乡村的整体发展水平。其次，需要鼓励生产要素在城乡之间的双向流动。农村传统资源（如资本和劳动力）单向流向城市是导致“三农”问题的主要因素之一。为解决这一问题，应引入国有资本参与乡村建设的激励措施，有助于解决乡村金融资源短缺的问题；同时，建议完全消除传统户籍制度的壁垒，实现城乡之间权利和待遇的一致化；完善土地政策，以实现城镇居民与农村居民在建设用地和土地资源权益方面的公平；最后，要紧密连接三产业的融合链条。在确保农业的基础性地位稳固的前提下，利用现代的农业技术、工业技术和信息技术对传统农业进行升级改造，通过政策整合和经营主体的协同，推动新业态的成长，以实现乡村第一、第二和第三产业的综合性发展。林芳兰（2019）认为，要建立健全城乡融合发展体制机制，需构建农村三产融合发展体系，加强农村公共服务体系建设，推动特色小城镇的空间融合。

（四）城乡融合评价与研究意义

关于城乡融合评价与研究意义，专家学者们也进行了有建设性的研究。在城乡融合的定量评价上，杨荣南（1997）首先构建了评价指标系统，提出包括经济、人口、空间、生活、生态“五位一体”的城乡融合度指标体系，但因缺少实践研究，只停留在理论探索层面。孔玲（2019）认为，城乡融合发展要把握好四个特性，即城乡发展空间的统一性、发展方法（体制机制）的创新性、发展资源的互补性、发展过程的长期性。同时，相关学者们也采用多种分析手段，对不同地区城乡融合的发展程度进行了评估和探究，其中层次分析法和主成分分析法是最为常用的技术。比如，张国平（2014）等采用层次分析法，对中国不同省份和城市的城乡融合的发展阶段、融合水平以及与城市整体发展的协调性进行了评估。周江燕（2014）采用两分法对我国城乡融合发展水平进行了测度，提出了我国城乡融合发展呈现出自东向西逐步递减的空间分布特征。此外，苏春江（2009）运用德尔菲法对河南省城乡融合发展程度进行了评价。王浩澂（2016）利用熵值法、综合评价法并借助耦合关联度模型，对我国民族地区城乡融合的发展水平进行评价。

在城乡融合研究意义上，何秀荣（2018）从经济现代化和社会现代化两个维度分析认为，完善城乡融合发展的体制和机制，将对中国社会主义现代化建设产生深远的积极影响。中华人民共和国成立以来，传统的城乡关系已经逐步转变为符合中国特色社会主义的现代城乡关系，这一演变过程涉及了利益分配的公平化、发展机会的平等化以及发展强度的均衡化等相关制度模式建立和完善，充分证明了建立健全城乡融合发展的体制机制对促进城乡融合具有重要意义。王博雅（2019）认为，城乡融合是构建新型城乡关系的重要途径，是全面建成小康社会、进而建设社会主义现代化强国的必由之路。他认为，城乡融合发展是“一切发展为了人民”的内在要求，城乡融合有利于劳动力稳定流动、减少社会矛盾风险；有助于农民与全国其他公民共同迈入小康社会，享受到更多的幸福感和满足感；城乡融合的发展也是解决中国社会主要矛盾的必经之路，更是我国步入社会主义现代化的重要标志。

三、国外城乡融合理论

（一）城乡发展问题研究

弗里德曼（Friedman，1996）认为，城市和乡村可以通过扩散效应与极化效应，实现空间经济上的一体化发展。贾登（Jarden，2016）研究了城乡建设的初始阶段，该阶段以城市为重点发展建设对象，以城市带动乡村发展，以此加快城乡发展速度。索拉塔尼（Soltani，2016）分析了城乡建设的中间阶段，其特点是重点扶持乡村发展，逐渐缩小城乡差距。麦基（McGee，1991）提出了著名的“Desakata”模型，指出城乡资源和生产要素的双向流动，有利于加快非农业产业的发展速度，进而改变人们的行为以及生产生活方式，该模式被认为是“城乡一体化”理论的重要组成部分。芒福德（Mumford，1938）也认为，城市与乡村不能相分离，应该把二者有机结合。

对于城乡发展，尤其是农村农业的发展，国外学者更多关注土地利用问题。霍华德（Howard，1898）在《明日的田园城市》一书中首次提出，只有把农村作为发展的重点，城乡一体化建设才能够快速地推行下去，并由此提出了著名的“田园城市”的概念。荣迪内利（Rondinelli，1983）认为，发展中国家应该在城市和乡村之间进行合理地投资，构建一个完整的小城镇体系，但小城镇之间要彼此独立、相互分散，在分散且完整的基础上，实现城乡之间的均衡发展。舒尔茨（Schultz，1990）从农村人力资本的视角出发，认为破解城乡差距不断扩大的关键在于开发乡村的人力资本等要素。普雷迪（Pretty，1998）在调查研究新西兰北部城乡发展的基础上，提出了“乡村可持续性发展”受城市和乡村居民的文化身份特点等因素的影响，呈现出多元且复杂的特征。斯韦因（Svein，2005）对于发展中国家的城乡关系进行了深入的研究，他提出要建立新型的城乡发展关系，就要在城乡发展的过程中，特别关注城乡居民的就业问题，以及劳动力的自由流动问题，要把发展的重点放在城乡要素和资源的合理配置上。当城市扩建与农产品加工场地建设、农田开垦、保护等产生冲突时，优先保障农村农业发展。今井（Imai，2014）对农业建设与城市建设进行分析，从空间建设角度提出了农业土地合理使用的重要性，不能因城市扩建占用农业用地对农业发展构成威胁。萨代格（Sadegh，2014）认为农业发展不应该阻挡城市发展脚步，且农业生产在未来发展中会逐步消失，这是自然发展的过程，应该遵从自然法则，扩大城市建设规模。楚库埃梅卡（Chukwuemeka，2016）认为应该推动农业可持续发展，农民不仅将其自身工作看作一份职业，而是将其升华到文化遗产层级上，加大对农业发展的重视。

（二）城乡融合制度研究

国外关于城乡融合的理论探讨可以追溯到早期空想社会主义

者的理想社会构想，如圣西门的“城乡社会平等观”、傅立叶的“法郎吉”与“和谐社会”，以及欧文的“理性的社会制度”与“共产主义新村”设想。这些空想社会主义者通过对理想社会制度的描绘，提出了城乡融合发展的初步设想，为后续的理论发展奠定了基础。随着社会的发展，城乡融合理论逐渐丰富，涵盖了多个方面。它们不仅从战略高度科学预测了城乡融合的必然性，还强调城乡一体化实现的优越性。这些理论不仅为城乡融合提供了思想基础，也为城乡规划和发展实践提供了指导。

马克思、恩格斯在《德意志意识形态》《家庭、私有制和国家的起源》《共产主义原理》等著作中，论述了城乡对立产生的制度原因和解决城乡对立的根本制度途径，并首次提出了“城乡融合”概念。他们认为，城乡融合是一个漫长的社会历史过程，更是社会发展的一种必然趋势。要消除城乡差别和城乡对立，需要具备两个条件，即废除私有制和创造大量生产资料。马克思和恩格斯的城乡融合思想，为之后的研究奠定了理论基础。

在对城乡关系的大量研究中，二元经济论最具代表性。荷兰经济和社会学家伯克（Burke，1953）最早提出了“城乡二元经济”的概念，他在关于印度尼西亚社会经济制度的相关研究中，通过“二元结构”的概念对其社会结构进行了深入的分析，并把该国的社会和经济划分为现代部门和传统部门。皮耶普斯（Pijpers，2016）对国外发达国家的制度与福利现状进行探究，从中发现这些国家在城乡建设方面具有共同特点，即缩小城乡差距，统一管理制度，按照城市福利标准来提高乡村福利待遇。在具体政策上表现为在养老、教育、医疗等多个方面制定福利政策。这些国家为老年人设置了专门的养老基金，这样做不仅缓解了年轻人的赡养压力，还为老年群体营造了优质的生活环境，让公民认识到青年时期为国家建设尽一份力量，晚年就可以享受国家福利待遇，以此激励居民工作。对于教育，国家承担了大部分的教育经费，确保所有适龄儿童都能够获得受教育的机会，有助于为国家培育更多的人才资源。尽管在发达国家医疗服务的成本相对较高，但政府通常会承担相当一部分费用。

总体而言，发达国家为城乡居民所提供的制度性支持和福利较为完善，这使得城乡之间的界限变得不那么明显。宋（Song，2014）在对国外发展中国家的制度与福利的探究中发现，其仍然在推行城乡二分法，导致城乡管理制度关联性薄弱，城市和乡村管理制度视角存在偏差，不仅增加了管理工作量，也拉大了城乡建设差距，造成了经济发展的不平衡。随着农村人口不断流向城市，农业的发展面临着严峻挑战，鉴于农业是国家发展的根本，这种情况影响了国家经济增长的速度。在发展过程中，福利分配在城乡之间并不均衡，城市获得了更多的福利资源，而农村地区由于福利资源相对较少，居民的生活质量难以有效提高。从近几年国外发达国家和发展中国家的制度和福利现状可知，发达国家注重减少城乡之间的制度和福利差异，有利于提高城乡居民的生活质量，并且对培养下一代人才、发展医疗和养老设施建设都起到了积极作用。因此，减少城乡在制度和福利上的差异成为许多国家未来发展的关键目标，可以将其作为衡量一个国家从发展中状态向发达状态过渡的重要指标。埃斯坎顿 – 巴尔博萨（Escandon–Barbosa，2019）通过比较城乡之间不同的政策和制度及其对创业等活动产生的不同影响，认为农村的经济发展和相关的企业活动受主观和客观等不确定因素的影响比城市更加明显，导致创业活动在农村地区比较难以开展。

（三）城乡平衡发展理论

1. 城市如何协调布局

佩鲁（Perroux，1950）认为要通过城市的扩散效应带动乡村发展，达到城乡协调的局面，提出了“以城带乡”的发展理念。赫希曼（Hirschman，1958）提出了不平衡增长理论，强调部分地区和工业要优先发展。缪达尔（Myrdal，1973）提倡政府应采取一定的干预政策，来消除城市和乡村之间发展的不均衡性。霍华德指出，世界各地城乡分化现象越发严重，其原因在于城市的“引力”过大，相对来说就降低了农村对劳动力的吸引程度。因此，改革关键在于发掘农村的独特优势，以此重新吸引劳动力回流，进而有效应对城乡发展的不平衡问题。对此，他提出了“田园城市理论”，这为了兼顾健康生活和经济发展而设计的发展模式，包括城市和农村两个部分，城市周围由农村环绕，为城市提供丰富的生活资源，但城市规模不能超过环境的承载力。弗里德曼（Friedman，1975）认为要把区域划分为核心区和外围区，核心区是指制度完善、具有经济发展优势以及创新力强的地方，外围区受核心区，依附于核心区的外围，这就是著名的“核心－边缘”理论。该理论为城乡关系的演变和发展奠定了坚实的理论基础，阐释了一个区域从孤立到彼此关联，再到发展不平衡，最终实现均衡发展的过程。

2. 政府对城市的偏向

立普顿（Lipton，1977）认为城市通过利用政府的政策偏向，对社会资源和要素过度占有，阻碍了乡村的发展，由此，他提出了政府政策具有城市偏向性的看法。他认为，政府把城市作为重点发展对象，将更多的资金和劳动力投入城市，以至于农村的资源和要素等优势单向地流入城市，造成了城市在社会上占主导地位的局面，最终导致整个社会产生严重失衡的现象。

3. 城乡一体化状态

索拉塔尼（Soltani，2016）研究分析了城乡关系发展的中间阶段，他认为在这一阶段，国家要大力扶持乡村的发展，从而持续缩小城乡之间的差距。美国经济学家芒福德指出，“城与乡，不能截然分开；城与乡，同等重要；城与乡，应当有机结合在一起。如果问城市与乡村哪一个更重要的话，应当说自然环境比人工环境更重要”。日本学者岸根卓郎提出建立“城乡融合的社会”，并进一步强调，要建立工农业协调发展的“农工一体复合社会系统”，不能用城市“侵入”农村，要按现有城市的建设办法来建设、改造农村，实现城乡融合，“农村最主要的作用就是生态系统的保全，此外还有国土资源的持续利用与保全、水资源涵养等诸多功能”。

此外，麦克·道格拉斯、斯卡利特·爱泼斯坦、戴维·杰泽夫、施特尔和泰勒等也对城乡融合发展问题进行了理论研究和实践探讨。

主要参考文献

[1] 布罗代尔 . 15 至 18 世纪的物质文明、经济和资本主义（第一卷）[M]. 顾良，施康强，译 . 上海：三联书店出版社，1992.

[2] 丁宁 . 中国特色城乡关系：从二元结构到城乡融合的发展研究 [D]. 长春：吉林大学，2019.

[3] 李丽娜 . 马克思恩格斯城乡关系理论视域下中国特色小镇建设研究 [D]. 石家庄：石家庄铁道大学，2019.

[4] 李瑞光 . 国外城乡一体化理论研究综述 [J]. 现代农业科技，2011（17）：336–338.

[5] 李艳群 . 城乡融合发展思想及其中国实践研究 [J]. 山东财经大学学报，2021（3）：92.

[6] 芒福德 . 城市发展史：起源、演变与前景 [M]. 宋俊岭，倪文彦，译 . 北京：中国建筑工业出版社，2005.

[7] 王家旭，郭艳，仲深 . 马克思与西方经济学城乡发展理论

的比较研究 [J]. 商业时代，2014（14）：47–78.

[8] 张伟 . 试论城乡协调发展及其规划 [J]. 城市规划，2005，29（1）：78–93.

[9] 张延曼 . 新时代中国特色城乡融合发展制度研究 [D]. 长春：吉林大学，2020.

[10] 中共中央马克思恩格斯列宁斯大林编译局 . 马克思恩格斯选集第一卷 [M]. 北京：人民出版社，1972.

[11] 中共中央马克思恩格斯列宁斯大林编译局 . 马克思恩格斯全集第二卷 [M]. 北京：人民出版社，1966.

[12] 中共中央马克思恩格斯列宁斯大林编译局 . 马克思恩格斯全集第三卷 [M]. 北京：人民出版社，1960.

[13] Boeke J H. Economies and Economic Policy of Dual Societies as Exemplified by Indonesia[M]. New York: Institute of Pacifier Relation, 1953: 24–39.

[14] Chukwuemeka E, Nzewi H N. An Empirical Study of World Bank Agricultural Development Programme In Nigeria[J].Social Science Electronic Publishing, 2016(1): 176–187.

[15] Escandon–Barbosa M. Formal institutions, informal institutions and entrepreneurial activity: A comparative relationship between rural and urban areas in Colombia[J]. Journal of Urban Management, 2018, 7(4): 458–471.

[16] Frideman J. Regional Development policy, MIT pess

Cambridse, 1966: 100–136.

[17] Friedman J, Mike D. Agropolitan Development: Towards a New Strategy for Regional Planning in Asia[J]. Los Angeles: University of California, 1975: 101–146.

[18] Hirschman A O, On Hegel, imperialism, and structural stagnation[J]. Journal of Development Economics, 1976, 3(3): 189–204.

[19] Howard E. Garden Cities of Tomorrow[M].Nabu Press, 2010.

[20] Imai K S, Gaiha R, Garbero A. Poverty Reduction during the Rural–Urban Transformation: Rural Development is still more important than Urbanisation[J]. Global Development Institute Working Paper Series, 2014(10): 1425–1426.

[21] Jarden K M, Jefferson A J, Grieser J M. Assessing the effects of catchment–scale urban green infrastructure retrofits on hydrograph characteristics, Hydrological Processes, 2016, 30(10): 1321–1336.

[22] Lipton D. Accumulation and growth in a two–country model:A simulation approach[J].Journal of International Economics, 1983, 15(1): 111–130.

[23] McGee T G. The Emergence of Desakota Regions in Asia: Expanding a hypothesis[A]//Ginsburg N, Koppel B, Mchee T G, eds. The Extended Metropolis: Settlement Transition in Asia[C]. Honululu: University of Hawaii Press, 1991: 3–25.

[24] Pijpers R, Kam G D, Dorland L. Integrating Services for

Older People in Aging Communities in the Netherlands: A Comparison of Urban and Rural Approaches[J]. Journal of Housing for the Elderly, 2016, 30(4): 430–449.

[25] Pretty J. The Living Land:Agriculture Food and Community Regenration in Rural Europe[M]. London:Earthscan Publications Ltd, 1998: 88–97.

[26] Rondinelli D A. Applied methods of regional analysis:The spatial dimensions of development policy[M]. Boulder:Westview Press, 1985.

[27] Sadegh P, Concha J, Stricevic S, et al. On the Relation between Overall Urban and Rural Development and Urbanization and Rural Inhabitant Consumption[J]. West Forum, 2014(3): 271–277.

[28] Song F J, Wang D Q, Tian S Q. Governance Mechanism of Rural Population Hollowing under the Background of Balancing Urban and Rural Development[J]. Advanced Materials Research, 2014: 989–994, 5128–5131.

[29] Soltani A, Sankhayan P L, Hofstad O, et al. Consequences of an Improved Road Network in Rural Iran: Does it Lead to Better Livelihoods and Forest Protection?[J]. Small–scale Forestry, 2016, 15(11): 365–384.

[30] Soltani A, Sankhayan P L, Hofstad O, et al. Consequences of an Improved Road Network in Rural Iran: Does it Lead to Better

Livelihoods and Forest Protection[J]. Small-scale Forestry, 2016(11): 11-13.

[31] Svein J. Rural-Urban Interaction in the Developing World[M]. Routledge Perspective on Development, 2005: 100-176.

[32] Svein J. Urban-Rural Inter-relationship: Condition for Sustainable Development[J]. United Nations Environment Programmed, 2004, 2(2): 78-95.

第四章 长春经济圈城乡深度融合发展的国内外经验

按照马克思和恩格斯的城乡关系理论，城乡融合是城乡关系发展的必然趋势，这也是马克思对未来共产主义社会基本特征的描述。中华人民共和国成立以来，历代领导人都对城乡关系十分重视，不仅借鉴国外的城乡深度融合的经验，还立足于当时我国的具体实际形成了独特的国内城乡关系理论。本章从国内外城乡深度融合的实践出发，来探索国内外相关理论和实践对长春经济圈城乡深度融合的启示。

一、城乡深度融合发展的国内经验

随着我国经济的增长，生产要素正快速向经济发展较快的地区集中，这虽然推动了城镇经济的发展，但同时也加剧了城乡之间的经济差异，影响了整体经济社会的持续均衡发展。城乡融合发展的提出正是着眼于这一问题的解决，目的是利用城市的引领和带动效应，实现城乡之间经济和社会资源的有序流动，推动城乡一体化发展，实现共同繁荣。

（一）南京都市圈跨区域城乡融合发展实践

我国积极推动以城市群为主导的新型城镇化进程，其中心角色是大型及特大型城市。这些城市通常作为周边城市和农村地区的经济增长极和辐射源，对周边地区具有显著的吸引力和集聚效应。因此，要探讨长春经济圈的城乡融合问题，就需要深入研究并吸取其他主要大城市及其邻近地区的城乡一体化发展经验。

南京都市圈是一个以南京为中心，跨越江苏省和安徽省的跨省区域发展带，它在长江中下游地区扮演着重要的门户角色，并且被国家列为第五大国家级经济圈。具体而言，南京都市圈包括南京、镇江、扬州、淮安、马鞍山、滁州、芜湖、宣城这八个城市，总面积约为6.3万平方千米。截至2014年年底，该地区的常住人口达到了3337.58万，同年的地区生产总值为23 986.51亿元。

在这些城市中，南京的地区生产总值最高，达到8820.75亿元，占都市圈经济总量的36.8%，是推动整个都市圈经济增长的主要力量。南京都市圈之所以能够实现融合发展，主要是因为南京依托于区域内的地理优势和资源条件，并且在交通、产业、科技、人才等关键领域实现了与南京都市圈其他城市的深度融合，形成了一体化的发展格局，促进了互联互通。这样的融合不仅加快了农村工业化和农业现代化的步伐，也有效地推进了南京都市圈城乡均衡发展。

马鞍山市从整体出发，根据当地经济发展的实际情况，按照“产业集聚、科技支撑、生活配套、设施完善、生态良好”的要求，对产业构成进行了合理的优化，基于对现有资源和潜在资源的考量，改进了资源的分配，加快了产业集群的形成，特别注重发展船舶制造业作为支柱产业，并以此作为动力源泉，促进工业从注重数量增长向注重质量提升的转变。相关政府部门重新规划和优化城市的空间结构，以建设区域中心城市为目标，全面评估城市的支撑能力，并根据城市的功能进行合理的区域划分，例如规划生态保护区、城市核心功能区等，以此来提升城市的集聚效应和承受能力。

马鞍山市与滁州市都属于南京都市圈中的核心圈层，与南京市保持紧密的联系，在南京市的显著带动和影响下，城市之间的互动最为频繁和深入。与它们相比，紧密层的城市镇江、扬州、滁州北部、淮安南部、芜湖、巢湖北部，受到南京的辐射和带动作用相对较小，因此城市间的互动和联系也相对较弱。

测量一个地区的城乡发展程度，最直接的指标是城乡居民可支配收入之比和城乡居民恩格尔系数（食品支出占消费支出的比例）之比。以马鞍山市为例，通过实施“以港口带动城市发展”的战略，促进了经济的增长，也加快了城镇化的步伐，成为南京都市圈中城镇化进程较快的城市之一，其城乡人均可支配收入差距和恩格尔系数都有了显著的下降，从 2005 年开始迅速降低，甚至低于南京市和滁州市等经济发展迅速的城市。对于镇江、扬州、淮安、芜湖等城镇化率均超过了 60% 的城市，其城乡居民的收入差距和恩格尔系数差距也相对较低，城乡一体化的水平较高。而南京作为都市圈的中心城市，其城镇化率在 2016 年已经达到 82%，经济发展和城镇化进程都相当迅速。到了 2017 年，南京的 GDP 总量更是达到了 11 715 亿元，成为全国第十一个 GDP 破万亿的城市，其经济规模是滁州市的 7.29 倍。不过，南京市的城乡居民人均可支配收入比和恩格尔系数比持续增长，这表明，即便城镇化率已经很高，单纯推进城镇化建设并不一定能够有效缩小城乡之间的收入差异，有时甚至可能加剧这种差距。

（二）上海毗邻区城乡融合发展实践

上海及其周边地区经历着经济转型的挑战，对上海而言，必须加快创新的步伐来应对能源、环境、土地和资源等方面的限制，其庞大的人口基数也对城市管理和服务质量提出了更高的标准。为了缓解这些压力，上海需考虑将部分城市功能转移到其他地区，以此来优化城市结构，提高整体的运行效率。从纽约、东京等国际大都市发展经验看，城市与其周边地区的协同发展是构建世界顶级城市群的关键。在更广阔的区域内实现优化资源分配，从而构建一个以国际大都市为中心，具有多级结构、互联互通、功能互补的城市网络体系，能有效地提高生产要素的集中度和生产活动的效率。一方面，邻近地区可以通过与上海的经济互动，充分利用上海的经济辐射效应，推动本地区的经济增长和城乡一体化进程。另一方面，上海与这些邻近地区的有效联动，有助于打破其自身行政和经济上的壁垒，缓解上海在能源、环境、土地和资源等方面的发展压力。总体而言，当前上海及其周边地区在推进城乡经济一体化的过程中，已经超越了传统的经济和贸易合作模式，从产业到人文，覆盖面广，突出以人为本的发展理念。此外，上海正在逐步探索打破行政区划的限制，通过建立多领域的合作机制和平台，实现经济发展成果的共享。在制度和政策层面，上海以自由贸易试验区的成功经验为蓝本，通过相互之间的协调和合作，逐步克服了发展过程中遇到的一些根本性难题。

一是经济发展接轨。一方面，邻近地区将上海作为吸引投资的主要舞台，利用上海的资源和影响力来吸引国内外资本，并推动本地企业拓展国际市场。另一方面，邻近地区也在积极为上海的发展提供支持。例如，启东和海门将上海视为农产品销售的关键市场，确保上海的农产品供应。

二是合作平台接轨。上海作为经济、金融、贸易和航运“四大中心”以及全球科技创新中心，周边地区与上海共同建立园区成为一项重要的创新实践。各地积极把握上海科创中心建设的机遇，与上海园区在研发创新和生产制造方面实现了有效的合作分工，各合作平台也积极吸引上海的工业项目，以实现资源共享和优势互补。如上海自由贸易试验区与嘉善项目的合作，范围非常广泛，涵盖了工业、商业、金融、改革以及管理等多个领域。

三是综合交通接轨。主要包括启动跨省的公交线路服务、增设高速铁路和城际列车服务、建立国际机场的航站楼设施、引入城市轨道交通系统、合作开发港口资源、实现公共交通卡的互认互通等。此外还有城市间交通系统的联通，其中江苏省昆山市走在了前列。例如，早在 2011 年，上海国际机场的昆山航站楼就已经开始运营；自 2018 年起，上海第三机场的选址工作一直在进行中，昆山和海门作为邻近地区，成为主要的候选地点。2013 年，上海的轨道交通 11 号线成功扩展至昆山花桥，开通了连接昆山至上海主要交通枢纽的班次列车和高铁服务。

四是公共服务接轨。在医疗卫生方面，邻近地区通过医院之间的合作，利用上海的优质医疗资源为邻近地区的居民提供服务，并与上海的部分医院实施了医疗保险的异地联网结算，以便更好地满足当地居民的医疗需求。在教育领域，一方面，邻近地区通过促进两地教师的交流，以及派遣本地教师到上海的高校及中小学进行培训等方式加强教师素养，以提升本地的教育质量；同时，引进上海的优质教育资源，为邻近地区的居民提供更高质量的教育服务。

五是人文交流接轨。邻近地区通过“引进来”的策略，邀请上海的文化、艺术团体以及高水平的文化活动到本地区进行文化交流和展示；另一方面，它们通过“走出去”的行动，组织各种活动，将本地区独特的文化特色传播到上海，以此加强两地之间的文化互动和融合。如，江苏省的一些地级市通过在上海的媒体上设立专栏来宣传和推广自己的城市形象，同时，还组织文化艺术团体前往上海进行文化交流。浙江省的嘉善等地与上海合作，共同推进古镇的保护性开发工作。在政策对接方面，包括规划协调和沟通机制的建立等。例如，江苏省昆山市在早期就抓住了浦东开发的机遇，主动与上海进行政策和规划上的对接。相关部门在“十一五”规划就提出要加大“服务上海、融入上海”工作力度，利用世博会努力争取实现“展览在上海、休闲在昆山”的发展模式；在“十二五”规划提出“融入上海、面向世界、服务江苏”的总定位，昆山、太仓等地的城市总体规划在编制时，均强调要接轨《上海城市总体规划（2020—2035 年）》。

（三）青岛市即墨区城乡融合发展实践

青岛市为了更好地发挥其海洋经济的引领作用，一直在积极寻求扩大和优化其发展模式。在党的十九大提出推动城乡一体化发展的大背景下，国务院批准了对即墨区进行行政区划调整的决议，为该区带来了新的发展，并取得了非凡的成就。

1. 城乡基础设施建设趋于一体化

自即墨区设立以来，该区域在城乡基础设施的一体化建设方面取得了显著的进展。截至 2019 年，即墨区已经投入了 7.56 亿元用于修建总长 107.7 千米的公路，并且另外投入了 1130 万元用于维护 245 千米的县级道路。关于在蓝谷周边区域的改造，滨海公路的改建工程已经基本完成。这条公路的通车不仅为周边居民的日常出行提供了便利，同时也为游客前往滨海公园提供了更加便捷的通道。同时，为了解决山大、海洋实验室等教育机构学生出行的交通问题，相关部门还采取了增设新的公交线路、延长公交运营时间以及增加班次等措施，以弥补这些地区交通服务的不足。

2020年，即墨区启动了农村社区改造计划，包括灵山镇、大信镇在内的多个社区被纳入改造范围，显著提升了农村地区的道路、水利和电力等基础设施硬件条件。为了推动即墨西部地区的经济发展，区政府实施了淮涉河二路、三城路等城市道路的改造工程，目的是加快即墨西部物流枢纽与周边地区的快速连接。这些道路的升级改造，提高了物流效率，促进了区域经济的互联互通。为了促进即墨北部汽车城的建设与发展，当地政府对一汽大众工厂门前的烟青一级路进行了改造，并对青石路汽车城段进行了扩建，还拓宽了灵山收费站。这些措施不仅增强了来往于汽车城与员工宿舍之间的交通安全性，还确保了汽车城物流通道的顺畅无阻。为助力新型产业园区的“双招双引”，相关部门开展了一系列基础设施建设项目，包括华山一路、营普路和城马路的新建工程，以及在国际种都核心区修建了13条农村公路，并对6座危桥进行了改造。这些工程的实施，显著提升了该区域的交通出行条件。为推动美丽乡村建设，在丰山路等超过60千米的道路两侧进行了绿化。同时，对所有农村公路的安全防护设施进行了检查，并在多个地点增设了交通标志牌、警示牌等安全设施，以确保农村交通的安全性。为了支持青岛新机场的建设，即墨区与其他区市进行沟通协调，并结合自身的调研基础，已经完成了即墨区的路线规划方案。该快速路东起蓝谷，经即墨主城区、城阳到胶州新机场，其中即墨区境内的长度为36千米。一旦工程完工，从即墨城区到蓝谷的行车时间将缩短至15分钟，到新机场的行车时间也将仅需 20 分钟。这将显著增强即墨区的交通便捷性，提升其在青岛市内区域交通的战略地位。

为了推动城乡一体化发展，并为农村居民提供更便捷的出行条件，即墨区在 2018 年就已经提前实现了对经济落后和偏远村庄的公交服务覆盖。具体来说，蓝村郭家屋子和灵山泊子村被成功纳入了城市公交系统，确保了所有经济落后村和交通不便的村庄在 2 千米范围内都能享受到公交服务。为了响应国家关于生态文明建设的倡议，即墨区投入了 613 辆新能源车辆，其中城区有 312 辆，城乡及乡村公交线路上有 301 辆。自行政区划调整以来，即墨区在道路建设、交通系统优化以及推广绿色出行方面都取得了显著的成效，城乡交通系统更加完善。

除此之外，即墨区的水利工程建设也逐渐趋于完善。2020 年，青岛市政府为了应对农村水利设施不足的问题，特别是针对在雨季期间水利设施不完善对村民日常生活造成的影响，发布了一项水利工程建设计划，以保障居民用水安全。即墨区为了执行省政府关于水利工程的决策和部署，根据青岛市的统筹安排，对当前区域内的水利问题进行了全面的检查和评估，即墨区申请了 5.04 亿元的资金，并上报了 11 个需要重点改造的水利工程，对于存在重大安全隐患的河道治理和农村供水问题，也制定了具体的解决方案和措施：一是补齐防洪减灾短板。对全区 17 条主要河道进行了综合治理，对院西水库、西温水库和团彪水库这三座重要水库进行了加固和除险处理，还委托了专业的水利机构对

45 座水闸进行了安全检测，并根据检测结果制定了相应的调度和防洪计划，以确保水利设施的安全和有效运行。二是补齐城乡供水和农村饮水安全工程短板。持续推进黄水东调工程的即墨段建设，并对挪城水库的一期和二期泵站进行了改造，启动了农村饮水安全工程的升级工作，完善了村庄外部的供水管网，对部分含氟村及灵山镇驻地的水网进行升级改造，确保农村地区的用水安全。三是补齐农村水生态环境短板。对于一些重点水域如段泊岚镇孟沙河支流进行综合整治。同时，对于实施农业生态保护的区域，提供了相应的经济补偿，并妥善安置了因水库建设而需要搬迁的移民。鉴于 2020 年降水量较大，即墨区以保障人民生命财产安全为首要任务，全面开展了城乡水利工程建设，以增强防洪减灾能力。同时，为了确保农村居民的饮用水质量，政府对主要水源进行了区域划分，明确了各级的责任，实施了分级保护措施，以确保水源的水质。通过这一系列的措施，即墨区提高了农村地区的饮用水质量，从而保障了居民的饮水安全。

2. 农村社会保障有所提高

自即墨区设立以来，为了维护当地村民的权益，即墨区政府一直在努力构建一个与市区相匹配的农村社会保障体系，为此已经多次提高了农村社会保障的待遇水平，以缩小与青岛主城区之间的差距。以新农村养老保险为例，即墨区成立后，农村 60 岁以上老人养老金由原来每月 120 元上调至 178 元，后又上调至 245 元。尽管这些调整并不显著，但它们象征着农村社会保障在推动城乡一体化进程中扮演的“调节器”角色，有助于实现社会公平。这些细微的改善能够提升农民的满意度，让他们亲身感受到城乡融合发展带来的实际利益，从而激发他们参与乡村建设的积极性，并确保乡村振兴战略的顺利实施。即墨区政府在政策层面上将农村和城区纳入了统一的规划框架，并推出了多项与农民生活紧密相关的社会福利计划。这些措施加强了农村社会保障体系的建设，保护了更多农民的基本权益，有效发挥了社会保险在降低农村人口发展风险方面的作用。这降低了老年人和年轻人对未来生活和发展的担忧，使他们能够无后顾之忧地投身于乡村建设，为乡村振兴贡献自己的力量。

此前城乡居民最低保障标准存在明显的差异，农村居民领取的金额为每人每月 490 元，城镇居民则为 600 元。自即墨区设立以来，城乡居民的最低生活保障标准被统一设定为每人每月 660 元。除最低保障标准提高之外，年龄在 80 岁及以上的老年人的高龄津贴每年增加了 200 元。区政府将困难老年人的养老补贴标准统一至青岛市标准，城乡老年人的补贴标准均提高 5 元，兜牢了农民的社会保障底线。同时，区政府也改善了老年人的出行条件。城乡的公交票价也实现了统一，60 岁及以上的老年人可以享受半价乘坐公交车的优惠，65 岁及以上的老年人以及特殊群体则可以免费乘车。为了适应现代支付方式，即墨区与琴岛通卡公司合作，在所有 336 辆城乡及镇村公交车上安装了琴岛通刷卡系统。此外，在 12 个乡镇公交枢纽站设立了琴岛通卡办理点，使得乡镇居民可以更方便地办理公交卡和充值。使用琴岛通卡乘车的居民还可以享受 8 折的乘车优惠，并在 1 小时内免费换乘。这些措施极大地提升了城乡居民的出行便利。

3. 教育事业有所发展

即墨区自成立以来，在教育领域的发展重点之一便是提升学校的教学设施。首先对城乡各类学校的硬件环境进行改善和升级，以营造更好的教育环境。在 2019 年，即墨区加大了对教育领域的财政投入，总投资额达到了 25.9 亿元。这笔资金被用于对区内学生人数较多的高中、初中、小学和幼儿园进行必要的修缮和扩建工作。为了确保学生在校期间的安全，即墨区还定期对学校的防灾设施进行检测，并定期开展抗震和消防演习，以预防可能发生的灾害，确保校园安全。此外即墨区还依据青岛市的建设标准，新建了 42 个学校食堂，并为 81 所学校铺设了塑胶操场，有效提升了学生在校的学习和生活环境。为了提升教育质量，即墨区政府专门拨款为选定的学校购置智能化教学设备，提高课堂教学质量。为了改善农村教育状况，即墨区政府制定了一系列政策，将更多的资金和资源投入农村学校，通过合并和优化布局，将那些规模较小、质量较低、分布零散的学校进行整合，并配置优秀的教师团队，确保农村地区的孩子能够享受到更优质的基础教育，集中力量提升教学水平。为了应对农村儿童上学难的问题，即墨区规划在三年时间内增设多所中小学校和幼儿园，并在建设过程中注重学校硬件设施的配备和完善。此外，在城乡教育均衡发展方面，即墨区取得了显著进展。特别是在师资队伍建设上，即墨区加大了对教师的培养和引进力度。2021 年，即墨区招聘了 307 名新教师，其中 203 名是幼儿教师，他们将被派往农村地区工作，以缓解农村幼儿教师短缺的状况。为了提高农村教师的业务能力，即墨区实施了一项计划，即新招聘的农村教师首先要在城区学校进行为期一年的顶岗培训，以快速提升他们的教学技能。此外，即墨区还为在农村地区工作的特岗教师提供补贴，旨在通过经济激励减轻他们的生活压力和心理负担。即墨区鼓励新教师充分利用自己的专业知识和热情，积极学习先进的教学方法，参与听课、示范教学和学生关怀等活动，以增强他们服务基层教育的意识和能力。这些措施旨在促进城乡教育资源的均衡分配，提高农村教育的整体水平。

即墨区的高等学校建设也趋于完善。为了提升青岛高等教育的水平并解决资源不足的问题，教育部在 2012 年批准了在青岛建设山东大学新校区的计划。新校区位于即墨区“蓝色硅谷”核心区的鳌山卫镇。这对于推动青岛教育事业的发展具有重要意义，对周边地区的发展产生了积极影响。随着大学招生的顺利进行，周边商业活动和消费随之活跃，对提升周边教育水平和质量也起到了带动作用。因此，与山东大学周边住宅区同期开始建设的还有幼儿园、小学、中学、大型商业网点等。除山东大学外，还有北京航空航天大学、哈尔滨工业大学、天津大学等多所知名高校选择在即墨区建立青岛分校，即墨区还与同济大学、大连工业大学、中央美术学院等教育机构签订了合作协议。这些高校的入驻，不仅提升了青岛的高等教育的整体实力，也促进了当地教育事业的发展，有效解决了青岛高等教育资源不足、发展缓慢的问题。

4. 乡村民生服务进程加快

为了打造生态宜居的乡村环境，即墨区加大了对农村居住环境改造的力度，加快了社区改造的进程。即墨区在历史上由多个城中村组成，这些城中村由于历史较长，改造工程相对复杂，只有宝龙村等少数几个村庄得到了及时的改造。即墨区在撤县划区后，为了更好地融入青岛市，将城市和农村的居住融合以及组织融合作为布局调整的重要部分。即墨区在推进农村布局调整时，应结合自身实际情况，制订科学的规划方案。在实施过程中，应坚持“成熟一个、发展一个、推进一个”的原则，避免盲目地大拆大建，对于具有历史文化价值的老村庄，应考虑保留并进行保护，而不是拆除。同时，对于具有独特魅力的乡村，可以通过发展农家乐、康养小镇等新兴产业来促进当地经济发展，整体改造工程应以提高居民的生活质量和满意度为核心目标，既要积极推进，又要根据实际情况量力而行，确保工程的可持续性和居民的实际利益。同时，即墨区为了解决危旧住房问题和改善困难家庭的住房条件，成功申请了 18 亿元的棚改债资金。计划在未来两年内，将乡镇片区逐步纳入建设规划中。棚改债资金的使用应遵循严格的政策指导和立项程序，确保资金专款专用。在前期规划中应广泛征求群众意见，如果居民的意向未达到预期，将根据居民的反馈进行相应的调整。这样的做法旨在确保改造工程能够真正提升居民的满意度，实现社区改造的最终目标。

为减轻农民就医负担，即墨区加强了农村医疗保障。农村大多存在医疗条件差的问题，并且相当一部分人还存在“小病不用治，大病不敢治”的思想。为了缓解农民就医的经济负担，即墨区实施了一系列医疗报销政策。自 2018 年 5 月 18 日起，农村居民在一级医院就医的诊疗费用可以报销 90%，基本药物费用报销 50%，并且针对“三高”患者的七种特定药物实行免费提供。这些措施极大地减轻了农民的医疗开支，受益人群超过 7000 人。为解决农村就医难的问题，2019 年即墨区在蓝谷实行农村医疗室改造试点，在蓝谷高新区设立辛庄社区中心卫生室。这个卫生室自 2019 年 6 月开始试运行，它不仅布局合理、功能齐全，还配备了先进的医疗设备，为周边 3000 多名村民提供了优质的医疗服务。这样的改造显著提升了村民就医的便利性，使得一些小病和常见病能够在村里得到及时治疗，有效提升了村民的幸福感和生活质量。蓝谷的医疗改革试点取得了成效，即墨区在全区推广了“医共体”建设。大医院选派专家定期到合作的卫生院进行技术指导和坐诊，使农村居民在本村就能享受到医院专家级的医疗服务。这样的措施不仅提升了医疗服务的可行性，也显著提高了农村居民的就医满意度。即墨区实施的镇村卫生一体化管理策略，有效地强化了农村地区的医疗体系建设，显著提升了农民享有的医疗服务质量。

5. 生态环境得到进一步改善

为改善大气污染问题，即墨区政府印发了《即墨区镇街环境空气质量考核问责暂行办法》等文件，细化各部门的具体责任，并实施联合监管，研究制定了《即墨区 2019 年环境空气质量生态补偿方案》，根据相关环境的指标，对全区每个镇街开展生态考核，根据考核结果进行奖罚。2018 年，即墨区的空气质量优良率同比提高了 10.1%，达到了 82.2%，PM2.5 和 PM10 的浓度分别降至 34ug/m^3 和 70ug/m^3，这些成果体现了即墨区在环境保护方面的努力和进步。水污染治理方面也颇有成效。“即墨”就是因其地临墨水河而得名的，然而在 2010 年之前，墨水河曾因生态问题被当地人称为“臭水河”。这主要是因为当时政府对生态环境保护的忽视，导致生产和生活污水未经处理直接排入河中，造成了严重的水体污染。在生态建设的大背景下，即墨区不断加大对水污染的整治力度，对墨水河、大沽河等主要河道进行入河污染源排查，开展防治水污染的行动，根据水污染防治目标的各项标准，加大对排放不达标水体单位的惩罚力度，增加污染成本。通过定期对主要河流进行调查评估和数据上报，建立了科学的奖惩机制，有效改善了水污染问题。由此，即墨区在生态建设方面取得了显著成就。

二、城乡深度融合发展的国际经验

发达国家经济社会进步较发展中国家更早、更快，因此也更早地遭遇城乡发展不协调的问题，这些问题的解决为发展中国家的城乡融合发展提供了一些宝贵的经验。从城市化发展的历史来看，资本主义国家如英国、美国、日本和韩等国相继在城市化发展过程中遇到和出现了城乡发展失调的问题，采取的政策措施也不尽相同，各有特点。

（一）美国、英国城乡协调发展模式

1. 美国城乡协调发展概况

美国是工业革命较早完成的国家，同时也是在解决城乡失调问题上较为成功的国家之一。作为市场经济发达的国家，美国政府信奉“自由放任的资本主义”政策，对经济活动不加干涉。从19世纪到20世纪中叶，美国农业在科学技术的推动下，生产率持续提高，农村富余的劳动力开始向城市转移，原本留在农村的劳动力也开始转向非农业生产。然而，到了20世纪，农村在一定程度上出现了衰败，自20世纪50年代到70年代，美国农业人口收入一直低于非农业人口的收入，非农收入的占比从50年代的55%增加到了70年代的75%。直到20世纪末21世纪初，美国才在真正意义上消灭了城乡差距。据美国农业部对1997年至2007年10年间美国城乡居民家庭的平均年净收入抽样调查数

据显示，美国城市居民和农村居民收入差别甚微，其中有6年城市居民高于农村居民的家庭平均年净收入，另外4年则是农村高于城市，其差距也都是保持在10%以下。2012年10月，美国人口普查局发布的全美城乡居民生存状况调查数据显示，2011年，美国的芝加哥、费城、旧金山等7个主要大城市中，居民的家庭中位年收入均低于全美家庭平均数50 502美元。与之相反，在随机抽取调查的50个人口在1万人以上的小城市中，居民的家庭中位年收入却均高于50 502美元这一平均线。可见在美国，城乡差别虽然存在，却是乡村发展水平高于城市。

在城乡协调发展问题上，美国的做法主要有：

第一，简化行政机构，注重基层民主自治。

美国地方民主自治早在殖民地时期就已经开始，地方行政机构也较为简单，仅有殖民地和乡镇两级政府机构。直到今天，虽然基层政府被细分为县、区、自治市等机构，但是基层民主自治的传统依然没变。美国地方政府按职能分为两种：一种是具有全面政府职能的地方政府，另一种是为管理某一专项事务而专门设立的区，如卫生专区、土壤保护专区等，基层自治程度较高。托克维尔认为，美国的乡镇自由很大程度上是内生的，并由于外部环境，包括法律和民情的不断作用而日益巩固。乡镇代表了人民自由的力量所在，乡镇组织之于自由，好比学校之于授课，在将自由带给人民的同时，也教会了人民安享自由以及如何让自由为其服务。美国城市和乡村区别不大，都可以称为自治市，具有相同的民主传统和自治模式。美国各个大城市、小城镇之间都由高度发达的高速公路网相连接，城与城之间只有地理上的邻居关系，没有行政上的领导与被领导关系，在法律上拥有相同的自治权利。

第二，重视对农民的教育，鼓励农民兼业发展。

在美国 20 世纪中期，城乡收入差距就引起了政府的高度重视。研究人员认为，美国之所以出现这样的城乡差距，主要是由农民接受教育程度低和农业劳动力富余造成的。2002 年，美国以立法的形式保障城乡儿童受教育的权利，并颁布了《不让一个孩子掉队》的法案，旨在消灭弱势群体与非弱势群体孩子在受教育权利方面的城乡差距，保障城乡教育机会均等。此外，美国政府还注重对农民的成人教育、职业教育、医疗教育等，在城乡教育、农村非农产业发展等方面一直持续加大投入。美国城乡教育差距微乎其微，城乡教师收入均等，保证了农村教育事业的发展。

美国政府在20世纪30年代就开始在农村建设道路通信设施，90 年代基本建成了全国四通八达的高速公路系统，完善了农村的基础设施，吸引了城市就业人员到乡村居住，同时推动了小城镇发展。美国农业发展以政府政策扶持为主导，许多农民也不以农业为主要收入来源。20 世纪 60 年代是美国农业人口转向非农就业的重要时期，这一时期转入非农就业人口高达 1450 万人，60 年代末期绝大部分美国劳动力已经转入非农就业。

第三，利用科学技术发展农业，同时运用税收政策协调农业和非农业的差距，保护农业。

重视科学技术在农业中的应用是美国发展农业的一大优势和传统，这些技术作物轮作、休闲轮作、覆盖作物扦入轮作、农牧结合、农艺农机结合以及网络化与精确农业结合等方式有效地保证了农业的高产高效，并保护了农业用地不被过度开发利用。近年来，美国还积极发展利用“3S”技术（遥感技术、地理信息系统、全球定位系统）的农业精准机械，通过安装计算机控制系统、产量控制器以及激光测定技术等高科技设备，积极推动农业的信息化、自动化生产。

重视对农业的保护是美国的又一重要传统，美国政府一直采取税收和直接补贴的办法对农业进行保护，政府对农业的直接补贴通常都在 200 亿美元以上，从而保护了农业劳动者对生产的积极性，平抑了农业生产和非农业生产之间的收入差。美国政府税收政策相当完备，商业购物税通常在大城市达到 8% 以上，而地处偏远的农村则仅仅征收 3% 的商业税。在加利福尼亚等较为发达的州，消费税率为 9.25%；而在相对落后的内陆州，消费税率仅为 6% 左右，这一政策也对缩小城乡差距起到了积极的作用，在乡镇生活的幸福指数往往比城市还要高。

第四，注重法律体系建设，关注乡村发展。

美国地广人稀，当城市遭遇一般性的“城市病”的时候，美国大部分居民开始逆向流往乡村，这一现象曾一度侵蚀了乡村空间布局。为了解决城市蔓延过程中的城乡冲突，美国很早就注意到了城乡规划的必要性，除了城乡区域规划，还颁布了如《清洁空气法》《清洁水法》《濒危物种法》等法律措施解决城市空气污染、水污染、生态破坏等，这些法律法规对美国城乡建设起到了积极的推动作用。以乡村建设为例，美国乡村居民点的土地使用受《分区规划》控制。此法案不仅限定了每一块宅基地的规模，还对道路宽度、道路等级方面进行详细规定，积极营造适合步行的道路等级，确保乡村住宅在建设过程中根据当地情况建造适宜宽度的道路。这种规划保证了城乡空间格局的协调。美国乡村发展也受到政府的高度重视。自 20 世纪 90 年代以来，美国联邦农业部提供农业专用资金，对乡村公用设施、乡村社会福利等提供资助，通过制定诸如农业发展、乡村住宅、乡村企业、土地开发权等政策和计划，更有效地保护了乡村农业发展。其中，购买土地开发权既对土地实现了市场化定价，同时又保留了大量农业用地，保证了农业可持续发展。在农村基础设施方面，美国也颁布了相应的法律法规，如 1916 年的《联邦高速公路法》、1956 年的《农村电气化法》等。美国政府还每年斥巨资修建农村道路、桥梁、水利等基础设施，2009 年 9 月农业部宣布出资 61 580 万美元用于农村水利设施建设，2010 年农业部宣布为 14 个农村地区提供 3.1 亿美元资金，支持农村高速网络建设。多元化、系统化的政策支持极大地保障了农村农业的发展。

第五，构建“大都市区”打破城乡区域界限，协调城乡经济发展。

美国打破城乡二元经济结构，走向城乡一体化，很大程度上是汇集大、中、小城市发展，构建“大都市区”的结果。自19世纪中期开始，经过近百余年的发展，美国形成了大片的工业区和都市区。这些工业区和都市区充分发挥了空间聚集和辐射扩散功能，开启了城乡区域经济一体化发展的大门。20世纪60年代，美国积极发展示范城市，开发新城市，鼓励中产阶级向郊区买房居住，促进了中小城市的发展，而且推动美国城乡一体化走向更高阶段。

2. 英国城乡协调发展概况

英国是工业革命最早的国家，因此也是城市化进程最早的国家之一，在城市化进程中最先遇到城乡协调发展问题。工业革命带动了英国纺织业和煤炭业等产业的发展，由此，在这种自发状态下，各个大小不等的城镇也发展起来了，英国也开始由乡村社会向城市社会转变，并且出现了“城市病”、城乡失调等问题。19世纪末20世纪初，这种失调表现在经济、社会和生态等各个领域和各个方面，这也是霍华德在当时提出“田园城市”构想的社会基础，将城市和乡村进行统一规划、一体化发展的思想已经成为共识。

早期英国城乡协调发展的做法，主要有：

第一，突出城乡规划的重要性。

英国城市化始于18世纪60年代，目前城市化率已经达到了90%以上。英国对城乡规划的立法工作最早见于1909年的《住房及城市规划诸法》，这部法律旨在解决城市规模膨胀、人口拥挤，以及环境恶化带来的住房问题，这标志着城市规划被纳入政府职能的起始。此后这部法律，以《公共卫生法》《住宅法》《城乡规划法》等形式演变。随着经济社会的发展而逐步完善。其中，1947 颁布的《城乡规划法》是英国第一部完全意义上关于城市和乡村一体化建设的法典，对英国乃至整个西方国家的城乡规划都产生了重要的影响。该法律制订了严格的开发条款，将所有土地的开发价值收归国有，土地所有者失去了对土地的开发权。它授予地方主管部门自行开发土地的权力，同时指定中央土地委员会负责对任何土地的开发费用。此后的 1953 年、1962 年、1968 年又分别对这一法规进行了进一步完善，但是基本原则从未改变。英国现行的规划法是 1990 年制定的，其主要特征就是在中央集权的指导下，强调区域统筹和公众参与，在规划建设上秉承适度超前性，在规划执行上强调刚性管理，确保政策落地。

第二，重视小城镇的发展，注意保护小城镇文化特色。

在英国，多数小城镇根据当地地理特征建设，因此英国政府规定对存在 50 年以上的小城镇建筑一般不再拆除，保留了各小城镇的文化特色。优先发展区位优势明显的小城镇（市镇），使其成为连接城市和乡村的枢纽和乡村经济发展的基点，为乡村劳动力提供非农就业机会，同时为乡村农产品销售打开城市市场的大门。

第三，通过城市复兴计划改善城乡产业结构。

“二战”后英国的工业城市如伯明翰、曼彻斯特、格拉斯哥等都面临着转型压力为此，撒切尔夫人执政期间推行“去工业化”的发展政策，增加城市基础设施供给，建设现代商务中心，对原有的工业基础进行革新和转型；兴建博物馆、开办展览文化活动，以提升城市文化水准；本着政府主导的原则，对城市规划既适度参与，又积极鼓励私人资本对城市社区进行投资建设。在“城市振兴论坛组织”的推动下，城市产业结构得到了改善，城市复兴计划取得较好的成效。

英国非常重视公众对城市化建设的作用。虽然英国的城市建设一直以来都是在政府主导下进行的，但是在城乡协调发展的历史进程中，无论是欧文的“新和谐”公社对城乡协调发展的最初实践，还是霍华德的以“田园城市”弥合城乡差距的设想，公众的自发参与都起到了积极的推动和促进作用。

第四，通过相关政策法规，完善城乡协调发展规划。

英国在早期城市化中非常注重城市的自我生长，但是当城市的蔓延导致了许多问题出现，英国开始从政策上规划城乡空间协调发展。从 1942 年起，英国政府先后颁布了《斯科特报告》《中心居民点政策》《城乡规划法》《绿带政策》《国家公园和进入乡村法》等，就乡村环境保护和发展、乡村土地利用、中心居民点扩张、城市无序蔓延状态控制、乡村自然和历史景观保护等方面进行了详细规定，促进了城乡协调发展。

（二）韩国、日本城乡协调发展模式

1. 韩国城乡协调发展概况

韩国位于朝鲜半岛南部，人口数量约为 5000 万，国土面积大约 10.02 万平方千米，地处东北亚地区，人多地少，农业资源有限。20 世纪 60 年代，为了振兴经济，韩国政府采取了“出口导向型”非均衡发展战略，于 1962—1971 年实施了两个五年计划，重点扶持工业产业发展并扩大出口。两个五年计划极大地促进了韩国的工业发展，创造了举世瞩目的“汉江奇迹”，使其一跃而成为亚洲四小龙之一，成为发展中国家成功迈向发达国家的典型。然而，“汉江奇迹”在带来经济高速增长的同时也拉大了工农业发展差距。在第一、二两个五年计划实施过程中，工业发展速度分别为 7.8% 和 10.5%，农业发展速度分别为 5.3% 和 2.5%，发展差距较大，直接导致了农村人口大量涌入城市，对城市社会管理形成了一定的发展压力。从第三个五年计划开始，韩国政府开始重视工农业平衡发展。发展战略由非均衡走向均衡，同时协调城乡经济社会发展，也是在这个时候，韩国总统朴正熙发起了著名的“新村运动”。

从韩国城乡协调发展的历程看，其成功的经验主要有：

第一，借力新村运动，统筹城乡发展。

韩国新村运动以时间为序，可划分为三个阶段：20 世纪 70 年代初期的改善农村硬件设施阶段、70 年代中后期的增加农民收入阶段、80 年代的社会事业发展阶段和文化建设阶段。20 世纪 70 年代初期，韩国国民在“勤勉、自助、协作”的号召下开始进行新村建设。这一阶段的主要目标是新村硬件设施建设，对农村的道路、桥梁、河堤、房屋等进行了重建和修缮，并向全国 3 万多个村庄免费发放水泥，平均每一个村可获得 335 袋用于改善农村生活环境。1971—1975 年，韩国政府共计修建了 65 000 多座桥梁，到了 70 年代后期，除了一些非常偏僻的地区外，韩国基本上实现了村村通车的目标。地方政府还拟定了近 20 项农村建设项目交给农民自主开发，并派专业技术人员进行相应指导。为了激励村庄完成基础建设，政府还将全国所有村庄分成“自立、自助、基础”三个等级，自立村和自助村可以率先获得政府的资助物资，基础村只有在整体生活环境改善之后，才可获得政府追加的 1000 袋水泥。这种政府直接进行实物分配的方式方法，避免了中间环节的浪费，保证了农村基础建设的顺利进行，大大提高了村居环境和生活质量。

第二，扶持农业发展，增加农民收入。

从 1974 年开始，韩国政府重点扶持农业发展，深化农业内部分工，发展农业以外的渔业、养殖业，调整农业产业结构。同时发展农村工业，积极利用科学技术提高现代工农业生产效率，增加农民收入。

第三，继续发展工业区，实现劳动力有序转移。

在 20 世纪 60 年代工业化发展的基础上，韩国政府在人口集聚区开设工业园区，到70年代已经建成了50多个大型工业园区，为农村劳动力的流入提供了大量就业岗位，凸显了工业区规模经济在城乡协调发展中的作用。

第四，加强农民教育，推动文化建设。

韩国对其国民的教育自20世纪60年代就已经开始，发展到今天已经形成了3个层次，即4 H教育、农渔民后继者教育、专业农民教育。其中4 H教育影响最大，其目标就是培养农民具有聪明的头脑（head）、健康的心理（heart）、健康的身体（health）、较强的动手能力（hand）。在新村运动之初政府就兴建了村民会馆，以加强村民之间的信息、技术交流，同时注重对农民的道德和法制教育，营造良好的社会风气。政府还很重视对农民的计算机远程教育和培训，花重金投资计算机培训中心，对农民进行免费教育，极大地提高了农民的现代化素质。

经过新村运动，韩国农村面貌焕然一新，村居环境明显改善，农民收入明显提高，甚至有些年份农民收入增长快于城市居民收入的增长。然而，80年代韩国总统全斗焕再次发起“新村运动”却是以失败告终，对此，官方的说法是：运动“失去活力”的主要因素是“没有争取到民众，尤其是年轻一代的信任”，再次说明了农村教育和文化建设的重要性。

第五，城乡一体的社会保障制度。

韩国在城乡社会保障制度方面采取了一体化的建设策略，覆盖了多个重要领域。这包括但不限于在居民的养老保险、医疗保险、社会保险、社会福利以及公共救助等方面，确保城乡居民均享有同等的福利待遇。颁布于1986年的韩国《国民年金法》是所有社会保障制度的核心内容，其覆盖范围于1995年被扩大到了韩国农村和渔村。该法律规定：韩国国内65岁以上农民把土地无偿让给别人耕种的，每年可得300万韩元补贴，直到死亡。如果农民出售土地，他们将获得相应的土地出让收入，但在这种情况下，他们只能获得为期8年的农业用地补贴。这一政策既防止了土地买卖导致的兼并行为，又保护了农民的利益，同时促进了农业的发展。与此同时，韩国政府多年来致力于修订医疗保险法律法规，力图推进医疗保险试点，修订医疗保险法，完善医疗保险制度，最终在1999年建立起了囊括医疗保险、产业保险、农民年金以及基本生活保障四个方面的较为完善的社会保障制度。

总之，新村运动给韩国农村带来了巨大的变化，对促进城乡协调发展起到了积极的作用。韩国的城市化率由1970年的55.3%发展到了2000年的90.2%，农村居民收入占城市居民收入比由1970年的75%增加到了2000年的83.6%。新村运动促进了农村城市化的发展，增加了农民收入，实现了城乡资源的有效配置。

2. 日本城乡协调发展概况

日本是一个人口稠密的岛国，“二战”后迅速发展为巨大经济体，其发展之迅猛令世人瞩目，但同时也不可避免地出现了城乡发展失调的问题。相关数据显示：经过了20世纪五六十年代的工业高速发展后，日本工农业就业人口比例发生了重大变化。

在 1955—1971 年的 16 年期间，工业人口增加到了 4340 多万人，占就业总人口的 85%；农业人口则减少到了 760 多万人，一增一减说明了城市工业增加的人口有将近一半是农村人口外流。和众多国家的劳动力转移一样，农村青壮年大多转移到村外从事工业等非农产业，农村劳动力仅剩下妇女、老人和儿童，且平均年龄在 50 岁以上，这一现象导致了城乡人口分布不均，使农业生产面临着严峻的人力资源短缺，农村社会面临解体的危机。

为了协调城乡发展，日本主要是从城乡矛盾体的重要弱势方，即乡村着手开展“造村运动”，具体来说主要包括以下几方面：

第一，建立补助金制度，强化农村基础设施建设。

日本政府非常重视对农村的基础设施建设，早在第二次世界大战以前，日本就通过补助金农政制度推进农业发展，即把推行农业政策所必需的经费列入政府财政预算，交给地方上的公共团体、法人或者其他团体、个人去执行，以保证农业政策的贯彻和落实。在第二次新农村建设时期，日本政府又加大了补助金的实施力度，将 3100 个市、町、村纳入农村基本建设和经营现代化建设体系，约占当时日本市町村总数的 80%。造村运动开始后，日本政府继续加大对农村基础设施建设的投资力度，不仅解决了农业发展资金不足的问题，还使农村面貌有了极大的改善，同时政府还抽出一部分资金用于建立农产品价格风险基金，以保护农民收益。

第二，发起造村运动，协调城乡发展。

日本的造村运动始于 20 世纪 70 年代末期。60 年代工业化发展将日本的城乡发展差距进一步扩大，工业化、城市化的发展模式受到了诸多质疑；70 年代初期国内大量农村空心村的出现，以及国际上石油危机的消极影响更是让资源匮乏的日本工业雪上加霜。相比之下，发展农村经济既不需要耗费过多的资源，又可以省去政府大量的财政投入，还可以实现乡村的自主发展。

大分县是造村运动发源地。该县位于日本西南部，面积 6337 平方千米，人口数量约 124 万，由于境内多山少地，自然条件差，人口流失现象非常严重。大分县知事平松守彦自上任伊始，就到县内各地视察。所到之处尽是“我们村里没有资源”“我们没有学校”“道路条件太差”的叹息声。平松守彦认为，无论怎样抱怨都摆脱不了贫困，于是在多重因素考量下，提出要开展“一村一品”运动。在就职演说中，平松守彦提出：发展工业对大分县来说无疑是至关重要的，但绝不是先工业后其他，而是要农林、水产、工商、旅游“五位一体”大发展，这一策略不仅为县政府的基本目标，是大分县造村运动的行动纲领。

具体来说，日本造村运动从四个方面着手。一是提出“一村一品”发展农村产业。“一村一品”并不是指要局限在单一产业上，可以是一村二品，也可以是一村三品，甚至也可以是三村一品，即地方自发地、因地制宜地开发适合于本地的特色产品。20 世纪 80 年代日本各地出现了众多的建设家乡的活动，活动理念从追求物质丰富转向追求精神富足，从追求数量转向讲究质量，建设美丽、富饶、生机盎然的家乡。二是为了保证“一村一品”项目进行，日本政府还设立了“一村一品”扶助基金，通过3.5%的低息贷款为各乡村提供根据地方特点种植农作物所需的资金，以便于形成地方品牌或产品基地。同时，还通过树立地方建设示范性组织、培养地方建设领导人等措施，为“一村一品”提供发展保障。三是开发丰富多彩的地方特色农产品。在此次运动中出现了大分香菇、丰后牛肉、津久见山魁、国东猕猴桃、松阪牛、竹田香园以及大田香覃等各具地方特色农的产品，涉及蔬菜、水果、林业、渔业、畜牧等多个行业，极大地增加了农村居民的经济收入，实现了乡村的自我发展。四是结合乡村文化特色发展“一村一品”。日本政府明确提出：开展“一村一品”活动时，并不一定要不断追求创新产品；深入挖掘当地的传统文化、历史遗迹、民间艺术，收集地方民谣，以及开发旅游观光等，都可以作为“一村一品”运动的一部分。具有悠久传统的民间工艺品、富有地方特色的风俗节日等，作为珍贵的文化遗产在任何时代都应该得到传承，不应该成为经济繁荣的牺牲品。这一政策极大地促进了日本民间文化的传承和发展。

第三，开展多元化的教育形式，提高农民的科技能力和文化素养。

日本是一个高度重视教育的国家。“二战”以后，在“强固山脚比强固山顶更重要”的教育理念指导下，日本政府出台了多项关于义务教育、公共教育和职业教育的法律法规。1947年，日本将义务教育的年限从六年提高至九年，实现全民基础教育。

同时，日本政府不断加大在教育领域的支出，投资的增长速度曾连续多年超过了经济总量的增长速度。农业科技教育培训中心、高等农业院校以及各级农民协会等举办多样化的培训班，对农民进行技能培训，以提升农民的劳动技能。20 世纪 80 年代，日本已经普及了高中教育，约有 4 成农村适龄学生能够进入大学继续深造，这一举措一定程度上提高了劳动者的素质。

第四，成立农业协会，促进农业发展。

日本几乎每一个町都设有农业协会（简称农协）。早在 1947 年颁布的《农业协同组合法》规定，农协是农民自己成立、自愿参加的合作经济组织。经过一个世纪的变化，它已经发展成为一个强大的组织体系，并在日本农业发展中发挥着重大作用。农协本着“发展中间商业，排斥中间商人”的原则，在组织农户提高其经济社会地位、为农业发展提供技术支持以提高农业生产效率、统一购买和销售农产品、提供低息贷款为农业发展提供金融支持等方面都起到了积极的作用。

第五，以制度改革推进土地规模经营。

战后日本政府注意到了小规模土地经营的局限性，于 1961 年修订原来的农业法规，制定了《农业基本法》，该法规扩大了农地规模，对提升农业效率和农业劳动者的收入起到了积极的促进作用，有效缓解了城乡发展不协调的问题。此后，日本政府又先后取消了农地的经营规模上限，废除地租，允许农民集体协商、自主签订土地租借合同，保证了土地流转的合法性和有序性。日本的造村运动有效缓解了城乡差距，增加了农民收入，为非农产业的发展开辟了广大的农村市场，农村社会发展迅速。1960年农民户均和人均，年收入仅为城市的89%和68%，1975年已高达城市的137%和114%。2000年日本城市工薪家庭可支配年收入是557.7万日元，而农户可支配年收入为688.1万日元，高出城市130.4万日元。至此，日本实际上已经没有经济上的城乡差别，成为城乡协调发展状况良好的发达国家之一。

第六，建立城乡一体的社会保障体系。

“二战”后，日本出台了《生活保护法》，对处于贫困线以下的穷人提供基本生活保障，帮助他们渡过难关。1959年又颁布实施了《国民健康保险法》和《国民年金法》，先后实现了全面医疗和全民养老保险。

（三）发达国家城乡协调发展共性总结

上述发达国家基本都已实现了城市和乡村的协调发展，虽然情况各异，侧重点也有所不同，但还是有着许多共性特征，值得我们思考和借鉴。

第一，城乡协调发展背景相同。

它们的城乡协调发展举措都是在工业化和城市化加速发展、城乡发展不协调问题比较突出的时候提出并付诸实施的。英国在19世纪末出现了城市病和城乡失调，为了解决这些问题，才有了霍华德提出的建设“田园城市”的美好构想。美国亦是在工业化和城市化发展过程中，农村和农业相比于城市和工业发生衰退，政府才加以重视，转而开始扶持农业农村农民发展。韩国发起新村运动的一个客观现实就是城市化进程加快，农村人口大量涌入首尔及周边城市，给城市管理带来了较大的压力，产生了许多弊端。因此，政府希望通过新村运动建设“美好的村庄”，将人口留在农村。日本在工业化和城市化快速发展进程中，遭遇发展瓶颈的时候开展了“一村一品”造村运动。

第二，重视农村基础设施建设和发展。

发达国家在协调城乡经济社会发展的时候，一般都专门制定了针对农村经济宏观发展的经济政策、采取了相关的扶持措施。如，英国颁布《史考特委员报告》对乡村环境进行保护；美国政府为弥合城乡差距颁布的《不让一个孩子掉队》法案的教育新政以及高科技农业发展措施；韩国 1974 年韩国政府投资用于新村建设的总资本中，用于农村生活环境的占了 32.6%，高居首位；日本造村运动将农村作为改革的重点，比较而言，英、美两国城乡协调发展起步早，城乡协调发展措施中更侧重于大城市和城市体系的规划以及发展，在城乡空间格局、生态环境上都有明确的指导；韩、日两国则更多的是侧重于发展小城镇。总之，无论是英国、美国，还是韩国和日本，都在城镇发展体系上做到了大、中、小城镇一体化发展。

第三，政府在城乡协调发展中发挥重要作用。

与我国城乡发展中不协调的问题不同，发达国家城乡协调发展问题更多的是生产性分工作用的结果。而随后的社会性分工起到了纠正生产性分工失误的作用。对于发达国家来说，城乡发展不协调是经济发展过程中自发演进的结果，是工业化和城市化发展过程中的必然产物，政府在协调城乡发展过程中只是对这一结果进行政策扶弱——工农失调则扶持农业发展，城乡失调则扶持农村发展。因此，政府基本上都对城乡协调发展起到了积极的作用。一方面，政府为城乡协调发展提供政策和资金支持；另一方面，政府还为城乡协调发展提供制度基础和法律保障。英、美、日、韩四国的工业化发展历史表明，政府在城乡协调发展中起着举足轻重的作用，城乡差距和对立一定程度上是工业化和城市化发展的必然产物，消除这一差距需要雄厚的财政支持，这是任何个体都无法做到的。制度建设是城乡协调发展的根本保证，城市和乡村从分离对立到一体化发展，其间穿插工业化、城市化和农业现代化的发展，不仅历史悠久，而且内涵广泛，涉及城市和乡村的行政管理、空间规划、财政税收、生态环保、公共服务、社会保障等多方面的内容，因此以制度性建设为主的社会性分工是城乡协调发展的根本保证，合理规范的制度建设就会对城乡协调发展起积极的促进作用，反之，则会成为城乡协调发展的严重桎梏。

第四，工业化、城镇化、农业现代化“三化”并举，促进城乡协调发展。

城乡协调发展说到底是一个工业化、城镇化和农业现代化交错发展的历史过程，在这一发展过程中，三者能否协调发展直接决定了城市和乡村能否和谐发展。城乡发展不协调往往以城镇化滞后于工业化、农业滞后于工业或者工农业结构不协调等形式表现出来，因此“三化”协调发展是美、英、韩、日四个发达国家的共性。其中，农业现代化是基础，工业化是城乡协调发展的加速器，城镇化是城乡协调发展的引擎。客观地讲，之所以重视农村农业的发展，重视农民的教育和培训，都是为了使工农业互相促进、城市和乡村相互协调发展。

三、长春经济圈城乡融合发展的主要任务

（一）构建优势产业群

长春经济圈各市县要按照已有的基础优势产业和重点发展的新兴产业来谋篇布局，推动建设和完善具有功能优化、集聚度高、特色突出、能耗较低等特点的产业发展集群，从而推动长春经济圈区域内产业高端化、集群化，助力区域内产业一体化的发展和形成。长春经济圈内长春市和吉林市的汽车产业技术先进、体系成熟，独具优势，因此要以长春市和吉林市两个汽车产业园区为主要载体，依托第一汽车集团等大型企业的雄厚科技基础，发挥人才、技术、物流、销售等方面的综合优势，聚焦汽车设计、研发、整车生产、零部件生产、物流等产业发展要素，打造

产业链完整、技术领先的国际型汽车等相关产业基地。在石化产业发展方面，长春市和吉林市两市互补性十分显著，尤其是吉林的石化产业，其规模巨大，主营业务十分明显，需要持续推动产业链上下游的配套产业发展。相关部门在加强石油化工等基础产业并做大做强的同时，要加深与汽车产业的合作，不断建设汽车配套相关的化学产品和化工新材料等产业体系，加快在汽车配件和化工产品的开放协作方面的建设，让石化产业真正成为长春市和吉林市两市产业发展的重要助推器、催化剂，进而成为长春经济圈产业发展强有力的产业支撑。

长春经济圈有丰厚的资源优势和较强的农产品加工产业基础，但产业规模较小，产品附加值较低，有较大的进步与提成空间。因此，要统筹建设和科学规划能充分实现资源共享的农产品产业园区。加强建设东北亚农产品加工中心、中新吉林食品区、蛟河先进农产品加工示范区等，进一步做大、做强玉米、大豆深加工产业，并加大对新产品研究和开发。依托吉粮、长粮等稻米加工企业，重点建设永吉县绿色稻谷精深加工试验区。做强农产品深加工产业，依托大成、中粮、天景等龙头企业，加快推进吉粮 50 万吨鲜玉米汁系列饮品、中粮 30 万吨稻米加工、天景 30 万吨纯玉米系列饮品、帝斯曼饲料添加剂、金隆大豆蛋白、广泽乳业奶牛养殖及乳品加工、皓月百万头优质肉牛、梅花鹿精深加工等重点项目，把长春经济圈建成吉林省核心农产品加工基地，并力争建成国内最强，具有世界级影响的农产品加工基地。

以长春轨道客车股份有限公司和长春轨道客车装备有限责任公司为依托，大力发展轨道客车整车和零部件产业，加快推进1000辆高速动车组和1000辆城轨车等重点项目，打造一个世界级的轨道客车产业基地，发展三大核心产业——轨道交通机车车辆制造业、轨道交通光机电与系统集成、轨道交通新材料与节能技术。

将国家火炬计划软件产业基地、国家级汽车电子产业基地、高新区（吉林市）电子信息产业集聚区等核心产业园区，作为推动区域经济发展和产业升级的重要平台；依托启明公司、东光集团、华微电子、永大集团等重点企业，利用这些企业的研发和生产优势，发展基础元器件、光电产业装备制造、激光制造、汽车与电力电子、光显示等光电相关产业。加快推进有机电致发光、高分子聚合物电致发光显示技术产业化项目、光电子平台及产业化项目、48万片8英寸半导体芯片等重点项目，建成国家级光电产业基地。

依托修正药业、长白山制药、海伯尔生物技术有限公司等医药领域重点培育的骨干企业，加大资金投入并加强政策扶植，促进生物制药、现代中药、医药中间体和化学药的研发，着力推进基因工程制药及兽用生物制药项目、生物疫苗、诊断治疗产品、康艾注射液等重点项目，建成国家级生物产业基地和药品研发、生产、销售与出口基地。

依托中机北方机械有限公司、吉林明阳大通风电技术有限公司、中航液压等具有产业优势和人才优势的重点大型装备制造企业，大力发展工程机械、大型起重设备及液压控制系统，重点推进新能源相关设备的研发与制造，推进省级重点扶持的中机北方水稻和玉米收获机、2.5 兆瓦风力发电设备、8.5 万吨核电主管道、邦正 3 万台农用摩托车等项目，建成国内有影响力的先进装备制造基地。

（二）发挥政府和市场的长处

要发展好长春经济圈的市场经济，首先政府要做好规划和指导。政府的角色应当是强化规划和指导，而非过度干预或用行政命令限制企业的运营自由与地点选择。政府规划的核心应当聚焦于如何优化投资环境和明确城市功能定位，而非直接制定经济增长或详细产业结构的计划。同时，要构建政府间的合作框架，并确立一致且规范的制度体系。长春经济圈一体化的发展不应孤立进行，而是要通过相互协调和科学规划来实现持续创新。长春经济圈在现存的条件下，可以考虑在合理调整行政区划的基础上，建立起经济圈内各城市之间的稳固协作机制，在招商引资、户籍管理、就业与社会保障、工商税收、教育体制、交通通信等领域制定相对统一的制度规则，促进经济圈内部的社会经济整合，优化城市结构。长春经济圈各市要顺应市场的供求规律，制定适应产业发展的新政策，加强政府的引导与服务功能，加大简政放权力度。同时，制定相关政策和法规，以建立规范、协调、统一的生产要素市场，建立统一的、开放的、公平的市场竞争体系，为企业和产业提供相应的政策法律和良好的市场环境，让产业主体发挥真正的优势，释放活力，营造产业发展的良好氛围，为长春经济圈一体化建设扫清各种障碍，提供有力保障。

长期以来，长春经济圈各市深受计划经济思想影响，政府部门把权力过多地用在了直接影响和干预企业运行上，这严重阻碍了长春经济圈各市的产业一体化。为了解决这一问题，就要建立政府部门权力运行规范制度，多宏观指引，少行政干预，政府主要在市场失灵的时候发挥作用，市场能正常发挥作用时避免过多直接干预。政府应该根据每一种要素的自身特性和市场规律，来构建相应的市场体系，做要素市场化配置的规则制定者、秩序维护者、环境保护者，让民营企业特别是中小企业平等获取生产要素，激发市场主体的活力。

（三）加强人才和基础设施建设

长春经济圈要想实现城乡深度融合，实现产业结构升级和产业一体化和高级化，其中一项重要保障措施，就是健全人才保障和人才机制建设。只有发挥好产业对就业的指导功能，才能更好地实现人才的合理配置。加快人才培养体系建设和制定吸引人才战略是当务之急。为此，要建立有利于经济发展的用人引人机制，创造宽松的人才使用环境，拓宽人才引进渠道，保障人才各项福利，为长春经济圈城乡深度融合服务；要建立结构合理和灵活开放的现代劳动力就业培训体系，有针对性地加强在岗工人及失业工人的上岗技能培训工作；要在新建院校、高职高专院校建立同产业同岗位对接的人才培训基地，建设或改造一批新型职业技术培训院校和机构，全面提高职工队伍素质，培育适应信息化、新型工业化、高端产业发展的层次高、素质好、技能强的有用之才；要出台可实施、接地气的强有力政策，以推动高校建立以市场需求为导向的人才培养体系，引导部分高校由教学型向应用型转变，培养直接与企业、行业相对接的高质量人才，为长春经济圈城乡深度融合发展提供强有力的人才支撑。

一个健全和发达的基础设施和交通运输体系能够推动长春经济圈各市劳动力、生产资料等经济要素的合理流动，加快长春经济圈产业一体化发展。从经济发达区域的发展过程来看，基础设施建设，特别是交通运输网络建设不仅是实现经济发展的开路先锋，还是实现资金、信息、技术以及劳动力等生产要素流动的重要途径。从长春经济圈经济发展的实际情况来看，围绕长春经济圈各市长远发展规划来加强基础设施建设已经迫在眉睫。政府应该站在历史发展的战略视阈，将长春经济圈各市紧密连接起来，发挥长春中心区的辐射带动作用，加强与周边地区的经济联系，统筹规划基础设施建设与发展；加大对长春经济圈各市的财政支持力度，推动和完善区域内基础配套设施建设。应将长春经济圈各市互联互通通道建设作为交通运输一体化的重点，统筹建设综合运输设施体系，形成公路、铁路、航空、管道为主体的、配套设施完备的现代化立体交通网络，从而使长春经济圈各市综合交通运输能力得到进一步提升，促进区域经济的快速发展。

（四）加快新兴产业发展

战略性新兴产业具有低碳、循环和绿色等发展特点，是引领和推动未来经济发展的重要力量。长春经济圈各市应将科技含量较高、引领未来产业发展的先进装备制造、新材料与新能源、生物化工与生物医药、光电信息、节能环保、旅游、文化等产业列为重点培育的战略性新兴产业，加快工业发展方式转变，加快工业结构调整和转型升级，设计与规划新型工业化体系，同时加快科技成果转化，推进重大项目建设，以提升产业水平。

重点发展生物化工产业。依托在生物化工领域发展具有产业优势的长春大成集团等重点生化企业，实现玉米、秸秆等可再生资源向能源转化，逐步替代石油等不可再生资源，坚持走绿色、可持续的生物化工产业发展战略；制定促进生物化工产业发展的政策，推动长春经济圈聚乳酸产业的发展，形成具有竞争力的产业集群，为地区经济发展做出贡献。

发展壮大生物医药产业。由于独特的药材资源优势和多年生物医药产业的发展历史，长春经济圈在医药领域具有领先地位，依托修正、敖东、东宝、施慧达、茂祥、万通等中国知名医药企业，充分发挥长春市和吉林市医药领域产业优势，加大医药企业及相关资源的整合力度，以科技创新为驱动，提高产业质量升级和产业集聚水平。要充分发挥科技对产业发展的驱动作用，提升自主创新能力和水平，推进医药大品种二次开发；积极引导企业提高产品质量标准，加大新药、特药研发力度，提升药品生产工艺，优化药品剂型，开展循证医学研究等，不断提升市场竞争力和占有率。推进化学制药产业转型升级。

加快电子信息产业跃升。在基础研究的电子信息领域里，长春经济圈内长春市和吉林市两市的理论基础研究扎实深入，产业基础相对较好，特别是在应用技术研究和产品开发等方面，两市发展优势十分明显。在电子领域，要加快汽车电子、高端显示和节能照明等产品的研发和产品转化。在信息领域，要在城乡加快部署 5G 网络、交互式数字广播电视网等，向着覆盖范围更大、接入水平更高迈进。不断扩大与周边地区的信息服务外包业务，缩小与先进地区和先进国家的差距，发展有自主新技术的产品，形成产业规模，推进电子信息产业不断创新与发展，努力将长春经济圈建设成为国内一流的电子信息产业基地。

领先发展新能源汽车产业。新能源汽车是未来汽车发展方向，市场发展潜力巨大，国家政策越来越完善，电动技术越来越成熟，完善配套设施逐步实施，这些条件为长春经济圈新能源汽车及配套产业的发展提供了现实基础和强大动力。长春经济圈发展新能源汽车要以一汽集团为核心，以长春市和吉林市两市汽车产业基地为平台，合理布局，大力发展大型和中小型纯电动汽车和混合动力汽车，紧跟国际前沿技术，实现电池、电机、电控关键核心技术的突破，加强与四平市、辽源市、松原市等地区的产业协作和配套，形成新能源汽车产业链体系化建设和产业化发展，凭借长春汽车城的雄厚基础和优势构建新能源汽车研发和生产基地。

积极发展新能源产业。在环境污染日益严重的今天，新能源产业的发展越发重要，时间越发紧迫，吉林省委及时提出了“保障供给、节能优先、调整结构、多元发展”的发展新思路。长春经济圈要在新能源产业布局和发展上发挥引领和示范作用，要以发展光伏产业、风电水电装备、太阳能产业等为重点，加快推进光电、风电、水电资源梯级开发利用，在有条件的地方加快推广太阳能发热发电项目，使建筑与发电相结合；要加快秸秆规模化气化开发和沼气综合利用，逐步形成产业链条，构建稳定性强、安全性高、清洁的现代能源保障体系，助力长春经济圈产业又好又快发展。

构建新材料产业集群。近年来，新材料产业在长春经济圈产业发展中的地位越来越高，发展规模越来越大，要围绕市场需求做文章，依托长春经济圈现有资源、技术、人才、产业优势，重点发展有机高分子材料、碳纤维材料、先进复合材料、化工新材料、新型金属和无机非金属材料等产业。建设东北新材料与技术产业园，统筹建设长春有机高分子材料产业集聚区和吉林化学工业循环经济园区，打造化工新材料孵化基地。政府要加大政策扶持力度，发挥导向与推动作用，有方向性地培育骨干企业，引导加强企业间资源整合与产业链条衔接，尽快建成为国内领先的新材料产业基地。

拓宽发展节能环保产业。随着科技的进步、能源的枯竭、对环境保护重视程度的加大，国家越来越强调节能环保等相关产业和技术的培育与发展，发展低碳、绿色、循环经济。吉林省提出建设生态吉林的新思路和新理念，长春经济圈要紧跟时代发展步伐，各市政府要不断加强和完善环保产业统一管理机制，引导和鼓励节能环保企业发展，建立对其有益的政策法规体系，明确环保产品准入机制，建立公平、开放、有序的环保产品市场，积极引导企业参与清洁能源替代、废水综合利用等，助力节能降耗、减排治污。为环保企业和科研院所搭建平台，将科研单位、高校的环保科研成果迅速转化为生产力和发展效益。创建生态工业示范园区，邀请拥有关键核心技术服务能力强、集聚程度高、市场认可度高的骨干环保企业进驻，发挥其示范与引领作用。同时，积极创造条件，广泛开展与其他国家或环保组织的交流与合作。

加速发展现代物流业。现代物流业涵盖的产业领域极其广泛，有较高的产业关联度和溢出带动效应，能有效带动第三产业的发展并提高行业附加值的比重，有利于优化资源配置与生产力布局，还能促进经济结构调整，达到优化区域产业结构的目的。长春经济圈内各市应在政府统一指导下制定扶持现代物流产业的发展规划，统筹建设物流产业园区，降低扩张壁垒和行业内恶性竞争，扶持物流企业做大做强。这是形成长春经济圈城乡深度融合的重要一步，也是形成全省现代物流中心集散区的关键一步。长春经济圈内应重点构建依托汽车、石化、冶金、农副产品深加工等产业的双向物流体系，统筹区域内物流产业园区建设，在长春经济圈产业创新发展示范区建设综合性国际物流产业园区，打造长春国际物流经济开发区，加快长春经济圈工业新区、汽车产业园区和内陆港区域内物流园区建设，建成四通八达、衔接顺畅、高效便捷的物流运输网络。

总之，长春经济圈要想实现城乡深度融合发展，就必须把长春经济圈内各市密切联系起来协调发展。在城乡深度融合发展的过程中，不能厚此薄彼，而是要坚持以大带小的原则促进长春市和长春经济圈内其他城市的协调发展。它们在功能上是互补的，是有机统一协调发展的，在资金、人才、资源上是可以相互支撑的。长春市对其他市的发展具有带动和辐射作用，反之亦然。长春经济圈要有效地将各市的工业化、信息化、现代化资源整合起来，利用市场推动、政府主导，使多方共同参与，进行科学规划和合理布局，让长春经济圈内各市的企业与长春市的企业连接起来，其不仅具有多样化、合理化和潜力大的特点，还将更加有利于推进长春经济圈城乡的深度融合和一体化发展。

主要参考文献

[1] 陈中 . 世界各国城乡一体化经验：美国城乡难分界限 [N].

经济参考报，2010-01-21（5）.

[2] 邓立丽．江苏城乡经济一体化研究 [J]. 上海经济研究，2012（2）：105-113.

[3] 冯胜．基于托达罗模型的韩国城乡统筹发展模式研究 [J]. 中南民族大学学报（人文社会科学版），2011，31（5）：143-147.

[4] 郭建军．日本城乡统筹发展的背景和经验教训 [J]. 农业展望，2007（2）：27-30.

[5] 何玉霞．当代中国城乡协调发展研究 [D]. 曲阜：曲阜师范大学，2014.

[6] 胡文强．长春吉林两市产业一体化发展研究 [D]. 长春：吉林大学，2017.

[7] 胡志林．大城市毗邻区城乡经济一体化发展研究 [D]. 武汉：中南财经政法大学，2018.

[8] 李强，张红玉，王欣欣，等．韩国新村运动的主要成效、基本经验及对我国的启示 [J]. 农业现代化研究，2006，27（6）：405-408.

[9] 栾红旭，徐梓耕．长株潭一体化对长吉协同发展的启示 [J]. 内蒙古科技与经济，2019（2）：20-21.

[10] 卢佳彤．青岛市即墨区城乡融合发展问题研究 [D]. 青岛：青岛科技大学，2021.

[11] 曲文俏，陈磊．日本的造村运动及其对中国新农村建设的启示 [J]. 世界农业，2006（7）：8-11.

[12] 石磊 . 寻求“另类”发展的范式：韩国新村运动与中国乡村建设 [J]. 社会学研究，2004（4）：34–39.

[13] 荼洪旺，明崧磊 . 缩小城乡居民收入差距的国际经验比较与启示 [J]. 中州学刊，2012（6）：30–35.

[14] 赵儒煜，邵昱晔 . 长吉图先导区工业发展战略与重点领域研究 [J]. 经济纵横，2011（6）：44–47.

[15] 张沛，孙海军，李萌，等 . 城乡一体化研究的国际进展及典型国家发展经验 [J]. 国际城市规划，2014，29（1）：42–49.

[16] 张学良，林永然 . 新常态下大城市与毗邻地区融合发展：上海及其毗邻地区的实践 [J]. 科学发展，2018（5）：39–45.

[17] 张中华 . 西方发达国家城乡统筹发展的实践析论 [J]. 中国名城，2012（11）：38–43.

第五章 长春经济圈城乡融合发展内生动力机制的再构

一、发挥老工业基地技术优势，形成城乡融合发展新格局

（一）建立城乡融合工业发展平台

根据《长春市国民经济和社会发展第十四个五年规划和2035年远景目标纲要》的战略规划，当前长春经济圈正以建设国家城乡融合发展试验区为载体，以农村土地制度改革为核心，以城乡产业协同发展为重点，加快新型城镇化建设，强化县城城镇化，为建设长春现代化经济圈提供支撑。在城乡工业融合发展中，政府可以培育综合型特大镇，有效连接城市与乡村，充分集聚县域人口、产业等资源。与此同时，培育功能型小城镇，依托县域开发区、工业集中区、特色产业园区，培育20个左右常住人口在3万人以上的产业强镇（街道），与综合型特大镇形成联动，强化产业带动功能，打造新型产城融合重要载体。因地制宜地稳步提高城镇综合承载能力，加快改善城乡人居环境，培育80个左右特色乡镇（街道）。同时，培育平台型特色产业小镇，创建10至15个高质量特色产业小镇，加快培育以红旗绿色智能小镇、皓月国际农业小镇为代表的转型升级类小镇，以吉林大学“双创”小镇、光电小镇为代表的创新引领类小镇，以波泥河

苗木花卉小镇、鹿乡梅花鹿小镇为代表的资源整合类小镇。特色小镇犹如一条纽带坐落于城郊，联系城市与乡村，可以激活两大区域间要素流动。借助特色小镇提供的大平台，积极推进涉及农业、农村企业与当地农村产业发展的对接工作，加快制定城乡间产业均衡发展的规划蓝图，推动相应的特色小镇规划布局顺利落地。合理配置农村新型工业发展的资源投入，充分发掘特色小镇周边乡村区域的发展潜力，以二、三产业为向导，全力推进农业农村产业现代化。实现城市－特色小镇－乡村的一体化全方位发展机制，城乡发展与特色小镇所融合的资源要素主要由城市高端资源要素、乡村基础资源要素和特色资源要素构成。特色小镇应加快要素流通，大力引进投资，推动产业园区产业发展，以增强集聚效应。以点带面，将创新驱动能力转变成生产力，推进新型城镇化、新型工业化、农业现代化协调发展，为地区整体发展以及乡村地区的后续发展提供可靠的保障。

利用新时代信息技术，政府可以实时监测功能型小镇工业运行情况，并根据所提供的人口、经济、税收、土地利用、地籍管理等大数据进行科学规划，例如，利用税收大数据和税收信息管理新技术将实施优惠税收的特区措施应用于功能型小城镇，可以有效克服法律的滞后性。改革开放初期，我国曾采取优惠税收政策促进经济特区发展，这是可以效仿的成功案例。采取优惠的税收政策吸引更多老工业基地企业和本地创业者投资，促进城乡融合工业发展，向实现乡村振兴、共同富裕的美好愿景迈进。针对当前城乡生产要素双向流动性差制约城乡融合发展的问题，政府应强化政策引导，加强各类资源配置，充分发挥长春经济圈老工业基地原有产业基础在城市与乡村间的特色小镇流动。

（二）优化城乡融合工业产业结构

优化长春经济圈老工业基地的产业结构，即要对城乡产业融合的发展层面进行优化，调整产业结构，优化产业技术和产业布局。

首先，在结构构成上。

一是主导产业的改造升级。对于传统的重化工行业，需要有策略地进行缩减和调整，同时推动剩余企业的整合和重组，目标是改变以往依赖高成本、高能耗的资源密集型生产模式，降低对资源的依赖，从而减少以资源依赖为主导的重工业比例。必须实施全面的技术革新，专注于发展新能源、新材料和新技术等高端产业领域，利用技术创新来引领传统主导产业的结构性转型和升级。在航空航天设备、精密仪器制造、数控机床等具有竞争优势的装备制造行业中，要加速提升自主研发能力，掌握核心技术，并在高端制造工艺方面迎头赶上国际先进水平，致力于开发技术含量高的新型装备制造业产品。同时，对于那些技术含量较低、劳动密集型的企业，应适当缩减其规模，以优化产业结构。

二是新兴产业的崛起。新兴产业拥有巨大的成长空间和竞争优势，能够在传统产业转型升级的基础上，为经济发展注入新的动力和创造更多的经济价值。在持续支持现有新兴产业（如电子产品制造）的同时，应积极拓展与长春经济圈发展利益相契合的新领域，如先进材料、生物技术、环保产业等。通过促进这些新产业的成长和壮大，可以促进新的工业部门和体系的形成，进而推动整个产业结构的优化和升级，促进城乡更快更好地融合发展。

其次，在技术优化上。

“互联网＋产业”代表了一种新兴的经济形态，它通过互联网技术和平台的资源与技术优势，对生产要素的配置进行优化。通过构建电子商务、在线金融和物流服务等平台，加快了传统产业的转型和升级。它促进了互联网技术在制造业的深入融合，推动了研发、生产、加工和销售等各个环节向更智能化的方向发展，从而形成制造业发展新趋势。此外，它还不断探索信息技术在推动传统制造业转型升级中的巨大潜力，引领着制造业向更合理化的方向变革。

最后，在布局优化上。

就老工业基地原有传统产业而言，农村产业发展主要依靠的是资源与区位优势，因此要充分发挥其优势，承接城市传统制造业转移，增加非农就业人口。如将农业机械装备制造业布局在农村地区，或在农村地区设分厂和装配、修理车间等，这将有利于更好地适应当地的自然环境和了解农民对农机的需求，推动农业机械技术革新和农产品加工业发展。长春市作为区域中心，应发挥其引领作用，增强其在体制改革、经济提升、社会稳定和法治发展等多个方面的能力，成为这些领域的先行示范，率先完成自身产业结构的转型和升级，加快发展长春一汽为主体的传统优势工业，全力实现城市 – 特色小镇 – 乡村的一体化全方位发展机制，促进优势零部件生产形成专业化、规模化模式，建设现代化汽车工业基地。推动长春电影产业发展，建设综合影视基地小镇和产业园区，塑造长春经济圈特色文化电影品牌，推动传统第三产业兴旺发展，提升文化软实力和国际影响力。无论是对传统产业结构的升级、产业技术的“互联网 +”渗透融合，还是产业布局城乡的调整，都是为实现长春 2035 年城乡融合一体化的远景目标而奋进努力。

（三）加快城乡融合发展人才培养

长春经济圈的经济发展如果只是依赖于国内外资源和投资的拉动作用的话是远远不够的，必须着眼于有效发掘内在潜力和充分释放发展活力，将内外动力有机结合起来，才能最终实现城乡融合持续发展的预期效果。实践表明，任何一个地区的经济发展都离不开最关键的因素——人才。

增强对人力资源的投资，培育满足社会和时代需求的人才，是支撑一个地区经济成长和复兴的关键因素。我国“长三角”和“珠三角”地区就通过培育本土人才及积极引进外地人才，实现了经济的快速增长。长春经济圈原本就是一个人才集聚的区域，拥有众多知名的科研机构和高等学府，每年向社会输送大量人才。然而，由于多种因素，培养出的大量人才选择流向其他地区，这种人才流失的趋势如果不加以控制，会对长春经济圈新兴产业的成长和传统产业的升级改造产生不利影响。因此，增强对人力资源的投入，培育并留住中级和高级的专业和技术人才，并且大力吸引外部人才，对于长春经济圈的城乡协调发展至关重要，必须制定有效的策略并确保其得到实施。

一方面，应充分发挥长春经济圈中心城市和相关城市圈的辐射联动作用，形成对国内外人才的吸引力量和凝聚力量；充分利用中心城市的地理位置和发展条件，推行更加积极的人才招揽和培育措施，使长春经济圈成为一个人才资源丰富、人力资本投入充足、人才政策完善、人才潜力得到充分利用的人才高地；利用中心城市的创新引领作用，促进企业与高校及科研机构之间的深入合作，从而提升科技成果转化的效率和实际应用的速度。并且通过不断提高城镇优待政策，向功能型小镇、工业园区源源不断输送创新型人才，为实现城乡融合、共同富裕贡献知识力量。

另一方面，要加大力度，采取积极措施定向培养农村劳动力向非农业生产转移，改革放宽城乡二元户籍制度，使得农村人口来城镇工作能与城市人口在就业收入、社会福利、养老保障等方面享受相同待遇，防止农村青年劳动力向发达地区流失，促进城乡人口自由流动和融合发展；提升农村劳动力自身素质教育，定向定点培养功能型小镇建设人才，逐步实现乡村与城市的过渡；鼓励农村大学生返乡创业建设家乡，带动农村青年骨干投身于老工业基地原有产业的升级换代，促进城乡工业一体化发展；吸引中心城市培养的优秀人才和农村青年骨干劳动力齐聚功能型小镇建设发展，有效实现城乡人才联动，促进城乡深度融合一体化。

（四）连通城乡工业基础设施建设

在城乡融合发展理念下建成的特色小镇的诸多“特色”中，多重功能融合是其最核心的特征。按照小城市标准提升基础设施、公共服务、城市管理配套水平，聚焦各大产业生产，使得经济要素、人口资源在此自由流动。特色小镇建成后，作为连接城市与乡村的纽带，其基础设施如交通运输、医疗卫生、垃圾处理等方面都需要修建完善。

西方国家推进城乡融合的共同点是以农业现代化为发展方向，以法律体系保障为前提，始终贯彻城乡融合发展思路。美国通过基础设施建设实现产业聚集，欧洲发展农村工业带动农村可持续发展，日本通过快速工业化带动农村劳动力转移，这些宝贵经验都值得我国借鉴。通过学习借鉴国际国内新技术推广和城乡融合先进发展的经验，长春经济圈应因地制宜地建设城乡融合基础设施。如乡村旅游和社区养老可参考日本的布局，小城镇发展和乡村城镇体系建设以德国为蓝本。城镇规划应注重土地集约开发和建设低密度社区，如设立容积率低限和高限，建设自行车专用道和步行道，合理规划立体停车场，大量使用立体停车设备，建设郊野公园，同步规划市民菜园，大数据可率先应用于城乡融合发展试验区建设，农村集体经营性建设用地直接入市，引导工商资本入乡发展，促进城乡公共设施联动和城乡融合发展。

根据长春经济圈人口统计大数据和地理信息系统数据进行筛选，并按照行政区划、工业布局、交通分布情况和城镇发展体系规律，以宜居宜业的特色城镇为目标设立城乡融合建设规范点，集中建设县城、建制镇、乡政府或中心村，发挥居民点的规模效益，提高乡村基础设施的利用效率，完善功能型小镇的基础设施建设，形成城乡融合规模梯度连续体。

长春经济圈老工业基地在原有产业升级换代的过程中，可以利用当代现代化全新技术打造特色小镇、工业园区、产业园区，连接城市与乡村，促进城乡融合发展，在交通运输方面实现城镇乡村输送自由，公共服务与城市化接轨。此外，对于工业园区工人及家属子女应给予医疗补助、教育优惠保障和户籍制度上的优待，促进农村人口向城镇转移和实现城乡融合发展。在各大工业园区产业生产与经营过程中，工业垃圾处理和有害气体、生活废水等排放等问题也值得重点关注解决。功能型小镇原有环境基础较好，工业垃圾废水和有害气体如果直接排放在江河活水中，会造成一定程度的环境污染，有悖于新时代生态文明建设的宗旨，也必然会造成居民生活环境质量的下降，并最终导致无法实现城市与乡村真正有效接轨。如何处理工业垃圾是特色小镇基础设施建设中的重中之重，要充分利用现代化科学技术将垃圾进行智能分类。将一部分可回收的工业副产物（如食品加工废料、生物质残渣等）进行回收利用，运往乡村成为肥料，用于农作物生产；

一部分用于城市工业再生产；剩下无利用价值且对环境有害的垃圾则应通过现代智能技术进行无害化、减量化、稳定化的综合处理，使特色小镇的居民能享受到干净清新的环境。新时代城乡融合发展的内生动力不仅是经济增长，更是经济、社会、环境等各个方面协调且全方位发展的成果。

二、发挥粮食主产区优势，构建农业现代化先行示范区

（一）优化产业结构，带动城乡经济融合

首先，要推动长春经济圈乡村现代化。

推动农业向园区化转型，协调城乡一体化发展与产业多元化融合，重点建设农业高新技术产业的公共服务平台和高端资源集聚区，例如农业科技园区、现代农庄产业区、农旅综合体等，以此集中资源，推动产业链、创新链、服务链的集成发展，培养农业高新技术企业群体，形成产业增长极，引领地方特色农业及高新技术产业的前进。在推动农业区域分工和农业产业化发展的基础上，形成专业化、规模化、特色化的农产品生产、加工、销售一体化的综合产业集群。以农业高新技术产业为依托，建立“大市场、大流通”带动第三产业加快发展，组建多渠道、多形式、全方位、开放式的信息网络，促进工农业生产要素在城乡间的顺

畅流动。立足农业农村核心产业和优势资源发展农业高新技术产业，构建农业产业体系、生产体系、经营体系，有效促进新型工业化、信息化、城镇化和农业现代化的深度融合和可持续发展。实施乡村振兴战略，提高乡村发展水平，打造宜人的乡村环境，充分利用乡村资源，深化农业与一二三产业的融合。强化农产品质量监管，培育有知名度的农产品品牌，构建区域性的农产品流通和展示平台，利用互联网技术推动农业和农产品的现代化升级，改革传统农业经营方式，优化农村电商扶持政策，实现城乡生产消费的全面对接，开辟农业高质量发展的新途径。同时，根据各地的具体情况来发展乡村旅游，促进农业规模化、农产品加工和乡村旅游业的综合性规划与协调推进，打造具有特色的乡村经济模式。

其次，要以数字技术为发力点，挖掘农业内生性发展潜力。

在数字经济下，物联网、人工智能、云计算平台以及区块链等技术能够为农业生产链上的各个环节、各个主体提供精准的服务信息，从而有效地降低各环节衔接中存在的非系统性风险因素，对于提升农业总产值、合理利用土地资源和提高农业生产者的劳动生产率来说大有裨益。同时，完善的农业信息服务体系也能够很好地解决省内农业信息化水平较低的问题。一方面，针对育种阶段。长春经济圈内市政府和相关部门要对于育种阶段的智能设备进行补贴，扶持农业生产单元引进恒温育种箱，建立智能育种体系，要熟练利用传感器等对数据进行连续采集。另一方面，针对田间管理。长春经济圈内市政府和相关部门间要对大型播种农机进行补贴，广泛使用高效率的智能田间灌溉设备，进一步增加农业机械总动力，扩大农田机播机耕面积以及农田有效灌溉面积，并且要推进微型遥感设备的使用，对土壤进行精确探测，改变广施肥、猛撒药的粗放型作业模式，监测农作物长势，有效防控病虫害，争取实现规模经济效应，争取在经济圈范围内建立大规模的农业机械化智能作业链。此外，还可以引进农业园区全景 GIS 数字化系统，对农业生产全程进行实时把控。

最后，要改变农业产业结构。

改变过去“一粮独大”的农业生产现象，产业发展要横向把握“稳、减、增”的产业方向。“稳”即稳定水稻种植面积和玉米优势区的玉米种植。“减”即适当减少玉米非优势区的种植面积。“增”即适当增加大豆及其他杂粮的种植，具体的调整策略要结合长春经济圈东、中、西部的不同特点来进行。纵向调整要把握“增饲扩经、促牧、优粮”的方向。农产品营销要贯穿横纵的调整并并入“互联网 +”的新管理模式，再与传统营销模式聚集，通过网上销售、专业指导、专人负责等现代化方式扩大农产品市场基础，完善和建立现代农产品管理体系。

（二）完善机制改革，带动城乡制度融合

首先，要加强政府对乡村振兴和智慧农业现代化的组织和引导作用。

政府的组织可以有效引导区域内部农业生产者的心理预期

和产业发展方向，政府在农业方面的指导除了在政府文件中有所体现外，更应该逐层制定配套性政策，将农业现代化的发展规划切实落实到基层，落实到具体的农业生产和农业生产者中，这样才能够形成城乡融合的发展体系，做到有组织、有领导地实现共同发展，并在发展过程中及时发现和解决问题。政府科学、合理和系统性地组织实施，才能够切实减少发展过程的盲目性、滞后性，避免造成低效、无效生产。政府要加大宣传力度，大面积推广“智慧 + 农业”。智慧农业发展缓慢，核心原因就是农业生产者对现代智慧农业的了解较少，没有真正认识到智慧农业带来的生产效益，没有对当前农业发展趋势的科学把控，而政府对智慧农业的深入宣传则是让农业生产者了解智慧农业、重视智慧农业、尝试和发展现代智慧农业应用方式的关键。这包括在经济圈一带精准投放广告、在各地区开展宣传讲座、派出农业专门工作人员深入各农业生产单位进行相应讲解和指导。政府作为宏观调控的主要部门，要扩大现代农业智能化应用范围，积极搭建智能化平台，在大数据和物联网的技术支持下，通过云端领导和协调各区域智慧农业发展进程；在平台设置专门技术解决部门，专家随时对接农业生产者，实现一对一技术指导，切实提高农业生产者对智慧农业相关技术的使用效率，实现智慧农业的良性发展。这不但能够更快地实现对农业发展技术和管理上的支持，更能够为农业生产者提供生产信息交流机会，也能有效解决信息不对称带来的生产滞后和发展盲目性问题，实现智慧农业产供销一体化。

其次，要全面实施农村改革计划，保障农村用地权益得到切实保障。

尽快落实“多权同确”和颁证，加快农村宅基地和集体土地使用权的登记。在水务林业渔业等方面也应深化改革落实，重视农村改革试点区的发展。全面建设农村物流网络，加强农产品在市场上的流动性和产品的丰富性，规范市场交易秩序，完善配套相关设施与制度，健全农村市场的运营模式与渠道，积极开拓招商、资源配置、工农合作等项目的落地。逐步推进土地制度改革。土地改革与民众利益息息相关，长春经济圈开展城乡一体化建设时必须考量土地制度改革进程。目前，农村土地制度改革主要包括：第一，进一步优化农村土地流转制度，赋予土地使用权所有者更多使用土地的权利，利用各类手段激发农村闲置土地活力。第二，实施土地征收制度改革。遵循市场经济规律，按市场化的价值标准提供合理的“等价补偿+溢出补偿”，确保农业人口不再拥有土地后不仅能够获得合理的土地补偿，而且仍能获取土地被征收后相应的一部分增值收益。第三，科学划分土地功能区，统筹规划农业用地、工业用地以及商业用地，促使土地增值，提高土地使用率。

最后，深化农村金融综合改革，发挥金融对乡村振兴的支撑作用。

立足长春经济圈农村地区资源要素和产业特色，强化金融供给能力，加快开发与本地区实际需求相匹配的涉农金融产品和服务，如针对部分有持续融资需求企业的无还本续贷业务和“1+N”产业链贷款业务等。拓展金融产品和服务的覆盖面，着力打造适合玉米、水稻、杂粮杂豆、肉牛羊、生猪、薯类、人参、食用菌、梅花鹿等地方性农牧作物的信贷和保险产品；结合经济圈内各地区农业产业项目打造特色融资业务，拓宽抵（质）押物的范畴，如梅河口市人民银行指导当地金融机构创新推出的“果仁抵押 + 第三方监管公司冷库监管”贷款业务，成功地为当地经营果仁加工业务的中小企业解决了融资难的问题。

（三）打造乡村特色，带动城乡文化融合

1. 打造特色农业品牌

农业特色企业对推动农业产业化起到了关键作用，影响农业未来的发展水平。要大力发展“企业 + 农户”的经营形式，将农户与市场衔接起来，建立一个高效的循环体系，并利用企业资源深化农业体系和机制的创新，从而推动特色农业的持续成长。通过扩展企业规模，培养具有特色的企业，建立生产基础设施，增强产品市场竞争力，努力打造长春经济圈的农业特色品牌，更好地实现长春经济圈农产品的精细化生产，提升品牌影响力和竞争力，增加农业产业的附加值和含金量。在推进乡村发展的进程中，长三角地区积累了大量宝贵的经验和典型的成功案例。例如，可以参照浙江省实施的“千村示范、万村整治”工程，来营造适宜居住和产业发展的农村环境。对于长春经济圈而言，重要

的是利用东北区域丰富的人文资源，强化对具有自然生态特色和地方文化特色的古镇、村落、居民区、历史建筑以及非物质文化遗产的全面保护，塑造地方特色文化标识，发展地方特色文化旅游品牌，全面繁荣乡村文化。

2. 提升乡村科技文化服务质量

乡村科技文化建设是城乡融合和实现乡村生产和生活方式城市化的重要组成部分，其核心目的在于增强农民的科技文化素养，增强农民掌握先进科技、理解社会、改进社会的能力，进而引领新农村的建设与发展。

一是建立健全农村科技文化建设的长效机制，形成基层政府大力推动、多部门联合协同行动、社会和公众广泛参与的工作格局。二是提升农村地区的科技文化服务功能，增加对乡村科技文化发展的投入和支持，通过加速乡村公共数字科技文化设施的建设，增加科技文化产品和服务的多样性，实现科技文化服务与乡村居民需求的有效对接，推动科技文化在乡村的创新性转化和创造性发展。三是提升农村地区的科技文化服务水平。通过开展大型科技文化活动，组织多样化的演出和科普教育活动，满足农民的实际需求；利用网络平台的交流特性，通过各种在线媒体和信息平台，使农民能够轻松地获取他们所需的知识和信息。四是增强财政资金对农村科技文化建设的支持。通过公共财政的增加投资，确保乡村图书馆、文化中心等公共文化设施的正常运作和设备升级，以推动科技文化的广泛传播。

（四）加强社会建设，带动城乡民生融合

首先，以新基建为突破口，加快农业数字化转型。

理论上，长途光缆线路长度的增长和互联网络接入宽带用户的增多会对农业现代化进程起到促进作用，因此完善数字经济相关基础设施就显得尤为重要。长春经济圈相关部门要继续延长光缆线路的铺设，采用实地调研的方式，统计出尚未接通光缆线路的区域，因地制宜，与相关施工部门进行接洽协商，探讨制订铺设方案，对于已经铺设的线路定时进行隐患排查，及时维护保养；对于互联网络接入宽带用户，建议着力增加固定互联网光纤宽带接入端口，继续拓展互联网市场，增加互联网络接入宽带用户，进而增加移动互联网接入流量；增设乡村快递网点，完善村镇物流系统、支付结算系统以及监管系统，提高农村互联网普及率，加紧建设无线网等专用型信息化设施，力求农村数字基础设施全覆盖，使数字经济的效应向农村渗透。

其次，以人才培养为引擎，打造农业数字化人才体系。

为了保障数字经济赋能的过程能够有效运行，还要加快培养数字农业生产者，鼓励更多的农民主体参与其中，形成针对数字农业生产者的人才培养系统。

第一，长春经济圈内各个市县政府要注重对人力资本的培育，加大对农村数字教育的投入，加快发展农村职业教育和远程培训，健全农村数字人才培育模式，完善多角度的人才培养体

系，增设数字型人才专业技术培训，提高他们的业务能力和创新管理程度，打造擅长使用互联网的农业生产者和产业化联合体。第二，要加强对数字农业生产者的培育力度。培养能够处理数据信息、具备数字素质的应用型人才，建立相应的考核机制。第三，要出台激励政策，提高农村工作待遇，吸引高级知识分子回基层就业创业，加强“产学研”融合模式，改变农民基础能力一直落后于城市居民的滞后状态，为农业现代化注入强劲动能。

（五）构建绿色格局，带动城乡生态融合

遵循“人与自然和谐相处”的原则，长春经济圈需合理规划生态农业发展的总体战略布局：秉承农业的可持续发展和生态友好理念，将生态农业建设和农业生态环境的保护与修复作为优先事项，推进农业生态环境的综合治理，为城市提供更加优质的生态保护，增强农业的绿色特征，将长春经济圈打造成为一个美丽的大型花园区域，重点要做好“生态链、乡村味、田园梦”三篇大文章。

一是生态链。致力于农业生态环境的保护与修复，实施对山区、水系、森林、农田、湖泊和草地等生态系统的综合治理和空间联动保护，强化生态环境的分区域管理和整治，共同构建长春经济圈的绿色生态防护体系，增强农业生态资源的效能，加速沿江河、环湖泊和高速公路周边的生态廊道发展，以及湿地生态系统功能的完善。加速推进循环资源利用型生态农业的发展，持续减少并无害化使用农药化肥等农业投入品，增强农业废弃物的资

源化利用效率，普及共生共养的生态农业种植技术。

二是乡村味。都市农业由于其位于城市周边和郊区城镇的特点，能够更好地利用其独特的生态特性。因此，长春经济圈应将生态农业的建设与乡村振兴战略相结合，通过打造绿色田野、美丽住所、幸福社区，使其成为生态适宜的新型农村和生态城镇的关键组成部分。同时，利用都市生态农业的自然美景、文化背景和特色产业，吸引和集中创新资源，创建国际领先、环境友好的产业创新生态，形成更广泛区域的农业生态链整合。

三是田园梦。都市生态农业的主要优势在于它为城市居民休闲和乡村旅游提供了理想的去处。近年来，长春经济圈在发展乡村民俗旅游方面已经取得了明显的成就。绿水青山就是金山银山，长春经济圈内各级政府进一步深化农业旅游合作，结合乡村振兴和美丽乡村建设，统筹利用农业农村旅游资源，加快农村一二三产业融合发展，建设一批高品质、有特色的休闲农业，并推广乡村旅游、乡村民宿、市民农园、康养产业等重点项目，大力组织以农民丰收节为主的多种农业节庆活动，推动农业生态功能向多样化、特色化、品牌化方向发展。推动乡村旅游市场和服务一体化发展，共建休闲农业和乡村旅游新格局。

三、加快发展高科技产业，尽快形成新的增长极

科技创新发展是促进乡村振兴的重要动力源泉。党中央指

出，准确把握新发展阶段，深入贯彻新发展理念，加快构建新发展格局，推动“十四五”时期高质量发展，确保全面建设社会主义现代化国家开好局、起好步。世界正在进入以信息产业为主导的经济发展时期，要把握数字化、网络化、智能化融合发展的契机，以信息化、智能化为杠杆培育新动能。突出先导性和支柱性，优先培育和大力发展一批战略性新兴产业集群，构建产业体系新支柱；推进互联网、大数据、人工智能同实体经济深度融合，做大做强数字经济。以“创新、协调、绿色、开放、共享”五大发展理念作为指引，用新的发展思路来指导城乡一体化的高品质发展，通过向乡村注入科技和创新的元素，赋予乡村自我创新和自主发展的能力。近些年，随着国家政策方针的不断落地生根，长春经济圈一系列高科技产业以创新引领发展，促进经济稳健增长，但在城乡融合新发展中，仍需尽快形成新的增长级，从而形成长春经济圈新质生产力的突破性发展，为实现共同富裕贡献创新式内生动力。

（一）推进数字化技术协调创新，促进城乡经济融合

以国为鉴，长春经济圈城乡融合发展要以一二三产业一体化为载体，以高科技企业为核心，协同各种具有创新力的新式经营实体，实现新型工业化、信息化、城镇化和农业现代化在时间序列和地理空间上的“四化”同步推进。

首先，促进城市与乡村的融合发展主要在于将高科技技术引

入农村第一、第二、第三产业，将其细分为现代农业、农产品加工业、农机制造业、零售业、乡村旅游业、康养产业等，大幅提升农业土地生产率和劳动生产率。运用当前我国农业生产技术最新创新成果：高效节水灌溉和水肥一体化智能灌溉，测土配方施肥，水肥一体化滴灌，覆膜保墒，温室栽培与植物工厂，基于云计算和传感技术的智慧农业，光诱导灭虫，中医农业，种植、养殖和农产品加工机械，农用无人机和飞机，暖棚养畜，秸秆氨化养畜，食用菌养殖，网箱养殖和工厂化养殖，种养一体化循环农业，沼气技术等；在农业生产和农产品加工业应用生产型机器人和自动化机械，如使用无人机喷洒农药、利用 GPS 定位精准施肥、利用激光平整土地、使用棉花采收机采收棉花、使用核桃去壳机为核桃去壳等；在乡村旅游小镇和休闲观光农业区，建设 5G 基站、智能高效停车场、电动汽车充电桩和电池更换站，运用北斗卫星定位加强旅游业管理等。将高科技产业融入城乡经济现代化建设中，促进长春经济圈城乡一体化深度融合。

其次，长春经济圈的城乡区域应根据各自的发展状况，合理规划并推动产业的融合，以塑造一个城乡三产和谐发展的新模式。一方面，利用科学规划、运作体系优化和科技综合创新等手段，推动人工智能、大数据、云计算、物联网等尖端信息技术与现代城乡产业的整合，培养支持城乡一体化发展的新商业模式；另一方面，要集中力量建设以科技为驱动力的城乡全产业链开发和产业融合的示范乡镇，以智能化、集约化、精细化等关键技术革新为重点，依托城乡的地理位置和特色产业优势，创建具有科技创新引领作用的城乡产业融合示范乡镇，增强城乡产业的质量和效益，推动农业产业链向加工和服务领域扩展，强化工业对农业原材料供应的质量和效率要求，形成一二三产业“双向”拓展的产业链，促进产业互补和协同发展，增强全产业规模效应和竞争力。

最后，一二三产业的纵向融合发展，是促进城乡经济融合的重要抓手。一二三产业融合的实质，就是农业生产、加工、消费各环节的利益最大化。在此过程中，资源有效配置起着关键性的作用，发展农业高新技术产业可以有效聚集和统筹各类资源要素，形成一二三产业融合的产业集群。依托主产区自然资源优势，植入农业高新技术，发展特色农业优势产业，优化产品结构，提高品质保障，调整产业结构，有助于形成农产品生产供给产业集群；积极培育新产业新业态，推动农产品加工业转型升级，有利于形成农产品加工业产业集群；大力发展农业电子商务，完善跨区域农产品冷链物流体系，加强农产品质量安全追溯与监管体系，有助于加快形成农产品物流产业集群；以市场需求为导向，以创品牌、提质量为着眼点，满足不同消费者多层次的消费需求，有助于建立和形成特色农产品稳定的消费者群体。因此，依托当地资源，围绕主导产业，集聚科教资源、培育企业主体、发展科技服务、促进产业融合，是促进长春经济圈城乡经济融合发展的重要支撑。

（二）加快新科技领域体制改革，促进城乡制度融合

在深入实施长春经济圈城乡融合发展的过程中，长春市政府、各市县政府对长春经济圈全局的把握、规划的制定、政策方案的实施起着至关重要的作用。党的十九大报告提出要着力构建“市场机制有效、微观主体有活力、宏观调控有力度”的经济体制，为示范村（镇）高新技术产业政策环境及组织机制创新提供了新思路。在土地利用和地籍管理制度建设中，高精度遥感技术和北斗卫星定位系统的应用，有利于加快土地制度和户籍管理制度改革步伐，便利农民进城落户和市民返乡置业，实现城乡人口自由双向流动。健全市场秩序，推动科学技术、研究成果、发明专利等交易平台的成立。完善科技成果转化市场机制，建立合理的开发管理制度，以政府为依托，打造一批可以进行技术转移、成果交易的示范平台，联合相关金融机构实施“创业板行动计划”，加快长春经济圈“双创”模式的进程。营造高科技产业政策环境，强调市场在资源配置中的主导作用，优化以目标为导向的产业支持政策；结合功能性政策和选择性政策，专注于政策的顶层设计和差异化实施；将提高政策供给的质量和效率作为核心目标，同时注重市场需求的培育，实现供需两端的协同发展。

具体来说，可从“三强化、两扶持”方面着手进行系统推进。

第一，强化规划战略导向。制定高科技产业与城乡一体化融合发展规划，以供给侧结构性改革为主线，坚持城乡融合发展、

一二三产融合发展、产学研深度融合、多元主体融合、小农户与现代农业发展有机衔接，明确产业布局、发展方向及路径，打造实施创新驱动发展战略、乡村振兴战略的宏观战略支撑。

第二，强化政策协调。全面审视涉及农业、工业、科技、土地等方面的政策，设计一套符合高科技产业特性的综合性政策体系，重点在产业链的中高端环节发挥作用，全方位支持产业融合，涵盖产业、企业、产品、服务等多个维度，以促进城乡的深度一体化。将城乡高新技术产业的发展纳入区域发展战略，并鼓励政府通过补贴和税收政策，特别支持农业高新技术产业的发展。

第三，强化协同实施。建立和优化高科技产业与乡村发展的协同推进机制，确保乡村产业振兴与地区可持续发展、创新驱动发展、脱贫攻坚等领域的紧密结合和相互促进。定期梳理和总结高科技产业在乡村发展中的成功模式、有效做法和宝贵经验，以此提升基层政府对科技创新促进城乡一体化的信心和参与热情。

第四，扶持园区等试点探索。推动高新技术示范区、现代农业产业园等园区及试点建设，完善自我发展机制。发挥财政资金引导作用，从科技成果转化、新兴产业扶持、重大工程建设等不同途径，带动社会资本参与产业发展。

第五，扶持多元主体发展。积极推动城乡一体化示范村镇的高科技产业成长，优化企业和农户、集体经济组织等多方利益共享的分配体系。利用大数据合理规划大城市商业体系，形成线上线下优势互补、竞争共存的态势。

（三）推动信息化基础设施建设，促进城乡民生融合

在新时代基础设施建设中，信息化技术推广应用主要包括城际高速铁路、城市轨道交通、5G 基站、特高压、新能源汽车充电桩、大数据中心、人工智能、工业互联网八大领域，同城乡民生融合发展均紧密相关。长春经济圈在发展中要将高新科技产业的研究成果、科学方法应用于城乡融合的各个方面，要以改善人民生活为出发点，去规划城乡融合发展。长春经济圈建设要严格把关城乡基础设施建设质量，以长远的眼光做出城市与乡村一体化发展规划，积极推动地下网络廊桥和现代化乡村的建设。

首先，要优化综合交通运输网络。

长春市作为长春经济圈重要中心城市，起着交通枢纽的关键作用。因此，要优先发展城市对外的大交通网络，完善长春市与其他城市的高速公路网络、铁路网络以及航线的建设。实现对外交通的高效性、环保性、安全性、快捷性和便利性，为中心城市长春加强对外合作提供基础保障。大力发展城际轨道交通，加强长春市中心优化区与周围经济圈示范村（镇）功能区域的联系，为城乡居民出行提供便利交通，加快实现城乡生活融合；改进公共交通运营模式，实现城际和区域间不同交通工具的“一卡通”服务，进一步完善长春经济圈的地下轨道交通，释放现有公共交通的压力，使城乡居民的出行更加快捷便利；加快乡村道路建设，有目的性、有针对性地规划农村道路，发展各乡村之间及其

对外的核心道路网络，通过业务对接和设施共用等途径实现对原有道路设施的改善；大力建设农村基础物流网点，建设县级集中配送中心、农村物流取货点等便民设施，促进农村本身的对外贸易，刺激农村消费；打通农村物流的“最后一千米”，让农村广大群众受益于现代物流业，早日实现长春经济圈城乡融合一体化发展。

其次，要构建高速共享的信息网络。

长春经济圈区域内要实现全面网络普及，利用现代信息技术，加快高速网络基础设施建设，促进“5G”产业快速发展，实现现代化、信息化、智能化的城乡建设。进一步提高与长春经济圈周边乡村城镇互通的能力，并且通过对周边村镇网络数据的整合，提升资源共享的精准度和效率。大力扶持相关电信基础建设行业，通过政府与互联网公司的紧密合作，实现民营企业与政府大数据平台共享，提高数据的精准性和覆盖范围，与高新企业共同建设信息服务公共平台，保障信息安全。

最后，要完善能源保障体系。

优化城乡能源供给机制，鼓励使用清洁绿色能源。加快清洁能源的基础建设与普及，统筹规划城乡天然气网络的布局，形成城际之间的网络互通，减少运输过程中的能源损耗，提高对天然气能源的利用率；对老旧火力电厂进行优化改造和升级，加快对城乡基础电路网络的全面升级，全面开展智慧电网工程，减少电能的运输损耗；根据不同区域不同时间段用电量合理决定供电量，避免电量供给过剩或不足；全面推进绿色能源的普及，鼓励购买新能源汽车，加快充电桩等新能源基础设施的建设速度并提高其建设质量。

（四）提高智能化绿色发展水平，促进城乡生态融合

树立“尊重自然、顺应自然、保护自然”的原则，保障生态安全，优化生态环境，合理开发自然资源，构建多元协同的智能化生态环境治理模式，将长春经济圈建成绿水青山环绕、绿色低碳发展、生态宜居的城乡融合都市圈。

首先，应建设智能化生态安全屏障，严格管控地下水资源，防范过度开采地下水资源所引起的水土流失和生态失衡的风险，保护长白山林海自身生态系统，维护黑土地上的野生动植物的生存环境，建设自然生态隔离区，重点发展以绿色技术创新为核心的示范企业和行业领军企业，通过培养绿色消费市场和建立绿色消费的持续机制，鼓励城乡居民采纳环保的生活方式和消费习惯。以“生态优先、绿色发展”的理念为指导，营造一种尊重、顺应和保护自然环境的社会风尚，为城乡绿色发展创造有利条件。

其次，加强生态环境整治。优秀的生态环境是宜居生活的基础，同时也是建设长春经济圈“田园城市”的重要内容，是改善农民生活条件、实现乡村振兴、共同富裕的重要基础。长春经济圈农村地区有着优越的地理条件、宜居的生态环境，应该将绿色技术的研发、产业成长和市场推广紧密结合，形成一个统一的

系统，加速城乡在绿色技术、资金和产业方面的深度整合。通过科技创新的强大动力，促进城乡的持续发展和生态环境的正向循环，带动城乡产业融合，提高农民的生活水平，从而实现从生态优势到经济优势的转变。

最后，将科技融入特色村落建设，推进长春经济圈城乡生态融合的进程。浙江省宁波市滕头村的实践经验值得借鉴。滕头村别具匠心地将村庄规划和园林营造有机融合，实现了自然环境与人类创造的巧妙结合，打造了一个独具特色的江南水乡。几十年来，滕头村坚持走“绿水青山就是金山银山”的发展道路，以“智慧农业”“生态农业”“立体农业”推动产业发展，围绕“碧水、蓝天”开展生态建设，大力实施科教兴农战略，建立高科技蔬菜瓜果种子种苗基地、植物组织培养中心、农业观光示范区等，形成了集“精品、高效、创汇、生态、观光农业”于一体的发展格局。这个昔日“田不平路不平，亩产只有二百零”的经济落后村，一跃成为“全球生态 500 佳”“世界十佳和谐村”。在 2014 年村民人均纯收入就达到了 5.6 万元，村社会生产总值达到了 83 亿元。在这里还有一处特色的建筑——宁波滕头案例馆，以“五个第一”吸引来自世界各地 7000 万人次游客前来参观：第一次以“乡村造型”亮相世博会现场，整座展馆是由普利兹克建筑首位中国获奖者王澍所设计；第一次把浙东古建筑元素融入世博会展馆，馆体建筑材料采用浙东最具代表性的“瓦爿”；第一次把水稻、草莓、花草、活鱼等农耕元素载入展馆，使参观者能切身体验到乡土生活的真朴和闲趣；第一次凭借高科技手段，生动展现了乡村田园生活美妙动人的景象；第一次用数码技术把普通家庭的平凡生活呈现到展馆内。五个“第一次”，将宁波滕头案例馆凝练为了一个缩影，不但体现了宁波千年的深厚人文底蕴，更充分彰显了在新的时代背景下宁波城乡和谐发展的崭新风貌。长春经济圈的乡村发展可以借鉴宁波滕头村的经验，借助自然生态和地域文化优势并且融合智能化科学技术，打造智慧、文明、创汇、生态共存的特色东北民俗村落，促进城乡深度融合一体化发展。

四、大力发展新兴产业，形成新的区域发展优势

长春经济圈系统分析新兴产业发展现状，深度挖掘区域协调发展优势——生物制药领域、特色生态康养产业、冰雪产业等新兴经济力量，打造靓丽城乡融合发展示范区。建设长东北至长西南科创大走廊，实施“光谷、药谷、车谷、农谷、数谷”五谷联创，着力培育光电信息和生物医药两个千亿级新兴产业集群，努力打造高质量发展新引擎。

（一）发挥区域优势，构建联动发展格局

长春经济圈城乡融合发展范围要以创新和开放为方向，积极构建新兴产业内生发展动力，推进城市群辐射联动作用，打造都

市圈同城化。所谓“同城化”，就是在城市化发展到一定阶段后，城市群或都市圈中的相邻城市实现资源和要素的合理配置，使其流动不受城市距离和体制的约束，在较短时间内实现城市间、城乡间要素的快捷通达。党的十九大报告在强调区域协调发展战略重要性的同时，明确了城镇发展格局，即建立在城市群基础上的大中小城市与小城镇的协调发展战略。新型城镇化建设一般来说有两点特征：一是各城市需清晰界定自身位置与独有特征，二是城市与城市的布局必须合理，让城市群带动发展。实现长春经济圈城乡深度融合，就必须拓宽各区域合作领域，发挥各地区比较优势，扶持战略性新兴产业，促进多领域全方位协同进步。

一方面，长春经济圈内的长春市和吉林市属于特大城市，可以作为辐射周边地区发展新兴产业的中心。中部城市包括四平、辽源和松原，所涉人口在全省占比 71.5%，不仅集聚了吉林省众多城镇与产业，而且引进人才和获得资金的实力较强，整体经济社会活动十分活跃。不过中部城市的户籍人口城镇化率远低于全省平均水平，只有 44.6%，存在潜在的城镇化空间，且未来市场发展前景良好。通过长春市、吉林市两市与松原市的合作，既能推动农副产品加工发展，又能为石油化工奠定基础；在长春市与四平市的合作中，二者以 102 国道和 303 国道及多条主要沿长营高速公路的经济走廊为依托，不仅为机械加工制造业、农业、旅游业和建材产业提供道路交通支持，还为汽车改装、玻璃建材、能源以及物流发展提供保障；在长春市与辽源市的合作中，已经实现了产业由前者向后者的转移，保证了生态安全食品充足供应，建立了服务高端人群的度假区。发展战略性新兴产业，可以依靠经济圈联动协调，各尽所能地带动城乡的有效融合、一体化发展。

另一方面，积极建设特色新兴产业小镇，促进城乡融合一体化发展。挑选具有竞争优势的生态型特色小镇进行重点培育，运用地区特产和生态资源的基础，整合分布于东、中、西部的各个小城镇，致力于不同产业联动发展。大力推动战略性新兴产业的发展，如生物制药产业、康养产业、冰雪产业，打造集医疗、康养、民俗度假、冰雪娱乐等为一体的多产业集群共荣小城镇，这不仅能够为农村富余劳动力提供大量就业岗位，而且可以吸引城市中老年人来这里康养，促进城乡融合发展。以莲花山生态旅游度假区为例，它具有独特的地理环境和资源，足以建成长春经济圈内第一家可旅居的养老特色小镇，带动当地经济发展；通过建设和完善医疗保健系统和休闲娱乐系统为康养老人和广大游客提供舒适的环境，创建长春经济圈特色文化民俗品牌。

（二）依靠国家政策，完善新兴产业建设

在推进战略性新兴产业发展的过程中，必须调整政府和市场的关系。实现产业集群内部共享，是推动战略性新兴产业发展的基本前提。由于长春经济圈当前的战略性新兴产业处在发展初期，生物制药产业不仅存在规模有限和产业结构不够合理的问

题，而且整体抗风险能力尚且不足，其他制药产业也存在回报周期较长和投资规模较大等问题，凭借市场的自发调节难以彻底解决，必须充分发挥政府的宏观调控作用才能推动发展。从财政方面来讲，政府可以加大专项资金投入来扩大规模；从税收方面来讲，政府要能够为战略性新兴产业提供政策优惠。根据战略性新兴产业的特征推出与之匹配的产品，解决战略性新兴产业的现存问题，为战略性新兴产业后期发展和潜力释放提供强有力的空间支持。要深刻强调科研创新的重要性，增强战略性新兴产业的创新力度，实现产、学、研的有机统一，在设立研发中心的同时，构建并优化成果转化基地。要加大创新人才培育力度，除了外部引进，还可利用自主培养等渠道，不断扩充长春经济圈的高技术人才队伍。近年来，长春市特别注重发展和培养具有成长前景的新兴产业，视其为促进科技进步、激发创业活力、实现产业升级和推动经济优质增长的关键策略和途径。政府实施了一系列涵盖科技、产业、人才和金融领域的政策措施，专注于专业化、精细化、特色化和具有创新性的招商引资，努力打造优质的创业创新氛围。同时，引导政策支持、资金投入和资源配置向新兴企业集中，以促进这些企业的发展和成长。

2016年来，国家林业局相继发布《林业发展“十三五”规划》《关于大力推进森林体验和森林养生发展的通知》《关于启动全国森林体验基地和全国森林养生基地建设试点的通知》等多份文件，表明我国正积极促进森林康养产业的繁荣。借助国家政策的支持，加强康养基础设施的建设和完善，并且依靠长春经济圈当地政府的大力支持，引进健康管理学、心理学、旅游管理等多方面的专业人才，不断提高森林康养服务水平。同时，逐步加大对康养设施的建设，使如莲花山一类的生态城乡融合度假村能够真正实现“森林旅游＋康养”双效。冰雪产业的创新发展要由长春经济圈政府牵头，各大冰雪旅游、运动、装备企业齐发力，应用大数据与云计算等数字技术对吉林省冰雪旅游业中交通、住宿、餐饮、购物等版块数据进行处理，深度分析冰雪消费市场的重要信息。各地市县政府应以此为依据，不断提升其监管能力，规范冰雪旅游市场秩序，优化营商环境，进一步推动其治理决策的精细化与科学化；从长春经济圈内冰雪旅游企业的角度出发，深度挖掘消费者个性化潜在需求，更有针对性地提高其业务模式与服务质量。目前，在冰雪旅游业上长春经济圈各地发展模式仍然较为传统，如果能政府扶持与大数据平台深度融合，则能够从一定程度上改进全行业的创新发展模式，提高创新发展水平，进而提升冰雪经济的发展规模，更好地促进城乡深度融合。

（三）吸收成功经验，建设智慧共享模式

近些年，随着国家城乡融合政策的贯彻落实，长三角地区率先示范先行，创建了许多具有城乡联合意义的特色小镇、特色产业园区、新兴产业基地等，这为长春经济圈实施城乡融合发展战略提供了许多可供借鉴的宝贵经验。

云栖小镇是位于杭州市西湖区的转塘科技经济园区内的一个特色小镇。

一方面，云栖小镇采用“政府主导、名企引领、创业者为主”的发展模式，以云计算、大数据和人工智能为核心产业，已经发展成为中国新兴行业小镇的典范，为全国其他地区培育新兴产业提供了可借鉴的模式和经验。对于一个以新兴产业为特色的小镇来说，关键在于能够吸引行业内的领军企业加入，通过这些企业的集群效应，促进整个产业的集约发展，进而带动整个行业的进步。因此，在初期规划和建设阶段，云栖小镇就特别注重塑造自身的品牌形象以吸引外部关注。现在，小镇已经成功吸引了包括阿里云、英特尔、富士康在内的多家行业领军企业在此设立基地。随着首批大型企业的入驻，云栖小镇借助这些企业强大的产业资源和成熟的运营模式，迅速促进了相关产业的集群发展。另一方面，云栖小镇积极为创业者整合关键资源，将大型企业打造成为小型企业的创新合作枢纽，以此促成产业生态系统内的正向互动和持续发展。云栖小镇在运营机制上采取了全新的政府-企业双向扶持机制。自云栖小镇建立之初，西湖区政府便与阿里云建立了合作伙伴关系，政府实施了一系列扶持云计算产业发展的政策措施，阿里云作为企业方，推出了旨在支持中小企业参与云计算产业的创新激励计划，为那些选择在云栖小镇落户的云计算相关企业提供了多种形式的支持。这种政府与企业合作的模式为新兴行业的增长构建了双重保障，极大地促进了产业动力的激发，有效减轻了负面外部效应，并显著增强了整体的竞争力。

纳帕谷位于美国加利福尼亚州旧金山以北的纳帕市，是美国第一个跻身于世界级葡萄酒产地的小镇。

纳帕谷是以三产融合为主要发展模式，集原料加工、酿酒、餐饮、休闲、观光为一体的综合性小镇。目前，纳帕谷吸引着全球各地的游客，每年游客量高达约 500 万人次，创造的经济价值超过 6 亿美元，并为当地居民提供了超过 2 万个工作岗位。这个小镇的成名并非一夜之间，而是通过长期的转型和策略优化，才逐渐成为世界闻名的旅游胜地。在最初发展阶段，纳帕谷内小镇面临产业单一、无序扩张导致的激烈同质化竞争，当地政府采取了措施来减轻这一现象。他们对谷内八个区的当前发展状况和各自的资源特点进行了详尽的分析，并根据每个区的实际情况，制定了差异化的发展策略，以实现特色化发展。纳帕谷小镇以打造“葡萄酒 +”的产业模式为核心，拓展了四个主要的产业方向：纯粹的葡萄酒产业，结合体育的葡萄酒旅游，融合艺术的葡萄酒体验，以及与健康养生相结合的葡萄酒疗养。通过这种方式，纳帕谷的各个区不仅在发展定位上展现出各自的特色和优势，而且还能够实现资源共享和协同发展。此外，另一个关键的成功要素是对于研发和科技在生产过程中应用的重视。在早期，纳帕谷的发展模式较为原始，但第二次世界大战之后，当地企业开始对生产工艺进行革新，实现了从粗放型生产到精细化农业的转变。在这个转型期，纳帕谷特别强调科技进步、研发投入和提升产品附加值，最终构建起了一个涵盖葡萄种植、销售、旅游等多个环节的葡萄酒完整产业链。

借鉴国内外城乡融合（小镇）的丰富经验，长春经济圈可以致力于智慧共享发展新兴产业。

首先，在生态康养小镇方面的建设上。长春经济圈可以借鉴纳帕谷小镇经验，运用当地的长白山温泉资源，打造“温泉康养+”产业体系，延伸出“温泉康养+养老旅游”“温泉康养+滑雪运动”“温泉康养+文化产业”“温泉康养+医疗”等优势互补、相互协作的城乡共享发展模式。其次，在生物制药领域方面。长春经济圈可以借鉴采用长三角地区成熟发展经验，激发长春经济圈长生、百克、修正等一众医药产业形成数字化发展模式，并且与生态康养小镇形成医疗保健系统的合作，还可与中草药种植园、采摘园共享深度合作，为促进城乡深度融合添砖加瓦。最后，推动冰雪产业数字化转型。目前，长春经济圈的冰雪产业正迎来前所未有的发展机遇。随着“带动三亿人参与冰雪运动”的号召，冰雪装备销售市场正迅速扩大，为当地经济注入新动力。政府的支持和数字技术的融合，正在推动冰雪装备产业的创新和生产效率的提升，助力长春经济圈成为冰雪经济的新高地。将冰雪运动融入城乡一体化建设中，打造冰雪特色旅游小镇、冰雪装备制造园区、冰雪运动创新开发平台等一系列融合城乡发展的新兴产业链，以用户需求为核心，借助大数据和前沿技术，推动从产品开发、制造、销售到企业运营的全面数字化升级。积极开发冰雪运动领域的新兴商业模式，强化冰雪产业的数字营销力度，打造吉林省冰雪运动的品牌形象，助力吉林省冰雪产业跻身世界领先行列，以新兴冰雪产业推动长春经济圈城乡高度融合发展。

五、利用“一带一路”北线支点，积极发展国际贸易合作

“一带一路”倡议始于2013年，它涵盖了“丝绸之路经济带”与“21世纪海上丝绸之路”两个主要部分。“一带一路”倡议中，有一条重要的东北亚陆海联运通道，它起始于韩国，经过日本海至扎鲁比诺港，随后通过中国境内的珲春、延吉、吉林市、长春市，穿越蒙古国，进入俄罗斯，最终延伸至欧洲。长春经济圈的众多城市正是其中的重要节点。吉林省位于东北亚的核心地带，其东部边界与朝鲜接壤，北部邻近俄罗斯，具有显著的地理和战略位置优势。长春市在“一带一路”倡议中扮演着“中蒙俄经济走廊”的关键节点角色，同时也是东北亚海上丝绸之路的重要支点。吉林省在中国的经济发展格局中占据着举足轻重的战略地位，“一带一路”北线也是长春经济圈区域对外开放最重要的窗口。国家“一带一路”倡议的提出，为长春经济圈带来了新的发展机遇，我们可以充分利用“一带一路”北线支点，积极发展国际贸易合作。

（一）构建密集型产业群，打造开放经济环境

在新型城镇化的推进过程中，长春经济圈应主动对接国家的“一带一路”倡议，利用其地理优势，积极拓展贸易伙伴关系，增强区域的对外开放程度，并促进资源在工业与农业、城市与乡村之间的均衡分配，特别是要加大对乡村地区的资源投入。主动拥抱中央政府倡导的“引进来”和“走出去”的双向开放策略，利用“一带一路”这一广阔的国际合作平台，将经济圈内的特色商品、优质服务和先进技术推向东北亚邻近地区以及“一带一路”沿线的其他国家。同时，应出台一系列激励措施，支持中小微型企业向海外扩展投资，同时为本地企业提供支持，包括提供最新的国际行业动态、市场潜力分析以及未来趋势预测等信息服务，以促进就业增长，并为更多企业创造稳定的发展机遇。

根据国家供给侧结构性改革的宏观指导，加速建立一个以创新驱动的长春经济圈对外合作与交流的新平台，拓宽对外开放的战略路径，强化公共服务、社会经济行业以及新兴生产力发展中的薄弱环节，以此开启长春经济圈新一轮的振兴，并力争在新的发展阶段实现新的突破。

第一，需要确立一个开放的发展策略，以促进自身的成长。在打造对外交流合作平台的中心环节，应采用集思广益、协同合作的创新思维，致力于构建一个以东北地区为核心的集科技研发、成果转化和产业扩展为一体的创新体系。同时，要增强长春

经济圈与国内外环境的互动和融合，推动对外合作平台在改革上取得全面进展。利用科技、教育、文化和卫生等领域的资源和动力，以基础设施建设为依托，推动长春经济圈在经济、产业、科技和文化等方面进行综合协调与合作，促进长春经济圈开放空间的布局更加合理。

第二，要立足长春经济圈现有的产业基础，利用互联网智能信息收集技术，加速长春经济圈制造产业的数字化转型升级。推动长春经济圈产业结构的国际化融合，加快与全球产能的对接和协同发展。积极培育以前沿网络技术为核心的多元化产业集群，扩大长春经济圈核心城市的区域影响力。

第三，要加速制度与机制创新，勇于探索新的改革路径，并秉承“一带一路”倡议的精神，推进经济圈的深化改革与创新发展。特别需要加快长春经济圈在行政管理和行政审批方面的改革，以此来增强区域的发展动力和活力。具体而言，应采纳“一带一路”倡议中的协同发展思维，推进城乡户籍、土地使用权流转、医疗保健及社会保障体系的革新，以此丰富长春经济圈的发展模式，发挥产业示范效应。同时，坚持引进和发展高水准、高技术产业资源，专注于技术、研发与创新的整合，全面提高长春经济圈在省内外乃至全球的综合实力和融合发展潜力。

（二）完善市场准入机制，深化“一带一路”合作

长春经济圈应充分利用“一带一路”倡议，积极吸引国际资

本、先进技术和管理经验，扩大外商投资规模。这不仅直观地显示出产业转移的方向，而且通过为外资企业提供一个开放和稳定的市场环境，可以改善他们对市场的预期，增强他们的信心。这样做可以最大限度地发挥外资企业的作用，提高其赢利能力，进而使外资企业在推动产业结构的优化升级中扮演更加关键的角色。外资企业的先进设施和创新管理模式能够通过连锁反应和扩散作用，对相关产业链的上下游以及其他相关联的产业产生积极影响，推动产业结构向更高级形态转变。通过合理降低市场准入门槛，特别是在旅游、建筑设计、会计审计等服务行业，以及在银行、保险、证券、养老服务等关键市场领域，放宽对外资的限制，将有助于营造一个有利于新技术、新产品、新商业模式成长的环境。通过参与“一带一路”倡议，加强信息交流和资源共享，促进外资向绿色产业领域，例如高科技、节能环保、现代服务业等加大投资力度，以此来扩大长春经济圈的绿色经济产业链。

在全球化时代，基础设施联通是经济强劲增长的先决条件。海港、空港所集聚的巨大人流、物流和信息流是参与全球竞争的重要条件。对长春经济圈而言，在深度融入“一带一路”建设的过程中，政府应通过改善海、陆、空以及网络基础设施的质量，增强各区域之间的联系，减少资源流动和集中的成本，从而提升效率，来提高长春经济圈在全球交通网络中的中心地位。

从邻省黑龙江省“一带一路”建设情况看，2018 年，中俄双方同江铁路大桥贯通，黑河公路大桥已具备通车条件，黑瞎子岛公路口岸开放已获国务院批复，中俄东线天然气管道工程北段完工，黑龙江黑河至吉林长岭段全线贯通。全省口岸货运量实现4142.3万吨，哈欧、哈俄班列累计开行800列，哈俄班列已实现俄罗斯境内全覆盖和每周一班的常态化运营，对俄航线累计开通13条。上述数据表明，“一带一路”建设已使黑龙江省跨境通道建设实现了新的突破。

从辽宁省“一带一路”建设情况看，2018年6月，“辽海欧”国际运输大通道开辟了第二条北极航线，同年12月，长白通（丹）大通道规划提出，辽吉两省合力打造多向联通的综合运输大通道。“辽满欧”大通道已处于常态化运营状态。大连港、营口港正在向着资源充分共享、提高运营效率的目标不断整合完善，5条支线机场航空节点能力持续提升。截至2018年，辽宁省累计开通中欧班列394列。疫情导致的短暂中断，如今已恢复常态化运行。沈阳规划建设新的中欧班列节点，新开赴绥芬河口岸中欧班列、首赴俄罗斯“汽车中欧专列”等，对提升辽宁省对外开放水平发挥了重要作用。

从吉林省“一带一路”建设情况来看，“长满欧”班列的开通让亚欧贸易物流通道实现了双向贯通，加快了吉林省的开放脚步。2020年第一季度，在疫情等不利因素影响下，“长满欧”运量逆势上扬，每月逐渐递增，保障了国际物流通道的畅通，助力外贸企业正常复工复产。

一方面，通过“一带一路”倡议加强基础设施建设，推动城乡公共服务设施的均衡发展，确保长春经济圈内所有地区居民都能公平地获得基本的公共服务。在长春经济圈的未来发展中，应持续利用“一带一路”倡议作为桥梁，努力实现城乡基本公共服务的均衡与公正，确保城乡区域之间能够协调发展，加速城乡一体化的深度融合进程；持续提高财政预算中用于公共服务的资金比例，建立一个城乡统一的公共服务共享体系；利用“一带一路”倡议作为引进外资的渠道，将国际先进技术应用于长春经济圈欠发达地区的基础设施改善，加大力度投资和建设包括供水供电、燃气供应、污水处理、道路桥梁、公共绿地以及应急救援等基础设施，减少城乡之间的发展差异。

另一方面，目前长春经济圈市县在推进“一带一路”发展的地方性政策和配套服务保障方面存在着滞后现象。完善的市场机制和优良的企业经营环境，要依靠体制机制创新，激励企业参与“一带一路”建设并形成合力。杨伟民（2016）认为，对微观企业，政府需要扮演好服务者的角色，通过制定和完善相关制度与政策，创造一个开放和包容的商业氛围和投资环境，以激励和促进不同所有权形式的企业进行创新和成长，同时确保所有企业的财产权和其他合法权益得到充分保护。因此，政府各层级需要持续推进行政权力的简化和下放，优化和规范行政审批流程以及相关的中介服务，消除不合理的对企业收费项目，以减少企业的制度性交易成本。通过这些措施提高企业的赢利能力，为企业向更高端的技术层面迈进、拓展国际市场提供支持，进而推动产业的结构性升级和转型。

（三）强化引进来走出去，优化出口产品结构

首先，长春经济圈要主动融入“一带一路”建设。通过构建多元化的交流与合作平台，增加进口的广度和深度，应积极引入国外的尖端技术装备和高品质消费品。采用全球化的视角来启发新的思维模式，将国外的优秀资源吸收并整合到本土产业中。通过实施进口、生产、出口的循环经济模式，以及引进先进的技术和紧缺的资源性产品，来促进本地产业结构的优化和升级。其次，需要推进长春经济圈的产品和技术积极拓展国际市场，利用“一带一路”倡议下的区域产业链整合机遇，建立一个多元化的产业分工系统。这将使得长春经济圈内的各市县能够更高效地进行跨区域的多领域合作，减少产业同质化所导致的资源浪费和恶性竞争。同时，应重点关注产业转移过程中的合作机制建设，以加强区域间的协同发展。另外，需要合理规划和优化出口产品生产的分工与合作机制，以构建出口产品的竞争性优势。鼓励钢铁、煤炭、有色金属、水泥、电力、冶金和食品加工等行业拓展出口业务，将过剩产能向“一带一路”沿线国家转移。同时，推动货物贸易与服务贸易的协调发展，积极培育新兴产业和生产性服务业，以此促进产业结构的优化升级，有效缓解产能过剩的问题。借助“一带一路”北线支点，发展长春经济圈国际进出口贸

易，将优秀民俗特色农产品远销国外，走出国门，进一步缩小城乡差距，促进城乡深度融合发展。

六、充分利用东北亚核心区位，形成区域产品与产业竞争优势

在当前经济新常态的背景下，要实现新的发展模式，关键在于巩固国内经济循环的主导作用，并将其与国际经济循环相结合，实现两者的良性互动和共同进步。长春经济圈深度参与东北亚区域（主要包括俄罗斯、日本、韩国）经济合作，合作的领域主要集中在双边贸易、物流运输、对外投资等。在合作的过程中，长春经济圈展现出了其独特的优势，与东北亚区域主要国家的贸易规模持续扩大，实际利用外资数量保持稳定增长，这对吉林省整体贸易经济的发展起到了积极的推动作用。但长春经济圈在参与东北亚区域经济合作过程中的短板也很突出，例如，其普遍存在着贸易结构不平衡、贸易质量水平不高、贸易依存度过高、实际利用外资效率低、地区产业及产品国际竞争力薄弱等问题。

长春经济圈作为物资加工与储备的重要基地，在东北地区的物流网络中占据着中心枢纽的位置，并且是面向东北亚地区开放合作的桥梁，承担着新一轮东北地区等老工业基地振兴的重要责任。其发展要坚持以设施互联为基础，以贸易往来为核心，以文

化交流为纽带，加快建设高效绿色的物流体系、开放创新的产业体系及丰富共享的平台体系，不断提升长春经济圈控制力和影响力。同时，长春经济圈拥有优美的自然风光和丰富的生态资源，可以采用生态智慧理念，打造一个新型的经济社会示范区，以促进国际合作。长春经济圈计划举办东北亚民间论坛，促进专家、学者和青年交流，承办国际体育赛事，举办音乐节，建立国际学院，并引进国际博物馆展览。这些活动旨在吸引东北亚地区的关注，并在全球范围内展示中国文化、艺术和思想。

（一）改善贸易结构，增强出口产品竞争力

与东北亚地区的经济合作，尤其是对外贸易，对于推动长春经济圈的经济发展具有显著作用。中国东北地区与俄罗斯、日本、韩国等邻近地区的经贸关系密切。其中长春经济圈与日本、韩国经贸往来密切，但存在着出口产品国际竞争力弱、外贸依存度高的问题。长春经济圈对外出口的产品单一、附加值较低，多以农副产品、轻工业产品为主，这使得长春在对外贸易中处于相对劣势。而辽宁省在东北亚经济合作中发挥着重要作用，其对外贸易规模一直保持较高水平。辽宁省正通过加快先进制造业和现代服务业的联动发展，来提升产业链的整体竞争力。这包括推动产业链向上下游延伸，增强出口产品的竞争力，并通过积极扩大进口和优化贸易结构来促进均衡协调发展。辽宁省在东北亚经济发展中的经验值得长春经济圈学习借鉴，通过改善单一的出口产

品贸易结构，增强国际竞争力，将长春经济圈智能化数字化的产品推向国际，实现与东北亚经济的共融，更好地促进长春经济圈城乡深度融合发展。

东北地区作为中国在东北亚区域贸易在地缘和区位上的“中心”区域，对提升中国在东北亚地区的贸易竞争力举足轻重。而长春经济圈作为中国的老工业基地，主要以原材料、机器设备、组装件以及汽车制造等重化工业为主导性产业，该产业类型在生产上具有较强的规模经济性，即只有大规模的集中生产才能够有效整合资源要素，节约产品生产成本，产业在一定空间上的聚集能够有效产生规模报酬递增的现象，为贸易竞争力的提高起到正向作用。正是基于这一考虑，要加快加深长春经济圈各市县区域一体化程度，围绕东北亚区域贸易形成一个彼此关联、协作发展、互惠互赢的区域联合体，使这个区域内的企业相互联系、优势互补、优化集聚，并力争尽快形成若干个有国际市场竞争力的产业集群，以此作为贸易竞争的战略支点，降低在国际贸易中的产品成本，获取竞争优势，助力中国在东北亚地区扩大贸易出口总量，增加贸易利润，提高国际分工地位，增强贸易竞争力。

为实现这一构想，首先要构建长春经济圈外贸产业集群的良好成长环境。在制定产业集群发展政策时，因地制宜地立足东北地区的比较优势，协调区域对外贸易政策，加大对本地产品出口的扶持力度，积极协调各口岸部门减少通关环节，放松限制条件，简化审批手续，完善登记制度，建立符合国际惯例和通用规则的市场体系。其次要依托长春经济圈的地域特色，通过政府规划、政策扶持，强化区域优势，营造良好的产业生态环境，提高中小型企业的集聚程度，使集群内相关互补产业产生共生效应，形成具有强劲优势的地域品牌，促进经济圈产业集群的贸易实力提高，获得规模经济和外部经济的双重效益，提高中国在东北亚地区的贸易竞争力。最后构建长春经济圈一体化贸易合作平台。应充分利用各种博览会、洽谈会等国际国内贸易互动平台，弱化贸易壁垒以及放宽行业的限制，提高跨区域、跨行业合作水平，进一步促进东北地区的互联互动；联合策划对内对外重大招商活动，树立东北地区的经济圈整体品牌形象，为外贸产业集群寻求更多的市场机会。

（二）扩展新兴领域，提高产业自主创新力

在比较生产力视阈下，技术进步是经济长期发展的关键，一国的贸易竞争力需要依靠技术进步形成难以模仿和超越的优势。

一般来说，技术对于一国贸易竞争力的效能主要体现在三方面：一是在量上。技术进步带来产品生产成本的降低，从而在贸易竞争中形成成本优势和价格优势，扩大一国在国际贸易市场中所占份额。二是在质上。技术进步及生产效率的提高，使得产品足以在市场竞争中形成有力的竞争优势，进而提高出口产品的外贸赢利能力，提升在国际贸易中的竞争力。三是技术进步带来产品的开发与创新优势。产品的独特化与差异化具有不可替代性，

这种特性在国际贸易中不仅能为该国带来不菲的贸易收入，并且能够维持较为长远稳定的贸易关系。同时，也要注意由于技术进步而形成的新兴产业领域，要抓住新兴行业早期进入企业少、赢利水平高的优势，保持本国、本地区的技术优势，使之能够在较长时间内处于发展领头羊的地位，从而增强在国际贸易中的决定权，形成具有代表性的产品和贸易竞争力。

有鉴于此，长春经济圈要以“四个中心”的战略布局为核心，加快创新发展，即以汽车制造为主的先进制造业中心，特色文化和现代文化（电影和电视）中心，区域性交通物流枢纽，以及现代农业和农业高新技术研究与推广中心。该战略旨在为长春经济圈的城市总体规划提供实际依据和理论支持，明确城市发展的性质和方向。一是要将长春经济圈打造成以汽车制造为核心的先进制造业基地，并以轨道交通车辆制造作为补充；同时积极培育生物医药和新材料等新兴领域，目标是成为东北亚制造业的重要高地。二是当在已有电影特色文化基础上，通过整合和创新资源，强化各领域的特色和优势，以此来塑造一个全新的城市文化规划，进而促进城市形象和品牌的全面提升和转型。三是利用中蒙大通道和哈大交通轴线的交汇优势，构建一个既能广泛覆盖中国东北地区和内蒙古，又能向外延伸至日本、朝鲜、韩国和俄罗斯等地区的交通和物流中心。四是利用其在农产品加工方面的传统技术优势，进一步扩展和强化这一产业链，实现从基础的粗加工到更精细、深层次加工的转变，进而打造成为东北亚地区农业高新技术的研究和推广核心。

此外，在东北亚地区的国际背景下，长春经济圈仍存在多个潜在的经济增长领域，值得进一步探索和开发。长春市及其所在的长春经济圈有潜力发展成为东北亚地区的金融服务中心。通过持续利用东北亚博览会这一平台，发挥其作为沟通东北亚地区商业与全球资源汇聚的桥梁作用，长春市能够为区域总部经济的发展提供坚实的服务和支持。目前，随着“互联网+”创新创业综合示范项目在长春经济圈的启动，相关平台的建设将推动互联网产业和新兴服务业在该区域的快速集聚和发展。

在东北亚区域国际贸易中，长春经济圈要不断提高产业自主创新能力，加大技术密集型产品出口比例，提高国际市场的贸易竞争力，坚持创新发展，着重发展智能装备、高端设备、智能机器人激光制造等先进制造技术；充分利用信息技术，实现物联网、云计算、大数据与设计生产管理服务等环节的有机融合，使中国制造变成中国“智”造，加大自主创新力度，形成技术效率优势，提高全要素生产率。在科研体制研发、人才和经费投入等软硬环境的完善上下功夫，加强对创新型人才的激励，优化流动政策机制，重视研发经费的投入和有效利用，并将呈分散状态的科研力量有效集合为一个有机的合作化群体，推动科研资源的整合共享，切实推动中国外贸企业不断推陈出新、技术革新，全面提高从研发设计、智能制造到营销售后等整体链条的智能化水平，推动生产性服务业向专业化和价值链高端延伸。

（三）发挥比较优势，实现对外贸易新突破

在东北亚区域经济合作中，长春经济圈既展现了整体的竞争优势，又体现了各城市独有的特色。一方面，长春经济圈作为我国关键的粮食生产区，拥有丰富的农业资源，其原粮不仅广泛供应于国内主要销售市场，而且在对外贸易中也占据了相当大的比重。东北亚地区如日本和韩国面临土地资源稀缺和人口密集的挑战，对粮食及其他农产品有着巨大的需求，这为双方在农业贸易方面提供了显著的互补性。另一方面，长春经济圈作为中国知名的工业中心，拥有较为发达的制造业和坚实的工业基础，然而在技术和高端人才方面存在一定的缺口。与此同时，日本和韩国在技术领域拥有先进的水平，双方在科技合作方面有着巨大的潜力。因此，对于长春经济圈的整体发展，关键在于充分利用其比较优势，即将其丰富的粮食资源和坚实的产业基础转化为经济和贸易上的竞争优势。同时，需要清楚地意识到长春经济圈在参与东北亚区域经济合作时存在的不足。与辽宁省和黑龙江省相比，吉林省由于其地理位置局限，在东北亚区域经济合作中并不占有明显的优势，特别是与两省相比存在较大差距。因此，吉林省需要在对外贸易方面采取有别于他省的发展战略，挖掘并利用自身的特色优势，专注于出口具有竞争力并能产生规模效益的商品，并扩大高科技产品的进口量，将产业安全与供应链安全融入对外

贸易中，并在此基础上力争实现对外贸易新突破。

在与东北亚地区进行区域经济合作的过程中，长春经济圈应当充分利用其现有的产业优势。装备制造业、旅游业、现代农业与食品加工、医药行业以及新能源材料等领域是长春经济圈当前最具特色和增长潜力的产业。中国一汽集团为本省自主品牌，享受政策优惠，可以在原有的供给上开拓海外市场，面向东北亚地区出口，大力倡导经济双循环，为合资品牌的研发创立提供坚实的基础。凭借其独特的冰雪资源优势，该地区的旅游业收益占据了经济总收入大约三分之一，而且随着东北亚地区游客数量的持续增长，特别是在消费驱动型经济新时代的背景下，预计长春经济圈在吸引东北亚地区游客方面将实现历史性的增长和突破（如表 5.1 和表 5.2 所示）。长春经济圈在现代农业和食品加工领域已经形成了鲜明的特色，目前正致力于整个产业链的全面发展。依托于历史悠久的企业，该地区正专注于构建包括玉米和水稻、杂粮和杂豆、生猪、肉牛和肉羊、禽蛋、乳制品和豆制品、人参和中药材、梅花鹿、果蔬以及林产品十大产业集群。其中，由于我国与日韩在文化和历史上渊源深厚，因此在面向东北亚地区出口时日韩成为长春经济圈人参中药出口的重要国家。由于饮食习惯上的相似，以及受到本国国家资源上的局限，总体来看日韩同时也是本省农业出口的大国。

表 5.1　东北亚地区入境旅游人数（单位：人次）

来访国家	2014 年	2015 年	2016 年	2017 年	2018 年	2019 年
日本	45 768	47 508	55 445	113 203	54 053	61 930
韩国	612 304	786 576	853 083	589 879	598 775	650 149
俄罗斯	290 728	248 802	187 979	296 426	281 446	222 806

数据来源：吉林省旅游局、吉林省国民经济和社会发展统计公报。

表 5.2　吉林省旅游事业发展情况

旅游收入指标	2017 年	2018 年	2019 年
国际旅游外汇收入（万美元）	76 578.70	68 584.55	61 495.88
国内旅游收入（亿元）	3456.50	4165.60	4877.89
旅游总收入（亿元）	3507.04	4210.87	4920.38

数据来源：吉林省旅游局、吉林省国民经济和社会发展统计公报。

主要参考文献

[1] 毕欣程 . 公平正义思想视角下特色小镇建设对城乡融合影响的研究 [D]. 青岛：青岛大学，2017.

[2] 陈秀萍，孙铭一 . 新发展格局下东北三省参与东北亚区域经济合作研究 [J]. 东北亚经济研究，2022，6（1）：67–69.

[3] 陈鑫，王丽娜，张明，等 . 基于 SWOT–AHP 分析的敦化市老白山森林康养产业发展评价 [J]. 林业调查规划，2020，45

（3）：101–106，112.

[4] 段然 . 成都市城乡融合发展研究 [D]. 成都：西南财经大学，2019.

[5] 范斯义，刘伟 . 科技创新促进城乡融合高质量发展作用机理及实践路径 [J]. 科技管理研究，2021，41（13）：40–47.

[6] 郭天宝，于淞楠 . " 长吉一体化 " 经济协同发展的路径选择与优化 [J]. 吉林师范大学学报（人文社会科学版），2018，46（3）：83–87，100.

[7] 韩芙清 . 试述吉林省参与东北亚区域经济合作一体化的展望 [J]. 商讯，2021（33）：8–10.

[8] 韩猛 . 吉林省智慧农业发展问题研究 [D]. 长春：吉林大学，2020.

[9] 黄圣彪 . 从科技创新供给分析农业高新技术产业环境的研究 [J]. 中国科学院院刊，2018，33（3）：291–297.

[10] 黄星月 . 吉林省农村金融助力乡村振兴战略对策研究 [J]. 长春金融高等专科学校学报，2022（1）：53–56+78.

[11] 黄禹铭 .“一带一路”背景下长春新区打造长春对外平台的对策研究 [J]. 经济研究导刊，2018（16）：53–54.

[12] 姜龙 . 乡村振兴战略背景下吉林农业与乡村文化兴盛路径研究 [J]. 经营管理，2022（3）：85–86.

[13] 梁书民 . 新技术变革下的我国城乡融合发展前瞻 [J]. 学术大视野，2021（7）：126–134.

[14] 刘德权，邢玉升."一带一路"战略下东北地区产业结构转型升级研究 [J]. 求是学刊，2016，43（3）：60–66.

[15] 刘佳慧，马会 . 东北老工业基地产业结构优化升级的中观路径 [J]. 沈阳师范大学学报（社会科学版），2020，44（6）：35–40.

[16] 刘江宁 . 关于中国经济发展进入新时代的研究 [J]. 经济研究参考，2019（12）：6–17.

[17] 钱佳欣 . 乡村振兴战略背景下的吉林省新型城镇化建设研究 [D]. 长春：长春师范大学，2020.

[18] 宋长青，张亮，霍明，等 . 农业高新技术产业与农业农村发展若干问题研究 [J]. 农业与技术，2019，39（9）：167–171.

[19] 宋广玉 . 都市圈怎么干？南京要带好头 [N]. 南京日报，2021-03-04（5）.

[20] 孙浩进，闫晨佳 . 中国在东北亚区域的贸易竞争力研究——基于比较生产力的视阈 [J]. 经济问题，2021（8）：121–129.

[21] 徐晓兵 . 提高市民科学素质助推兰州转型跨越 [N]. 兰州日报，2013-05-27（7）.

[22] 杨非羊 . 城乡融合背景下灵寿县域城镇化路径探索与空间优化 [D]. 北京：清华大学，2019.

[23] 翟炜 . 长春东北亚区域中心城市实施路径选择 [J]. 城市与区域规划研究，2018，11（2）：82–91.

[24] 张伟伟，滕婉琦 . 新发展阶段吉林省数字冰雪产业发展

对策研究 [J]. 长春金融高等专科学校学报，2022（1）：62–68.

[25] 张铁男 . 数字经济赋能吉林省农业现代化问题研究 [D]. 长春：吉林大学，2021.

[26] 长春市人民政府 . 长春市国民经济和社会发展第十四个五年规划和 2035 年远景目标纲要 [N]. 长春日报，2021–05–10(5).

第六章 长春经济圈城乡融合发展的制度创新与机制调整

一、产业布局与一体化发展制度

城乡产业一体化，是指在工业化、城市化条件下，一个地区在产业发展的思路上，把城市和农村作为一个有机的整体，通过城市与农村资源优化配置和转化利用，用产业发展战略的调整和体制机制的创新，加速城乡区域经济的协调发展，优化产业布局、产业分工与合作，使三大产业在城乡之间进行广泛的联合，构建城乡产业优势互补的一体化经济结构。一般来说，城乡产业一体化具有三个方面的突出特征：一是产业的城乡互动，即要在城与乡、工与农之间的产业双向延伸过程中，实现城乡产业优势互补一体化发展；二是布局的城乡一体，即根据城市农村不同特质要求和发展优势，使城乡间形成一种相互支持的经济服务体系；三是乡村生产关系的变革，即要求推动农村传统中以小农经济家庭联产承包责任制为代表的生产关系的变革。总之，城乡产业发展一体化不是城乡产业发展同质化，它要求城乡产业通过协调发展和互动发展，使三大产业在城乡之间进行广泛渗透融合，城乡经济相互促进，为城乡协调发展提供坚强的物质基础，最终实现共同繁荣。

针对当前城乡产业关系存在的主要问题，借鉴国内外城乡一体化实践中的经验与教训，长春经济圈城乡产业一体化发展关键要在坚持政府推动与市场导向相结合、统筹规划与因地制宜相结合、技术创新与制度创新相结合的原则基础上，通过以下途径推进城乡产业一体化格局的逐步形成。

（一）推进城乡要素产品双向流动

要实现城乡产业的一体化发展，就必须在实现城乡间要素市场配置的基础上，形成城乡经济的合理分工和交换体系。首先，要在进一步稳定农村土地承包制度，切实保障农民对承包土地的自主经营权利的基础上，允许农民依法采取转包、出租、转让、互换等多种形式将承包地流转，建立完善的土地流转机制，发挥市场配置农村土地资源的基础性作用。其次，积极推进社区股份制，把村级集体经济组织的资产量分化为其成员的股份，明晰集体资产的产权。加快建立城乡统一的建设用地市场，允许村集体依法通过出租、入股等多种形式参与开发经营，让农民共享农用地转用增值的利益，并制定村集体建设用地使用权流转管理的政策，完善集体建设用地的转让交易，进而优化配置，使其能够得以高效利用。深化农村流通体制改革，加快促进流通领域产业结构、市场结构、消费结构、商品结构和所有制结构的调整，形成城乡之间消费品、农业生产资料和农产品双向流通、高效顺畅的流通网络。最后，积极推进户籍制度改革，取消地域、身份、户籍、行业等政策限制，逐步消除城乡二元结构对劳动力流动的各种壁垒，形成城乡劳动者平等就业的格局。

（二）推进城乡产业链双向延伸

通过城乡产业链条的延伸，促进城乡产业之间密切联系、分工协作、互动发展，是实现城乡产业一体化发展的关键。要根据城乡资源的特点和优势，推动城乡产业链条的双向延伸，在优势互补中形成一体化的城乡产业体系。城市在资金、技术、人才等方面具有明显优势，应通过发挥资源的集聚效应，重点发展资本密集、技术含量高的先进制造业及现代服务业，并推动城市产业向城镇、农村延伸，利用农村丰富的劳动力资源和自然资源，将农副产品加工业或其他资源加工业向农村延伸。农村在生态、资源等方面具有比较优势，要在大力发展特色优势产业的基础上，提高农业的产业化经营水平，推动农业产业链条向二、三产业特别是旅游业延伸。通过城乡产业的双链延伸，农村与城市产业形成互动发展新格局，进而实现城乡经济的共同繁荣。

（三）加快城乡产业组织形态创新

加快农村新型集体经济发展，着重推进以农民专业合作、社区股份合作、土地股份合作为核心的农村“三大合作”改革。深入创新“龙头企业＋基地＋合作社＋农户”的产业化经营机制，不断完善利益联结和风险共担机制。积极开展“社区支持农业”等新型产业发展模式，健全共同经营机制和完善利益分享机制。在推进农民集中居住点建设过程中，允许集体经济组织结合公共服务设施建设，配套部分经营性用房，拓展村级集体经济发展空间。注重支持各类公共服务平台建设，建立并完善农业产业协会、质量协会、消费者协会和其他专业行业性协会，以及质量认证、创新服务平台、检验检测等社会中介服务体系。

（四）推进城乡产业布局一体化

要发挥规划的统领作用，按照“一产划圈层、二产进园区、三产分功能”的原则，大力推进特色产业向优势区域布局，实现三次产业集中集群发展和互动发展。首先，合理布局农业发展空间，依托特色优势产业，按照圈层推进梯度发展布局，以农业科技园区和专业市场建设为载体，合理布局农产品精深加工产业，实现农业生产、加工、销售布局的有机结合。其次，以集中集聚集群发展为理念，以开发区、工业园区为载体，推动工业、土地资源以及其他生产要素等向优势产业、向园区集中，并围绕主导产业合理配置上下游产业，提高配套能力和协作能力，形成以主导产业为主、配套企业为辅的产业集群。最后，合理布局生产性服务业和生活性服务业，适应产业发展和现代消费需求，按资源、片区、功能等不同分类为基础推进现代服务业发展，实现都市农业、新型工业、三产服务的有机融合、互动发展。

（五）促进乡村产业提质增效

城市郊区的农业产业很容易就可以实现与城市产业的对接，

但由于农村地区幅员广阔、类型多样，大多数远离中心城市，较难接受城市的辐射，而且偏远地区的农业发展还相对较为落后，难以与城市产业实现良好互动。因此，城乡产业一体化要得以推进和提升，就必须不断提高乡村产业自身的发展，不断提高乡村产业的层次。为此，一是要加快农村传统产业的改造和产业结构的优化调整，根据农村的资源优势，针对性地引进新品种、新产业，通过加大投入、技术改造、标准生态、先进管理等一系列方式方法推动农村产业的改造提升和结构优化，为城乡产业互动提供基础条件。二是要充分挖掘农村的生态资源优势和特色文化优势，在发展绿色产业、生态产业的基础上，推动农业向二、三产业延伸，开发特色加工、生态旅游、田园休闲、现代服务等新型产业，提高农村产业的内容与层次及竞争力。三是要提高农村产业的科技含量，以农村科技园区建设为载体，加大经营理念、经营管理、信息管理等能力的培训，显著改善农业经营主体获取、吸收技术和新知识的能力，调整乡村产业技术结构，提升城乡产业一体化发展的水平。

二、公共管理与发展规划制度

公平和正义是衡量社会和国家发展的关键价值标准，在评估一个国家或社会的发展水平时，除了考虑其经济增长和经济实力外，社会的公平性与正义也是至关重要的指标。党的十九大报告提出，坚持人人尽责、人人享有，坚持底线、突出重点、完善制度、引导预期，完善公共服务体系，不断促进社会公平正义，形成有效的社会治理、良好的社会秩序，使人民获得感、幸福感、安全感更加充实、更有保障、更可持续。

在很长一段历史时期内，城市化一直是推动经济增长和产业转型的关键力量。城市化进程的推进，要求加强和优化基础公共服务体系。这一体系的构建覆盖广泛，包括但不限于科技、教育、文化、卫生、就业和社会保障等多个层面。改革基本公共服务供给制度的实质是均衡长春经济圈内城乡基本公共服务的供给，可以从分析公共物品的供需状况和存在的问题入手，通过强化长春经济圈政府的引领作用，有效整合区域内的社会资源，从而制定出一套适应城乡需求的基本公共服务均衡供给策略。同时，激发企业和非营利组织的参与热情和合作潜力，通过多元化途径持续增加基本公共物品的供应，并提升基本公共服务的质量。

（一）政府统筹：完善城乡公共服务供给制度

巩固长春经济圈政府在制度供给中的主导地位。在基本公共服务的提供过程中，政府始终扮演着核心角色，发挥着至关重要的作用。政府不仅是提供基本公共服务的关键力量，还承担着规划和监督的职责。这意味着政府不仅要负责提供基础的公共物品，还应当构建一个综合性的规划和协调机制，即要全面筹划基本公共服务的战略布局，对基础公共医疗、就业服务、公共体育、义务教育、基础图书文化服务等方面的人力、物资和财政资源进行系统的规划和配置。

提升政府在直接提供基本公共服务方面的职能。鉴于基本公共服务领域拥有巨大的市场潜力，政府在推动基本医疗、职业培训、基础教育和公共交通等公共事业的发展中继续扮演着核心角色。政府需构建一种新模式，直接负责公共设施建设和公共物品的供应，以承担更大的责任。改变以往依赖乡镇基层政府提供服务的做法，建立一个统一的城乡公共物品供应体系，以更好地协调城乡之间的公共服务供给，从而有效解决地方和乡村基层在财政资源上的不足问题。同时，政府可以探索和创新间接提供公共服务的方式，特别是在财政资源有限的情况下，以政府资助、私人企业建设、政府管理的合作方式解决公共物品供给的挑战。例如，图书馆和社区文化活动中心等公共设施就可以采用这种公私合作模式来提供服务。

除了主导公共服务的总体规划，政府还需确保对各类公共服务进行有效的监督管理，以保障基本公共服务职责得到持续而有效的实施。第一，政府要制定制度规范，配套相应的管理法规、条例等。第二，政府需对各类基础公共服务实施有效的监督管理，并制定和完善相关制度，确保服务规范有序地进行。建立健全对基本公共医疗、公共体育、公共教育等设施进行监管的科学制度。第三，提升政府对各类公共服务的监管效能。政府应强化在基础公共事务的全流程监管，包括制定规章制度、进行过程监督和执行后续审查，确保依法行政，保障基本公共服务的质量和秩序。

（二）企业参与：健全市场公共产品供给机制

政府利用民间资本或者企业出资来建设城市公共物品的服务模式，是发达国家城乡公共产品建设与发展的典型经验之一。政府授予私营企业特定的经营许可，使其在限定的领域内进行建设和运营，同时政府在大局上进行价格指导和质量监管。当前，私立学校、民营医院等已经开始实施这种模式。通过企业参与公共物品的建设和供应，来更有效地满足公众对公共服务多样化和个性化的需求。

一般来说，企业进入公共服务领域可以有三种方式：一是企业通过竞标程序参与公共服务行业中，利用它们在市场进出上的灵活性，来迎合人们对多元化公共服务的需求。二是企业通过慈善捐助的方式支持公共服务项目。那些资金雄厚的大中型企业可以通过赞助公共体育活动、慈善事业等途径，参与到公共服务的建设与发展中。三是企业通过政府采购服务的途径参与公共服务领域。例如，健身中心、医疗诊所、体检机构、教育机构等，常常采用这种模式，这在很大程度上有助于缓解公共健身、医疗服务、教育等领域设施的短缺问题。

（三）社会补充：发挥非营利组织的灵活作用

科技、教育、文化、卫生等领域的社会团体和非营利组织的建立与壮大，为长春经济圈的基本公共服务注入新的活力。社会组织能够利用其非营利的特性和优势，汇集社会资源和资金，为基本公共服务的建设提供有效的补充。

首先，非营利性社会组织因其数量众多，在接近民众生活、创新管理模式、资金整合等方面展现出特有的优势。它们能够针对社会日益增长的多样化需求，提供多样化的服务，并在一定程度上承担起政府和私营部门难以完全覆盖的社会责任。其次，非营利性社会组织通过合法注册、自主运营以及参与社会事务管理，有助于更有效地利用社会资本和激发公众的参与热情，进而促进公益事业的发展和完善。最后，包括综合性社团在内的非营利性社会组织，凭借其与民众的紧密联系，有助于高效地动员和组织社区的人力和资金资源。非营利组织的资助、企业的建设以及非营利组织的管理，为政府在公共物品供应方面提供了重要的补充和支持。

（四）科技助力：完善城乡居民有效沟通机制

加强基础公共服务智能化平台的开发。在政府的引导和监督下，可以充分利用互联网、云计算等现代技术，构建和优化以长春经济圈的城镇社区为基础的网络服务平台，创建一个智能化的公共服务平台，增加居民对社区基础公共服务的认知和参与度。居民不仅可以全面了解社区提供的公共服务项目，还能够方便快速地获取公共服务设施的开放时段、操作方式和使用状况，从而更好地规划自己的出行或健身等公共活动，提升生活的质量。除此之外，居民在享受这些服务的同时，还能利用这些平台加强对服务质量的监督。

此外，在高效利用社区人力资源参与公共物品建设的同时，也可以充分利用长春经济圈城乡社区的人力资源。在基础教育、就业服务、医疗卫生和公共体育等领域，可以通过付费或志愿服务的方式，调动社区中有时间、有体力和有经验的人士参与其中。例如，可以推行体育教练制度，让社区内具备专业技能的居民担任公共体育健身的指导者和志愿者，从而提升公众在闲暇时间参与休闲活动的质量。在当今网络信息快速发展的背景下，政府有责任也有机会构建公众参与的机制，使民众能够及时了解公共设施的建设和进展，并有效监督公共服务的水准。

三、投融资管理制度

实现城乡基础设施的一体化建设，是促进城乡在其他领域一体化发展的基础和先决条件。长春经济圈在城乡一体化发展过程中面临着城乡基础设施差距显著、共享性不足、功能布局不合理以及农村基础设施投资短缺等问题。当前农村基础设施的投融资机制改革的核心在于将城乡视为一个统一的整体，重点加强城乡基础设施的互联互通和均衡发展。需要建立健全投融资机制，打造高效投融资管理平台，以实现城乡“共同建设、共同创造和共同分享”的目标。

（一）发挥政府作用拓展融资渠道

充分发挥政府的资源优势，实现资源的资本化。政府掌握的资源是扩大融资途径的关键，通过整合这些资源，可以充分利用先前在城乡基础设施一体化建设中可能被忽视的政府资源。从广义上讲，政府资源不仅包括国家认可的土地、矿产、税费等具体有形资产，也包括法律授权的特许经营权、信息资源等无形资产。在推进城乡一体化的基础设施建设中，可以通过赋予政府掌控的资源以资本属性，实现这些资源的资本化，并在政府与市场机制的协同作用下，通过资源的流动、重组、租赁、出售等多种方式，进行资源的优化配置和市场化运营。这样做可以最大限度地发挥政府资源的效用，并合理有效地利用这些资源，为各投资主体参与城乡基础设施一体化建设提供更多途径和资源。

市场导向的组织和政府管理机构协同合作，共同打造成熟的投融资平台。一方面，为了优化金融信贷环境，可以考虑设立中小企业融资担保机构，以此为桥梁，推出符合更高标准和质量要求的大型城乡基础设施建设项目，进而吸引各类商业银行和国家政策性银行的信贷资源。另一方面，向广大民间资本开放更多的投资领域，简化审批流程，为民间资本参与城乡基础设施投资提供便利的环境和高效的服务。建立一个高效的投融资管理平台，不仅对形成多元化的城乡基础设施建设投融资新格局起到关键支持作用，而且有助于打破目前城乡基础设施一体化投融资面临的困境。

（二）创新城乡基础设施融资模式

利用银行信贷的潜力。在政府的引导下，鼓励长春经济圈的商业银行为城乡基础设施一体化建设提供专门的信贷额度，增加信贷投放，以此确保长春经济圈城乡一体化发展获得充足的信贷资源支持。此外，可以学习国内其他地区在城乡一体化建设方面的成功经验。例如，苏州市在城乡基础设施建设中采用“银团贷款”的模式：以乡镇为单位，制定长期的城乡一体化建设规划，并采取分阶段实施的策略，将一段时间内相关联的项目进行集中打包，统一向银行申请贷款。同时，由政府部门协助牵头银行组建银团，发放贷款。这种方法可以有效地整合资源，提高融资效率。长春经济圈也可以借鉴这一经验，将城乡一体化建设项目进行整合，统一申请银团贷款。这种方法的优势在于：一是能够充分利用土地等高价值资产的抵押潜力；二是通过统一的贷款协议简化流程，提升工作效率；三是通过金融机构的合作，集中资源，增强整体融资能力，分散金融风险，进而更有效地推进长春经济圈的建设。

探索直接融资方式，发挥债券的资金筹措功能。长春经济圈城乡一体化基础设施建设，可以考虑申请发行城乡一体化地方债券，将债券用于交通运输、信息、通信、房产、环保设施、医疗设施设备和排污处理系统等地方性公共设施建设；鼓励民间投资参与城乡基础设施建设，支持企业通过发行债券筹集资金，用于城乡一体化和新农村建设项目，并选择有资质的企业承担这些项目。激励本地企业参与基础设施投资，支持国企成立专门公司推进城乡一体化，扩大此类公司的规模，培育并优化农业领军企业的股权结构，强化其公司治理，力争上市，吸引更多社会资金投入城乡一体化发展；成立专门负责城乡一体化的贷款机构，通过发行债券等方式多元化融资。同时，长春经济圈的地方政府应与企业建立合作伙伴关系，共同组建基础设施建设合资公司，为城乡一体化发展提供更有利的条件和平台。

（三）完善投融资风险及担保机制

由于农村基础设施项目往往回报率较低且回收期较长，这间接增加了投资者的风险和机会成本，使得投资者投资意愿较低。为了吸引更多资金投向长春经济圈的城乡基础设施建设，需要构建科学的评估体系和指标，以合理评定不同资金来源所面临的投资风险；在构建风险缓释机制时，应考虑利用担保机构和设立投资担保基金，以最大限度地维护投资者的权益。总体而言，需要持续改进城乡基础设施建设的风险管理机制，提高投资目标、策略和领域的透明度，加强对投资成本和行为的监控，并建立完善的责任制度和追责机制。对于行为失范或严重违规的投资者，应实施相应的惩处措施。只有通过这种方式，投资者才能更好地在风险和回报之间找到平衡，积极地投身于长春经济圈的城乡基础设施建设，进而提升该地区基础设施投资的整体经济回报。

完善投融资的利益机制。出台相应的《投资利益管理办法》，界定长春经济圈投资者的利益边界，确保各方职责分明、互不侵犯，缓解投资者间的矛盾冲突，防止投资重复和资源浪费，针对城乡基础设施不同领域制定相应的激励机制。确保所有投资方的个人利益都能与集体利益相协调。因此，一个高效的投融资激励体系应当能够使各方在追求个人利益的同时，也考虑到他人和整体的利益，实现三者之间的和谐平衡。唯有构建一个科学合理的利益分配体系，才能充分激发大型企业和其他投资主体投身于长春经济圈城乡一体化基础设施建设的热情和主动性。只有真正站在投资者利益的立场上，才能建立起一个有效的激励机制，推动城乡一体化基础设施建设的持续健康发展。

四、土地制度管理制度

（一）优化城乡土地利用布局

科学规划城市功能区布局。构建一个由中心城市、副中心城市、重点镇和普通镇组成的四层城镇职能体系。以长春市为例，它是区域城镇发展的核心和引擎，也是城镇间联系的中心节点，对整个区域的发展起到引领作用。今后需要快速推进高新技术产业的发展，通过优化产业结构，实现产业的升级换代。重点发展战略性新兴产业（如信息技术、光电技术、生物医药、新型材料），现代制造业（例如汽车制造、铁路车辆、工程机械设备），以及现代服务业（包括金融、保险、咨询服务、教育和科研等领域）。副中心城市包括双阳、榆树、农安、德惠和九台等城市，它们是区域城镇网络中的关键枢纽，应发挥其连接上下层的作用，分担中心城市的区域职责，同时通过集聚效应实现规模扩张，推动周边县市的农村社会经济发展和城镇化步伐。产业发展的重点领域包括农产品的深度加工、制造配件、化工产业、建筑材料和食品工业。重点镇是推动农村经济增长的核心和长春地区城乡一体化发展的重要平台，涵盖奋进乡、新立城镇、西新镇、劝农山镇、奢岭街道、兰家镇、合心镇、英俊镇、卡伦镇、合隆镇、米沙子镇、五棵树镇等地。今后应依据农村产业和城镇集聚的原则，引导市域内的农村产业增长和城镇化进程向关键城镇集中。这些重点镇的产业发展战略应聚焦于农产品的集散和加工，以及利用本地资源的加工产业，以构建具有地方特色的产业体系。

对于中心城市，应专注并推动汽车制造及其配件、光电技术、生物医药等产业的发展，同时积极拓展现代服务业，以增强中心城市在经济、管理、服务、交通枢纽和创新领域的功能。而副中心城市如榆树市则应利用其农业资源的优势，构建以农产品深度加工、医药制造、绿色食品产业为主的工业体系。重新规划全市的产业地理分布，构建以五棵树和主城区为核心的两大经济板块。对于农安县而言，应着重培育食品、医药化工、建材和服装这四大支柱产业，并实施“中心辐射、外围发展、沿轴拓展、分步推进”的空间发展策略。需加速推进辽金民俗文化旅游景区的建设，并同时注重波罗泡、元宝洼、敖宝图泡、莫波泡等地区的生态修复和环境治理工作。对于德惠市，应重点扩大和强化农产品加工产业。提速德惠开发区、姚家玉米工业园区以及菜园子镇、米沙子镇的建设。积极打造适宜环境以吸引中心城市的企业迁移，并大力发展与城市大型工业相配套的工业。对于九台市，应充分利用其靠近长春市中心的地理优势，作为长春与吉林一体化区域的关键空间枢纽，优先发展能源、农机、食品、农产品加工、矿产建材等主要产业，并积极培育花卉、苗木、旅游等新兴产业，同时重点推进卡伦镇、东湖镇、西营城镇的建设。对于双阳区，应加强其生态旅游和居住功能，促进高等教育产业向奢新一线集中；同时，应建立国家级的梅花鹿繁育及鹿产品加工基地；此外，还需保护石头口门水库上游的水源保护区生态环境，严格限制污染性产业的发展。特别要注重双阳湖和吊水壶两个生态保护区的保护工作。

拓展农业生产和城乡绿色空间。依据生态保护、环境建设和长春经济圈发展的需要，结合土地适宜性原则，对园艺用地、森林用地、草地和水产养殖用地进行科学规划和布局，推动特色农业向规模化、专业化方向发展，充分利用农业用地在生产、生态保护、景观美化和空间隔离方面的多重作用，增加绿色空间。合理规划农用地与建设土地的分布，确保中心城市、城市组团和重点镇之间保留连续的、大规模的农田、水体和山体等生态空间，以遏制城市无序扩张，同时促进生态系统功能的增强和城市农业的繁荣发展。遵循“严格保护、积极培育”的原则，以维护市域森林资源和环境质量为基础，应充分利用东南部山区森林、气候、生态环境和山水景观等自然资源优势，合理开发未利用地等潜在土地资源进行植树造林。

沿松花江、伊通河等主要水系，开展关键的林业生态工程，以加强生态保护和建设；优先强化农地周边的林带建设，打造生态连廊体系，提升城市绿化水平，并围绕铁路、公路、河道及主要堤坝构建生态廊道网络。适度扩大园林用地规模，鼓励园林用地向适宜的丘陵、台地和未利用的斜坡地带扩展；对新开发和现有低效园林用地进行改良与治理，重点优化品种结构，增强产品品质，提升单位面积产量和经济效益，重点培育高品质果园，打造高品质水果生产基地。维护并合理地开发利用草地资源，增强长春经济圈东部草地的生产能力，提升草地生态系统的健康水平。同时，将生态网络建设与现有的自然保护区、森林公园、风景名胜区等自然保护地体系相融合，构建多样化的绿色生态空间网络。

完善城镇体系的空间结构。以长春经济圈的中心城市及其周边的组团区域为核心，以副中心城市为关键节点，并以快速交通干线为支撑，构建“一核、三轴、多点”的区域城镇空间结构。“一核”为中心城市；“三轴”指的是以哈大交通走廊和珲乌交通走廊为主的两条一级城镇经济带，以及依托长营高速公路延伸至辽源方向的次级城镇经济发展带；“多点”是指五个副中心城市，包括双阳市、榆树市、农安市、德惠市和九台市。哈大城镇发展轴作为南北向的主要城镇发展轴线，依托哈大铁路、高速公路和102 国道，成为人口、经济和城镇集聚的主要轴线。借助这一发展轴线，长春经济圈能够南北向延伸至沈阳、大连、哈尔滨等东北地区的主要城市。同时，珲春至乌兰巴托的东西向城镇发展轴也是一条重要的城镇发展轴线。该发展轴是以长吉铁路、长吉高速、长吉北线构成的复合交通走廊为依托的城镇发展轴，沿该发展轴可向东西两翼辐射长春经济圈大部分地区。

优化城镇工矿用地。依据空间发展规划，长春经济圈将形成“十字形双轴”的空间布局，这包括南北向的哈大城镇发展轴线，以及东西向贯穿长春市至九台—农安的城镇发展轴线。南北向的哈大城镇发展轴，沿哈大铁路、高速公路和 102 国道布局，构成主要的城镇发展轴线；长春经济圈的东西向九台—农安城镇发展轴，依托长农铁路、长白高速公路、长农公路、长吉铁路、长吉高速公路以及长吉北线形成的综合交通走廊，作为次一级的城镇发展轴线。根据长春经济圈现有的城镇和基础设施布局，本着尽量减少占用耕地，避开基本农田、水域、地质灾害高风险区、蓄滞洪区以及重要生态保护区的原则，参考建设用地适宜性评估，合理规划新增城镇和工业用地，以促进大城市组团、中小城市集约化和小城镇集中化的发展模式，提升并完善中心城市－副中心城市－重点镇－普通镇的四级城镇职能结构体系。平衡城镇和工业用地中的生产、居住和生态区域面积，限制生产用地的扩张，确保居住用地的充足，提升生态用地的比重。在大规模的城镇和工业建设用地中，穿插安排一定规模的农田、果园、森林、草地或水体，以此形成绿色生态空间。

协调安排基础设施用地。长春经济圈要依托城镇工矿用地规划格局，依据便利性、安全性和高效性的标准来规划基础设施用地，增强交通、水利、能源等基础设施对经济圈经济社会发展的支撑作用。发展对外交通，依托国家和区域交通主干线，以中心城区为枢纽，强化以沈阳—长春—哈尔滨为主轴线，图们—长春—乌兰浩特为次轴线的“十”字形地面交通网络。构建由区域高速公路、地方主干道和一般道路及其连接线路组成的三级公路网络，打造南北向和东西向的铁路快速客运通道，并以长春龙嘉机场为补充，形成以公路和铁路为主、航空运输为辅的多维综合交通体系，为长春经济圈的持续发展提供坚实的交通基础。依据长春经济圈的水资源条件和经济社会发展对水利设施的需求，以优化区域水土资源配置为重点，同时注重生态环境的改善，根据城镇、工业和农田的分布合理规划水利设施。优先发展防洪体系，推进饮用水工程，强化水环境的管理和保护。同时，综合规划能源基础设施用地，确保电力网络建设的土地需求，扩大石油和天然气钻探及其配套项目的用地，以满足长春经济圈经济社会发展的能源需求。

优先安排基本农田。要依据农用地的等级评定，优先将长春经济圈内河谷平原和台地平原区域中农业基础设施完善、土壤肥沃、连片集中的耕地划定为基本农田。在规划基本农田与各类建设用地的空间布局时，应将交通线路附近的耕地、城镇扩张范围外的耕地、独立工矿和集镇村庄周围的耕地纳入基本农田范畴，同时确保所有新增建设用地的规划避开基本农田。在中心城区规划的建设预留地范围内，将已划定的基本农田中不再满足要求的零散、质量较低的地块移出保护范围，同时将长春经济圈内部分肥沃的耕地以及未来重点整理开发和复垦的一般耕地重新划入基本农田保护区。确保基本农田的面积保持稳定、质量得到提升、布局更加集中，重点强化基本农田的保护工作，明确划定集中保护区域，对这些区域内的基本农田实施特别保护措施，同时保护珍贵的黑土地资源，积极对中低产田进行改造提升，执行高标准的基本农田整治工程。增强粮食产能，提升粮食产出，稳固长春经济圈作为全国重要商品粮基地的角色，确保国家粮食供应的安全。

设定国土生态屏障网络用地。依据长春经济圈的土地资源和生态特性，打造以河流为主体、森林和湿地为基底的核心生态网络，建立区域性的基本生态保护屏障，以维护和优化区域的生态安全结构，确保生态过程的连续性和生态系统的完整。

依据水源地保护的严格要求，实施河流的综合整治。根据区域内水系的分布特征，构建“一江九河两区”的生态网络框架。“一江”指松花江。“九河”指伊通河、饮马河、新凯河、沐石河、三岔河、拉林河、双阳河、卡岔河、肚带河。“两区”指的是长春经济圈南部的低山丘陵与农林交错的生态区和西部的湖区生态区。南部低山丘陵区扮演着长春经济圈南部的生态屏障角色；西部湖区生态区位于农牧交错带的边缘，拥有重要的生态功能。在中心城市，应利用自然山水、林地、农田以及城市道路等框架元素，构建城市生态空间。以长春市为例，长春市在发展中逐步形成了“一心、两带、二轴、两环”为核心的生态安全基本保障体系。“一心”指以净月风景区为中心的生态绿心。“两带”指伊通河和饮马河两条水系。通过河流治理，沿着这两条河道两侧建立起绿色走廊，这些走廊将作为生态屏障，共同构成一个高标准的生态保护体系。“二轴”指东南 - 西北方向的生态轴线和大黑山脉的自然生态轴线。这些区域被规划为城市的生态保护区和建设控制区，其主要功能是进行生态建设并推动绿色农业、城市观光农业的发展。“两环”指围绕中心城区的环城绿化带和环绕双阳区的山地丘陵自然生态环，它们共同构成了城市生态防护屏障。长春经济圈必须保护好原有的自然地形和地貌，确保山体和水系的自然形态得以维持；维护天然湿地、滩涂、沼泽等生态系统，确保水源涵养区和地下水补给区的安全，严格管理滨水区域的土地开发利用，以保护水生环境和水质，同时充分利用湿地生态系统的多功能性。

坚定维护长春经济圈内的自然生物栖息地，致力于城乡生态环境和生物廊道系统的保护与修复；对自然保留地和生态敏感区域内的土地利用活动进行严格控制，限制其类型和强度；对蓄洪区、泄洪区等自然灾害高风险区域内的土地利用活动实施严格限制，以提升长春经济圈应对自然灾害的整体能力。

（二）强化城乡土地空间管制

建立健全长春经济圈由城乡规划、发展改革、土地管理、建设管理等部门共同参与的协同工作机制，实现城乡规划、国民经济和社会发展规划、土地利用总体规划以及土地供应计划之间的有效衔接，形成统一的城乡土地开发利用调控体系。

长春经济圈在发展中需要强化管制的区域主要包括：第一，风景名胜区，包括净月潭国家森林公园，以及国家审批的国家风景名胜区和国家森林公园等。第二，湿地保护区。重点维护以水生生物和周边草原为主的自然湿地生态环境。在生态旅游区，时刻关注湿地面积、植被种类的变化，保护生态平衡。定期清理水域内的污染物，并加强对景区环境的综合管理。第三，生态敏感区。生态敏感区要位于长春经济圈的西北部，靠近土壤沙化区域。为了应对来自西部和西北部的环境压力，应重点实施大规模的生态公益林建设项目，包括西部和西北部的防风固沙林工程，以及环城绿化带的建设。这些区域作为自然生态保护区与人口密集的城市建成区之间的过渡带，其开发初期往往会遇到经济增长与环境保护的矛盾。因此，必须实施严格的生态管理和环境监督措施，以避免生态环境受损和生态功能弱化。第四，水源保护区，涵盖石头口门水库和新立城水库的一级和二级水源保护区。在这些区域实施全面封山育林政策，并加强水源涵养林的建设和保护工作。第五，重点耕地保护区域。作为国家的重要商品粮基地，长春经济圈拥有广阔的基本农田，因此保护耕地的责任尤为重大。必须根据土地利用总体规划的指导，对基本农田实施严格保护并进行合理开发利用。第六，地下矿产资源分布区。长春经济圈拥有多样的矿产资源，已探明的矿产资源种类多达数十种，其中以能源矿产为主，涵盖了煤炭、石油、天然气、油母页岩等类型。第七，历史文化保护区，包括古人类历史保护区、历史遗迹保护区以及中心城区殖民遗迹保护区等。第八，机场净空区。包括大房身机场、龙嘉国际机场等飞机场净空区域。

考虑生态保护和资源保育等因素，长春经济圈将被划分为禁止建设区、限制建设区和适宜建设区，以此作为土地开发利用的指导原则。禁止建设区包括河湖湿地、一级水源保护区、地下水源核心区、自然保护区的核心区和缓冲区、风景名胜区的生态保护区、自然景观保护区、风景恢复区、国家森林公园、已探明的矿产资源富集区、采空区、地质灾害高风险区、基本农田保护区等作为生态恢复和建设的重点区域，原则上禁止任何城市开发活动。限制建设区域包括地表水源的二级保护区、准保护区、地下水源的防护区、蓄滞洪区、地质环境不适宜区域、自然保护区的实验区及其外围保护带、风景名胜区的风景游览区和开发控制区、机场的净空保护区、历史文化保护区以及大型市政设施的通道控制带等通常是生态条件优越或环境敏感的地区，需要根据资源和环境状况进行分级控制，合理引导开发建设，城市建设用地应尽可能避开这些区域。对于与限制建设区域重叠的城镇建设区域，需要明确具体的建设限制条件，进行必要的生态影响评估，并制定生态补偿策略。适宜建设区域是城市发展的首选地，但在这些区域的开发活动也需依据资源和环境条件，合理确定开发方式、规模和强度。

（三）创新土地使用管理模式

完善长春经济圈的农村土地管理体系，加强对农民集体建设用地使用权和农村土地承包经营权的保护，并增强土地承包经营权的功能，确保农民对承包土地的占有权、使用权和收益权。改进农村宅基地管理体系，加强宅基地使用的规范，确保农户的宅基地权益，并构建产权清晰的农村土地管理体系。同时，建立统一的城乡建设用地市场，确保在遵守规划且用途不变的情况下，集体建设用地与国有建设用地享有同等的权益。完善土地承包经营权的交易市场，遵循自愿、有偿的原则，赋予农民通过转包、出租、互换、转让、股份合作等合法方式流转土地承包经营权的自由，推动适度规模经营的多样化发展。同时，鼓励政策创新，深化土地使用制度的改革，并争取国家和省级层面的支持，设立试点区域。在集体建设用地流转和农村居民点整治等方面创新思路和机制，协调长春经济圈内的经济大市、区域中心城市和重要商品粮基地之间的关系。

优化长春经济圈的土地征收体系，通过调整地价，将小区域的定价标准整合为大区域的统一标准，减少价格差异。政府将制定一个指导价格，但在实际操作中，将采用市场机制，允许用地单位与农村集体经济组织通过协商或评估来确定最终的补偿金额。这一过程旨在尊重农村土地的集体所有权，在推进土地征收工作的同时，确保被征地农民的合法权益得到保障。

加强长春经济圈的社会保障体系，政府需增加财政预算，为失地农民提供与城镇职工同等水平的社会养老保险，且无须农民个人额外缴费。同时，适当提升失地农民的社会保障待遇，确保他们的长期生活得到稳定保障，减少他们对未来生活的担忧。这样的措施将有助于缓解失地农民的不安情绪，使其更愿意支持政府的土地征收工作，从而促进长春经济圈的经济和社会发展。

积极推进长春经济圈的土地整合与城乡土地利用的协调发展。将分散的村庄合并为新的农村社区，鼓励农民向城镇地区迁移。在此过程中，将节约出来的农村宅基地和村庄用地进行合理规划，对于适合恢复为耕地的土地优先进行复垦，以增加耕地面积；对于不适合恢复为耕地的土地，则可以调整为建设用地，首先满足集体经济组织的公共设施和公益事业建设需求。剩余的土地指标可以用于支持城市的建设和发展，以此提升长春经济圈的整体土地利用效率，促进城乡发展的均衡。

五、人口管理制度

（一）进一步完善城乡融合的人口生育政策

一是完善激励措施，提升长春经济圈家庭发展能力与社会经济地位。加大对多子女家庭及生育家庭的支持力度，确保其在医疗、养老、最低生活保障、土地征用补偿、住房拆迁以及移民安置等政策中获得优先考虑。确保公共政策与生育支持优惠政策的有效衔接，保障生育家庭的合法权益得到充分实现。长春经济圈各市县可以考虑每年为流动人口中育有多子女的家庭提供一定的资金奖励措施，如果家庭有固定工作单位，可探索由单位与政府按比例共同承担发放；对于没有固定工作单位的家庭，由居住地的卫生健康部门负责发放补贴。对于流动人口，实施支持性的生育服务政策，包括免费提供孕前优生健康检查、孕期保健指导等，如果流动人口有工作单位，由单位按规定报销部分费用；如果没有固定单位，则由居住地的卫生健康部门通过财政资金予以保障，以保障其权益。此外，政府将持续优化教育资源配置，确保流动人口子女享有与城镇居民子女相同的教育待遇，全面落实义务教育阶段免试就近入学政策，杜绝任何形式的不合理收费。

二是推行免费婚前健康检查政策，同时提供便捷的婚检服务，以鼓励新婚夫妇参与。整合免费婚前检查和常规体检服务，为新婚夫妇提供一站式的婚检和结婚登记服务，以降低新生儿的出生缺陷率，提升新生儿的健康水平和整体人口素质。

三是提升对孕妇孕期和分娩期的全面服务和管理工作，以预防性别选择性生育行为。对已婚育龄妇女进行孕情监测，并建立详细的档案，确保她们在整个孕期和分娩过程中得到良好的服务。同时，严格控制引产和流产的审批流程，推广住院分娩，以减少女婴的非正常死亡率。实行出生实名制，强力推行孕妇保健、产妇分娩、出生婴儿实名申报登记制度，对接公民信息系统，确保信息的透明共享、动态跟踪和有效监管，同时严格执行出生性别比数据的质量评估，以确保原始数据的精确性。

四是制定《关爱女孩行动条例》，坚决维护女性权益。彻底审查并废除所有包含对女孩歧视及对计划生育中只生育女孩家庭不公对待的文件和规定，同时制定并实施一系列旨在支持政策内生育女孩的社会经济政策。通过法律手段推动“关爱女孩行动”的广泛开展，以促进女孩的全面发展；依据法律严厉打击遗弃、伤害女婴以及拐卖、绑架妇女和儿童的犯罪活动，同时坚决惩处对生育女孩的妇女进行歧视和虐待的非法行为。确保女孩和妇女的合法权益得到有效保护，保障女性在社会政治活动中的参与权和接受教育的机会，同时增加女性的就业机会并提升其就业质量。

五是制定和完善失独家庭的法律保障制度，创建失独家庭发展基金，关爱失独家庭，切实解决失独家庭发展和社会保障问题。要切实保障失独家庭的发展权益，制定《失独家庭发展保障条例》，建立专门针对失独家庭的养老院，创建失独家庭发展基金，解决失独家庭的养老、医疗、心理调解等社会问题。

（二）进一步完善城乡融合的人口发展政策

一是实施基础教育免费政策。在确保九年制义务教育免费的前提下，长春经济圈的政府需要提升对教育的财政支持，将免费的教育服务延伸至学前和高中教育。同时，应加大对农村地区教育的投入，确保农村学校的资金支持与经济增长同步增长。此外，还需完善对学生的经济援助制度，确保来自经济困难家庭的学生能够顺利完成大学教育。

二是实施职业教育补贴政策。长春经济圈的政府应增强对职业教育的资金支持，逐步推行职业教育的免费政策，以适应社会和经济发展的需要。同时，应创新农村基础教育体系，将常规教育与职业教育相融合，强化职业技术教育中心的建设，为农村居民、在职人员以及再就业者提供免费的教育和再教育机会，建立起普及化和终身化的教育体系。

三是实施素质教育支持政策。推进全面素质教育，将社会主义核心价值观贯穿于教育的各个阶段；着重进行理想信念和道德教育，培育学生具备团队合作、诚信、守法和勤奋的精神。同时，加强公民意识的培养，提升社会、经济和政治领域的道德标准，弘扬社会主义的法治、自由、平等和公正的理念，塑造合格的社会主义公民。此外，实施以提升能力为目标的人才培养策略，专注于增强公民的学习、实际操作和创新能力。

四是实施对经济困难人群的智力扶持政策。为经济困难学生在享受免费教育期间提供住宿补助和营养膳食，优化教师资源配置，实施城乡教师的定期交流计划，提升边远地区教师的薪资待遇，以增强经济困难群体的教育水平。同时，改进对经济落后地区的扶持策略，从偏向资金援助转向更加注重智力、技术、产业支持和项目合作，实现经济困难群体从被动接受救济到主动发展的转变。积极促进经济落后地区的职业教育，为当地劳动力提供免费的职业技能培训，增强他们的就业和创业能力。

五是提高城乡人口发展文化内涵。长春经济圈的地方政府需设立专项基金以支持农村文化建设项目，确保有足够的资金用于农村文化发展的关键领域。同时，要营造有利的政策环境，鼓励社会力量和私人资本参与农村文化产品的提供。在新城建设和村庄整合的过程中，要平衡旧城遗址和自然村落的保护与城市及其周边地区的综合发展，强化人文环境的构建。通过文化与经济的协同发展，打造长春经济圈城乡一体化发展的文化标识。

（三）实施社保全覆盖，积极应对人口老龄化

一是提升长春经济圈的社会保障服务设施，增强其管理与服

务效能。将五险、再就业服务、最低生活保障、新型农村合作医疗等所有社会保障事务整合到一个服务平台上。在街道层面建立社会保障服务中心，社区设立服务站，乡镇成立社会保障所，村级则建立服务联络站，以提供“一站式”的社会保障服务。同时，加强基础设施建设，确保人员配备齐全，建立信息资源共享系统，完善医疗保险和养老保险信息系统，实现数据共享。

二是逐步完善长春经济圈城乡统筹社会保障制度。着力提高农村新型合作医疗水平，加快推进农村养老保险试点；加快将进城务工人员和失地农民纳入城镇社会保障体系，全面推行统一的工伤保险制度，建立进城务工人员和失地农民的大病或疾病住院保障制度，分类分层建立有弹性的养老保险制度；逐步推进城乡社会保障制度一体化，建立统一的社会保障个人专户，积极探索社会力量参与社会保障建设，逐步统筹城乡居民医疗保险、养老保险、失业保险、最低社会保障、社会救济制度。

三是提升长春经济圈老年人的社会保障水平。建立和完善针对高龄老人的津贴制度、护理补贴，以及为没有社会保障的老年人提供生活补贴；加大对养老服务行业的政策支持和财政补助，确保所有老年人都能得到生活援助，并将经济十分困难的老年人纳入社会救助体系；加强救助站、养老院、福利院、卫生站和康复中心的建设，以解决他们的养老服务需求。在城市，推动社区居家养老服务的全面覆盖；在农村，继续加强老年福利服务中心（站）的示范点建设；完善老年人的服务管理体系，政府应成立专门的老年人口管理服务机构，扩大对老年人的社会优待政策，并积极开展老年事业、慈善救助和社区服务等活动。

（四）进一步完善城乡融合的人口管理政策

1. 实行流动人口管理由以户籍地为主向以现居住地（村或社区）为主的转变

一是要强化长春经济圈各村庄（社区）对流动人口的管理，设立专职的行政管理人员并增强居民自治的参与度。明确每个居住地村庄（社区）在流动人口管理方面的责任，并确保这些责任和目标能够具体落实到每个村庄（社区）的考核中。

二是采取积极措施，包括提供支持、激励和指导，以促进长春经济圈内流动人口较为密集的社区和用人单位建立专门的流动人口管理机构。这些机构将负责推动流动人口进行自我教育、自我管理和自我服务，从而提高他们的自我管理能力和生活质量。

三是要营造一个有利于人口管理的环境，确保各级政府在长春经济圈内实施以现居住地为主的管理责任制度。对于不适应居住地管理的法规和地方性条款，应及时进行修订。同时，区、街道、县、乡镇政府应确保户籍人口和非户籍人口在管理服务上享有平等待遇，并将流动人口纳入常住人口的预算基数。对于财政状况较差的经济落后县和乡镇，上级政府应设立专项资金，确保流动人口管理经费的及时和充足。

2. 明确执法主体，逐步形成以流入地管理为主的管理模式

对于流动人口社会抚养费的征收，重点抓好两个环节：一是征收过程中应实施“协商前置”原则，在征收之前进行充分的沟通和协商，并建立事前通报制度，以确保征收行为不是单方面的、随意的，而是在双方共识的基础上进行；二是在征收标准上，要以流入地为主确定标准，按照“就高不就低”的原则执行。针对当前执法主体缺失、执法程序不规范、法规条文与实践操作存在矛盾等问题，可以确立以当事人现居住地为主要执法主体的原则，确保执法行为发生在当事人的实际居住地。

实施以流入地为主导的流动人口管理策略，确保流动人口能够获得与流入地居民同等的管理服务和履行相同的责任，这有助于推动人口管理责任从流出地转移到流入地。同时，严格禁止流动人口户籍所在地的乡（镇、街道）在没有合理理由的情况下，不承认流动人口现居住地的管理权。

3. 加快户籍制度改革，健全流动人口综合管理政策

一是要进一步加快户籍制度改革，彻底消除城乡之间存在的户籍制度差异。这包括消除与户籍相关联的就业机会、教育资源、社会保障以及公共服务等方面的制度性差异。我们的目标是实现居民自由迁移的权利，并确保城乡居民在权益上享有平等待遇，从而实现城乡一体化。

二是要健全流动人口综合管理政策。为了提升对流动人口的管理与服务效率，需建立跨部门的协作机制，确保对流动人口

管理与服务工作能够与社会治安、出租房屋管理等其他相关领域紧密配合，实现各部门在工作流程上的相互支持、在执法活动中的联合行动、在信息资源上的共享互通，以及在证件办理上的协同办公；强化流动人口管理的问责制度，对于管理不力的单位或个人，采取严格的评价和惩罚措施，如在评优评先中实行一票否决；整合城乡区域的流动人口服务管理资源，构建一个全面的流动人口服务管理体系；将流动人口服务管理机构纳入长春经济圈的区域发展规划中，优化资源配置，实现城乡区域资源的有效整合。通过加强部门间的合作、完善问责制度、整合资源和纳入发展规划，来构建一个更加高效和全面的流动人口服务管理体系。

三是要促进农地经营权的资本化，通过货币化手段提升农村流动人口的社会保障水平。实施农地产权制度的变革，允许农地经营权转化为具备可量化的货币价值和可投资属性的资本形式。在此基础上，可依据进城务工人员的工龄，对其社会保障资金缺口进行定向补足。

（五）进一步完善城乡融合多元公共治理机制

一是构建一个以政府为主导，多部门协作的联动机制。确立并强化一个由主要负责人直接领导并全面负责的管理体系。将人口管理纳入长春经济圈各级政府及其领导的绩效考核体系，坚持实施重点监控、一票否决权、离任审计以及后续的奖惩跟踪制度，确保责任明确、措施得力、资源投入充足。

二是建立一个多渠道、多角度的宣传体系，以促进城乡人口均衡发展。利用媒体、网络和个人传播等多种方式，加强科学和文明生育观念的普及教育并关注老年人口的福祉，提升整体人口素质。

三是建立长春经济圈城乡人口统筹发展政策制定听证机制。听证代表的遴选应遵循三个原则：一是要确保整个过程的透明度、平等性和正义性。二是需要改进对听证代表信息的公开机制，并建立一个反馈系统，用于听取并回应听证代表的意见。无论最终是否采纳这些意见，都应公开解释决策的理由，并对代表的意见给予明确的反馈。三是要扩大公众参与听证的渠道，充分了解公众意见。对于不具备上网条件的利益相关群体，应通过其他途径征求他们的意见，以确保能够广泛听取不同的声音，并理解多样化的利益需求。

当前，在人口基数庞大的前提下，人口政策面临的结构性问题已经上升为主要矛盾，出生人口性别比严重偏离正常值，人口老龄化加快，社会保障制度、医疗保险制度、养老制度等都面临着严峻的考验，“四二一”的倒金字塔型家庭结构也产生了复杂的经济和社会问题。因此人口政策应注重长远规划和预防性措施，采取科学和有序的调整策略，避免急于求成。

六、社会保障制度

现代社会中，社会保障制度扮演着基础性的角色，它像社会运行的减震器和保护网，保障社会平稳有序运转。尽管这种制度会受到不同社会形态和结构的影响，但其核心追求始终是实现保障的普遍性和公正性。长期以来，由于城乡之间存在的社会保障体系差异，农民和进城务工人员及其家庭往往被排除在养老保险、医疗保险、工伤保险、生育保险、失业救济和社会救助等社会资源的平等享有的范围之外。这种不平等不仅扩大了城乡发展的差距，还加剧了城乡之间的紧张关系，引发了社会矛盾。因此，需要从根本上改革制度，消除这种不平等现象。

在新时代社会转型期，长春经济圈内各县市经济社会发展并不平衡，社会阶层结构也不尽合理，统筹城乡社会保障制度当然也就不可能一蹴而就。因此，制定一个合理的城乡社会保障一体化战略规划，并明确实现这一目标的具体步骤，是促进长春经济圈社会保障体系深度融合的明智决策。长春经济圈的城乡社会保障体系可以分阶段实施：在初期集中力量解决关键问题，在中期进行资源整合和衔接，后期实现城乡制度的统一，从而逐步达到体系的有效整合和融合。

（一）初期重点：健全基本制度

在城乡社会保障体系融合的初期阶段，关键是要集中精力解决城乡居民，特别是农村居民在社会保障体系中最迫切、最关心的问题，以及社会保险在不同地区间的转移和衔接问题。利用现有的“分散”制度，确保城乡居民能够获得“基本保障”和“基本公平”，从而为实现社会保障体系的城乡一体化创造条件。

构建长春经济圈农村社会保障的基本框架。从农村的基础养老保险、合作医疗保障、最低生活保障等基本保障措施入手，优先解决农村中的孤寡老人、经济困难家庭、单亲家庭、空巢老人、隔代抚养家庭、留守老人和留守儿童的生活和医疗救助需求。同时，探索发展以家庭养老为核心，社区养老服务为辅助，机构养老服务为补充的多元化养老体系。要构建一个由政府主导，农民参与保险，财政资助和集体支持相结合的新型农村合作医疗体系，以及为农村经济特别困难群体设立医疗救助基金。同时，设定农村居民的最低生活保障标准，并确保实施对农村弱势群体的最低生活保障政策。

探索如何使长春经济圈的进城务工人员更好地融入城市社会。当前长春经济圈的政府需要根据进城务工人员的工作性质、收入水平、流动性以及在城镇的居住状况进行细致分类，以促进他们更好地融入城市社会。对于工作稳定、有固定收入和稳定住所的务工人员，可以直接将他们纳入城镇职工的社会保险体系；对于失去土地的农民，可以尝试实施“土地换保障”的模式。

目前，长春经济圈内各市县初期重点任务已基本完成。

（二）中期重点：整合衔接制度

社会保障制度的中期目标是将社会保障制度从初步的城乡结合的状态，逐步过渡到更加统一和协调的状态，确保各项社会保险政策在城乡之间实现平稳对接和整合。在确保了基本的“最低保障”之后，进一步为城乡居民提供全面的基本保障。在解决了初期制度分散的问题后，应进一步整合城乡社会保障体系，确保所有居民，无论身份或居住地，都能享受到基本的社会保障，逐步实现保障的基本性和公平性。

完善长春经济圈的农村社会保险制度，是实现城乡社会保障一体化的重要一步。各市县应依据自身情况，以满足农村居民基本保障需求为起点，逐步、有序、有针对性地构建与城市相衔接的社会保险体系，按照“进得来、缴得起、养得了、能衔接、可转移”的原则制定相关参保政策和财政补贴制度。

完善长春经济圈社会保险转移和衔接制度。长春经济圈内各市县由于经济发展程度不同，不同地区社会保险的缴费基准、福利水平和政策措施存在差异，这使得农村劳动力在流动时难以顺利转移和连接社会保险。因此，长春经济圈需要采取“统一规划、分步实施”的策略，对现有的社会保险体系进行整合和优化，建立跨区域社会保险关系转移和接续的机制。城乡社会保险制度的整合主要是将原本分开管理的城乡社会保险项目（如养老保险、医疗保险等）在资金管理、账户转移、福利支付以及行政管理等方面进行协调和统一，实现在同一管理范围内的无缝对接和整合。

（三）后期重点：城乡制度并轨

社会保障体系城乡一体化融合建设的最终目的是在长春经济圈建立一个与当地经济社会发展相匹配的、服务全面、覆盖广泛、制度完善、公正无私、可持续的社会保障体系，以实现社会保障服务的普及和公平。

第一，统一城乡社会保障体系，确保所有人都能公平地获得基本的社会保护。第二，提供全面的社会保障项目，包括但不限于养老金、医疗保障、工伤保险、生育保险、失业补助和社会援助，以保障个人在衰老、患病、工伤、失业或生育等情况下，都能依法得到国家和社会的物质支持。第三，实现管理一体化。设立统一的社会保障管理机构，负责社会保障政策的制定、监督和执行，构建覆盖城乡的社会保障体系。第四，完善保障体系。建立包括社会保障基金的集中管理、个人缴费、基金监督、资产保值增值以及信息公开等在内的全面制度体系，确保社会保障基金的管理规范化。除了上述四个目标，城乡融合社会保障体系的另一个重要特征是发展具有地方特色、适应社会转型需求的统一养老、医疗和社会救助机制。

创建一个综合性的社区养老服务平台，依托长春经济圈的社区资源和基层组织，由政府、社区、家庭和个人共同出资出力，为老年人提供包括日间照料、健康护理、家政援助和文化娱乐在内的服务。这样的体系旨在解决老年人在精神、生活和经济上的需求。与养老院相比，社区养老成本更低、惠及面更广、参与主体更多元，能够显著减轻家庭养老负担，提高养老服务水平，促进老年人的社会福祉。

构建统一的城乡医疗保障机制。第一，确保基本医疗保障的普及和公正，通过合并目前城乡分离的新农合和城镇居民医疗保险制度，建立一个涵盖城乡居民的统一医疗保障体系，实现城乡居民在“参保范围、筹资标准、保障水平、服务水平”等方面的统一。第二，实现城乡医疗保障体系的一体化。这意味着将分散的医疗保障制度条款进行整合，实现对城乡医疗保险的统一管理，包括统一的管理团队、管理方法、费用结算、服务监督和信息网络，以此减少管理开支，提升管理效能，并增强制度的公正性。第三，构建农村医疗工作者的持续保障体系。提升农村医疗和卫生服务水平是实现城乡医疗保障一体化的关键。这需要长春经济圈的政府加强责任，通过政府的统筹协调，平衡城乡之间的医疗资源分配；同时，通过增加公共投入，确保农村医疗工作者的待遇，以及农村医疗条件与长春经济圈整体的经济社会发展水平相匹配。

构建一个覆盖城乡的综合性临时救助机制。临时救助是对那些在最低社会保障和基础社会保障之外的，因特殊原因遭遇临时性生活困难或生存危机的家庭和个人所提供的短期、辅助性援助。这种救助旨在帮助特定困难群体解决紧急的生活和生存问题，是保障基本民生的重要措施，有助于补充和完善社会保障体系，增强社会整体的抵御风险能力和居民的安全感。一个完善的社会临时救助体系应包括：第一，确保临时救助基金的稳定供应。通过多种渠道完善临时救助基金的筹集机制，确保有足够的资金支持临时救助工作。第二，强化临时救助制度。长春经济圈的各市县需要根据本地实际情况，制定或更新临时救助制度的具体执行办法或细则。第三，建立明确的临时救助管理流程。清晰界定救助对象、救助范围、救助标准以及申请、审核、批准和资金发放的程序，保障临时救助的及时、有效、公开、公平和公正。第四，临时救助网络。建立包括居委会、村委会、社区、志愿组织、基层政府和公益机构在内的长春经济圈临时救助网络，积极实施临时救助工作。

七、就业与失业制度

（一）规范城乡统一的人力资源市场

（1）进一步取消对进城农民就业在工伤、医疗、休假等方面的不公正待遇，切实推进长春经济圈城乡居民统筹就业。现行的城市就业制度对农民市民化有着极强的刚性约束，使他们不能在同等条件下公平竞争就业岗位。这不仅不利于劳动力资源的优化配置，而且直接阻碍着长春经济圈城乡深度融合的进程。为解决这一问题，就要打破原有城乡就业壁垒，真正建立城乡融合双向流动的就业管理制度。

（2）加强政府引导，完善市场就业机制，引导劳动力在城乡范围内合理流动，优化长春经济圈城乡之间劳动力资源配置。重点规范企业招用工行为。一是规定企业招工。在招工时企业只能提出对学历、年龄、工种、健康等一般性职业要求，禁止在招工中出现性别歧视、城乡歧视等行为，保证城乡劳动者、不同性别劳动者平等享有就业机会。二是规定企业在招工后，必须与劳动者签订就业合同，依法确定劳动合同关系，并明确规定劳动合同期限、工作内容、劳动保护、劳动条件、劳动报酬和违约责任等相关内容。禁止不签订劳动合同或只签订部分劳动合同条款的违法行为，禁止以欺骗或胁迫等手段违法签订劳动合同的行为。

（3）监督《劳动法》和《就业促进法》等的贯彻落实，打破长春经济圈城乡界限，取消对进城务工人员就业行业和工种的各种地方性、行业性限制规定。清理各种针对进城务工人员的不合理收费和对其进城创业的各种歧视性政策，保护劳动者的合法权益，为城乡劳动者创造平等就业的制度环境，使城乡劳动者能平等地参与就业竞争。

（4）健全劳动保障监察制度，完善企业劳动争议调解委员会、劳动争议仲裁委员会和人民法院三个层次的劳动争议调处仲裁机制；加强对企业用工、工资支付及劳动保障等情况的监督检查，加强对劳动争议的调处仲裁；切实维护劳动者特别是农民工的合法权益，发展和谐劳动关系，维护长春经济圈劳动力市场正常秩序。

（二）进一步完善城乡就业及培训机制

将进城务工人员纳入长春经济圈城市就业和再就业培训体系，并广泛开展与进城务工人员需求和发展相关的职业教育和职业技能培训，使其能尽快具备从事新工作的能力适应新岗位的要求。

第一，进一步加强以现有长春经济圈市县职业介绍所、乡镇职业服务站为基础的城乡公共就业服务组织和网络服务体系建设，逐步形成以劳动保障部门所属，劳动就业服务机构为主导，运作规范、服务高效、布局合理、辐射力强的市、县、镇、村四级公共就业服务体系。广泛搜集、整理就业信息，监测劳动力市场信息运行和劳动力市场供求状况及变化，定期公布劳动力市场供求信息和分析预测报告，开展包括求职登记、职业介绍、职业技能鉴定、职业培训、社会保险、农村劳动力务工管理、劳动法律咨询等在内的就业服务。

第二，在就业培训体系上，要整合长春经济圈城乡教育资源，规范就业培训机构，完善就业培训功能。着力建立、健全由政府、企业、个人或社会等构成的多层次、多元化的城乡就业培训体系。

第三，在培训内容上，要根据长春经济圈城乡不同就业群体的具体情况和市场需求，设置相应的就业培训内容。向长春经济圈内的农村富余劳动力和被征地农民开展技能培训工作，使他们至少掌握一项基本从业技能，以提高他们在城市的生存和发展能力。同时，要根据市场的变化和需要及时更新培训内容、调整专业设置，以增强就业培训工作的针对性，提高就业培训在促进劳动者就业中的实效性。

第四，在培训方式上，要采取多种灵活的培训方式。采取学历教育与非学历教育相结合，职前教育与职后培训相结合，一般培训与专题培训相结合，集中培训与分散培训相结合，面授培训与远程培训相结合等不同的培训方式，充分考虑长春经济圈城乡不同群体的职业特点、时间差异、地域差异等，满足不同人员、不同层次的职业发展需求。

（三）深化创新创业拓展城乡就业渠道

充足的就业岗位是扩大城乡就业的前提，没有充足的就业岗位就难以实现充分就业，在这方面中小企业和服务业等劳动密集型产业具有明显的发展优势，是我国农村富余劳动力转移的主渠道。据全国工业企业普查资料统计，在我国，大型企业创造一个就业岗位需投资 22 万元，中型企业创造一个就业岗位需投资 12 万元，小型企业创造一个就业岗位只需投资 8 万元。同等数量的投资，中小企业提供的就业人数是大型企业的 2 倍至 3 倍。在欧盟，中小企业已成为本国工人的最大雇主，各国中小企业占企业总数的比重为 99.9%，就业人数占就业总数的比重为 72%。各国为促进中小企业发展都采取了多种措施。因此，长春经济圈要持续加大就业供给侧结构性改革力度，要鼓励、支持和引导中小企业特别是小微企业、电商企业、物流运输企业等就业容量大、就业灵活的企业加快发展。

营造适宜长春经济圈中小企业成长和繁荣的环境。一是完善相关法律法规，规范市场主体行为，保障中小企业的合法权益；二是政府部门应依法行政，扩大市场准入，简化审批流程，提高工作内容和制度的公开性和透明度；三是对中小企业的某些限制性标准应适当放宽，尤其是在外贸出口和市场准入方面，以促进其业务拓展；四是应在税收政策上为中小企业提供一定的优惠，以支持它们的发展，并加强金融服务体系的建设，以更好地服务于中小企业的融资需求，并在金融制度、信贷政策、工商管理和税收等方面予以优惠照顾和适度倾斜。

培养长春经济圈高素质的中小企业家队伍。一是对现有的中小企业主进行系统培训，以增强企业的持续发展能力；二是在高等教育体系中引入创业教育课程，激发学生的创业精神，并支持大学毕业生创建以各种技术为驱动的中小企业；三是鼓励城市失业者、下岗工人和进城务工人员创立中小企业或在这些企业中就业；四是政府可以资助劳动部门为失业和下岗人员提供专业技能培训，帮助他们自主创业或找到新的就业机会。

发展长春经济圈的中小企业服务系统。一是设立高效的政府管理机构，负责指导、协调并对中小企业服务系统进行合法监管；二是强化行业协会服务机构，充当服务机构与政府之间的纽带，帮助政府向中小企业提供更好的服务；三是完善社会服务机构的建设，进一步建立多元化、多层次的服务支持体系。

八、结束语

马克思和恩格斯认为，要最终消灭城乡对立和城乡差别，实现城乡融合，就必须要消除导致城乡对立和差别存在的社会制度基础，即资本主义私有制；并且生产力发展水平要高度发达，即要大量创造生产资料。我国虽然已经基本消灭了城乡对立产生的制度基础，但由于我国现在处于并将长期处于社会主义初级阶段的基本国情，以及生产力发展不平衡、不充分的矛盾特点，决定了我国要想在本世纪中叶实现城乡融合发展体制机制成熟定型、城乡全面融合、乡村全面振兴、全体人民共同富裕的目标，就必然要经历一个相当长的经济社会发展过程，并在此过程中促进城乡融合发展的相关制度不断创新与调整。

主要参考文献

[1] 崔常发，徐明善．高层讲坛：十六大以来中央政治局集体学习的重大课题（上）[M]. 北京：红旗出版社，2007：1–356.

[2] 丁延武．统筹城乡背景下的城乡产业一体化发展研究 [J]. 政府与社会经济发展，2013（5）：8–11.

[3] 郭建香 . 长春市城乡空间组织优化研究 [D]. 长春：东北师范大学，2008.

[4] 姜龙 . 乡村振兴战略背景下吉林农业与乡村文化兴盛路径研究 [J]. 经营管理，2022，42（3）：85–86.

[5] 李姬 . 城乡发展一体化背景下的基础设施建设研究 [D]. 武汉：华中师范大学，2014.

[6] 刘文秀 . 长春市城乡一体土地利用的机制与模式研究 [D]. 长春：东北师范大学，2012.

[7] 满强 . 长春市城市化与生态环境协调发展研究 [D]. 长春：东北师范大学，2007.

[8] 梅德平，洪霞 . 城乡发展一体化中的公共基础设施投融资问题研究 [J]. 福建论坛（人文社会科学版），2014（11）：24–29.

[9] 孟宪生，关凤利 . 吉林省城乡一体化背景下的就业问题 [J]. 东北师大学报（哲学社会科学版），2007（3）：94–97.

[10] 肖万春 . 加快我国城乡统筹发展中人口政策创新的对策 [J]. 湖南行政学院学报，2013（4）：5–9.

[11] 熊金才，蔡才昂 . 社会保障城乡一体化的路径选择 [J]. 行政与法，2013（3）：47–51.

[12] 王群力 . 基于城市功能扩散的长春市城市空间结构规划研究 [D]. 长春：东北师范大学，2009.

[13] 张华 . 辽宁基本公共服务统筹供给制度建设论析 [J]. 沈阳师范大学学报（社会科学版），2018，42（2）：58–62.